Christoph Kuhn

Wo der Süden im Norden liegt

Christoph Kuhn

Wo der Süden im Norden liegt

Streifzüge durch das moderne Argentinien

Mit Fotos von Jorge Sclar

Rotpunktverlag

en memoria de mi amigo
Jorge Sclar (1956 – 2006)

www.rotpunktverlag.ch

Umschlagfoto: Jorge Sclar
Karte und Satz: Patrizia Grab
Druck und Bindung: fgb · freiburger graphische betriebe · www.fgb.de
ISBN 978-3-85869-344-0

1. Auflage

Inhalt

Fläche	2 766 890 km^2
Einwohnerzahl	38 592 150
Bevölkerungsdichte	14 Einwohner pro km^2
Hauptstadt	Buenos Aires, 2,75 Mio. Einwohner
Staatsform	Präsidiale Bundesrepublik
Verwaltung	22 Provinzen

Die Provinzen Argentiniens

	Provinz	Hauptstadt
1	Jujuy	San Salvador de Jujuy
2	Salta	Salta
3	Formosa	Formosa
4	Chaco	Restistencia
5	Catamarca	San F. d. V. de Catamarca
6	Tucumán	San M. de Tucumán
7	Santiago Del Estero	Santiago del Estero
8	Santa Fé	Santa Fé
9	Corrientes	Corrientes
10	Misiones	Posadas
11	San Juan	San Juan
12	La Rioja	La Rioja
13	Córdoba	Córdoba
14	Entre Ríos	Paraná
15	Mendoza	Mendoza
16	San Luis	San Luis
17	Neuquén	Neuquén
18	La Pampa	Santa Rosa
19	Buenos Aires	La Plata
20	Río Negro	Viedma
21	Chubut	Rawson
22	Santa Cruz	Río Gallegos
	Tierra del Fuego	Ushuaia (Nationalterritorium)
	Buenos Aires	Bundesdistrikt

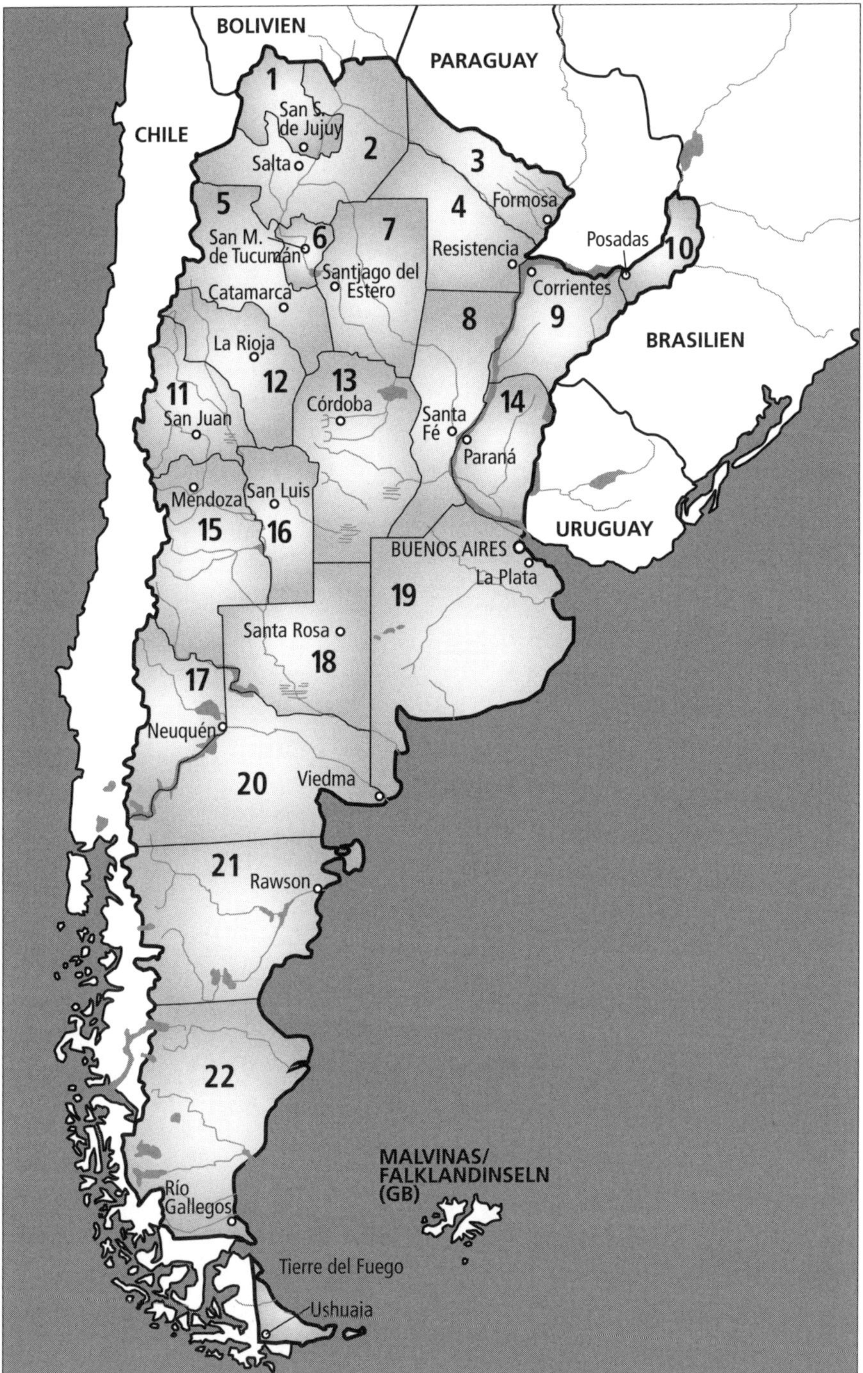
BOLIVIEN
PARAGUAY
CHILE
BRASILIEN
URUGUAY
1
2
3
4
5
6
7
8
9
10
11
12
13
14
15
16
17
18
19
20
21
22
San S. de Jujuy
Salta
Formosa
San M. de Tucumán
Resistencia
Posadas
Santiago del Estero
Corrientes
Catamarca
La Rioja
Córdoba
Santa Fé
Paraná
San Juan
Mendoza
San Luis
BUENOS AIRES
La Plata
Santa Rosa
Neuquén
Viedma
Rawson
MALVINAS/ FALKLANDINSELN (GB)
Río Gallegos
Tierre del Fuego
Ushuaia

Buenos Aires

Blick aus einem Hotelfenster am Obelisco, winterlicher Vormittag: Aus einem Haus karrt ein Halbwüchsiger eine Ladung Schutt um die andere und kippt sie in eine Mulde. Keines Blicks würdigt er die zwei anderen Halbwüchsigen, die in der Mulde wühlen, einige bereitgestellte Kartonschachteln mit den noch brauchbaren Fundstücken füllen, dazwischen Luftsprünge vollführen und Fußball ohne Ball spielen. Gleich hinter der Mulde steht, durchaus auffällig aber von den Passanten mit offensichtlicher Missachtung bedacht, ein Gefangenentransportwagen, in den abgeurteilte Untersuchungshäftlinge einsteigen. Sie werden mit Polizeieskorte in die Provinz verlegt, und ein paar Angehörige nutzen die Gelegenheit, um Abschied zu nehmen. Anwälte mit Mappen und Akten unterm Arm treffen Berufskollegen und Klienten im Café an der Ecke – im gleichen Café werden abends elegante Opernbesucher einen Aperitif trinken, bevor sie ihre Plätze im ganz nahe gelegenen Teatro Colón aufsuchen. Ein Wintermorgen im Herzen von Buenos Aires. Der Verkehr dröhnt ohrenbetäubend auf der Avenida 9 de junio, der »breitesten Straße der Welt«.

Himmel und Hölle

»... weil Buenos Aires tief ist.«
(Jorge Luis Borges)

Ist es ein Schachbrett? Das Himmel-und-Hölle-Spielfeld? Ein Labyrinth? Ein Ort? Oder doch ein metaphysischer Ort hinter, unter, über dem Ort? All das ist Buenos Aires, und die es am einprägsamsten beschrieben haben, die Dichter, sie wussten es, sie hielten alle Möglichkeiten offen.

Der Raster, der der Stadt zugrunde liegt, bleibt das Schachbrett. Spanisches Erbe. Darüber Pariser Träume. Dazwischen Anarchie und Chaos, die das Schachbrett überwuchern und jeder Ordnung spotten. Rechtwinklige Straßen, die sich alle hundert Meter schneiden. Wo wohnst du? Fünfzehn Quadras von dir entfernt. Du gehst sechs geradeaus, vier nach rechts, fünf nach links und findest mich. Oder auch nicht. Es braucht Orientierungssinn, es braucht Aufmerksamkeit, weil sich in den Wohnvierteln alle Ecken gleichen, weil es wenig Wahrzeichen, Kirchen, Türme, gibt. Das Schachbrett wird schnell zum Labyrinth. Seine Struktur, so verführerisch klar, so logisch, so einfach, verwirrt. Unendliche Straßenzüge, parallel geführt. Du gehst, biegst ab, nochmal und nochmal, taumelst und verlierst dich und wirst erleben, was das heißt: die Quadratur des Kreises. Kommst wieder am Ausgangspunkt an, erkennst ihn nicht wieder.

Das Spiel, das Königsspiel, musst du behutsam und überlegt angehen. Mit kleinen, mit Bauernzügen eröffnen, nur kurz mal um die Ecke schielen. Die Läufersprints später und die Rösselsprünge erst, wenn du eingeübt bist und einen Überblick gewonnen hast. Fang auf der Avenida 9 de junio an, der breitesten Straße der Welt, oder im Mikrozentrum, auf der Florida, der Suipacha, der Esmeralda, oder am Hafen unten, am Fluss, der hier ein Meer ist. Der Dschungel, die Betonwildnis, der betäubende Lärm, die hochgiftige Luft werden dir zwar ins Spiel pfuschen, dich gelegentlich zu Fehlzügen verleiten – du biegst entnervt zu früh ab, bleibst bei der Avenida-Überquerung auf halbem Weg stecken –, aber du wirst das Brett hier trotzdem bald beherrschen, die internationalen Zeitungen finden, die berühmten Cafés, Schuhe aus Wasserschweinleder, Anzüge mit lausig eingenähten Dior-Etiketten, Paläste mit Innenhöfen, Pariser Reminiszenzen eben. Einst wollte Buenos Aires Paris werden, der Plan geriet über ein paar prächtige Anfänge nicht hinaus.

Jetzt spielst du Schach auf dem Brett. Mit dir selber als Figur, als alle Figuren. Pass auf, dass dich das Brett nicht in die Irre führt und verschlingt. Pass auf, dass das Brett nicht zum Gegner wird, der dich matt setzt. Buenos Aires ist jedem gewachsen. Spiel das Spiel ohne Ziel, gewinnen kannst du nicht und nichts.

»Wie vom Teufel geritten steuert der struppige Chauffeur seinen colectivo durch die Straßen. Schaltet mit Krachen und metallischem Kreischen. Fährt mit offenen Türen an, während der mit den Messern noch auf dem Trittbrett steht. Draußen sausen die alten Männer mit den Thermosflaschenwägelchen voll Kaffee vorbei, die Bikinischönheiten, die sich auf den paar Quadratmetern Grünfläche der Stadtparks

räkeln, Frauen mit unförmigen Paketen behängt, magersüchtige Model-Aspirantinnen mit überlangen Beinen, gazellenhaftem Gang und Jupes mit der Dimension eines breiten Gürtels. Der eloquente Messerverkäufer präsentiert zuerst seine Kollektion blitzender, scharfgeschliffener Mordinstrumente in allen Größen und führt sie dann einzeln vor, schwingt, sticht, wirbelt, spielt. Ein Gauchonachfahre. Ein Künstler. Der vom Teufel Gerittene rast, stoppt, würgt den Motor ab, reißt wütend am langen Schalthebel und knallt einen Gang rein. Der Balanceakt des Messerverkäufers und der Ritt des vom Teufel Besessenen gehen eine unio mistica ein. Ein Lächeln kräuselt beider Lippen, niemand kommt zu Schaden, eine Frau kauft ein Riesenmesser und beim nächsten Halt steigt der Gaucho aus.«

1920 kehrt Jorge Luis Borges nach siebenjährigem Aufenthalt in Europa in seine Geburtsstadt Buenos Aires zurück. Der Einundzwanzigjährige wird zum Literaten und Lyriker, beteiligt sich an Zeitschriftenprojekten, publiziert literarische Essays, durchstreift, unermüdlich, die Stadt und ihre Vororte. Sie besetzt die Mitte seiner Existenz, er ist förmlich von ihr besessen. Kindheits- und Jugendträumen spürt er nach und sieht die Stadt im Licht einer mythischen Vergangenheit. Buenos Aires ist im gesamten Werk Borges' allgegenwärtig: häufig direkt genannt, manchmal als Idee oder Struktur, als Fiktion und Utopie angesprochen. »Weil Buenos Aires tief ist, und nie, nicht in der Desillusion, nicht im Leid, habe ich mich seinen Straßen überlassen, ohne unverhofften Trost zu empfangen [...]« Das schreibt der Dichter in »Palermo de Buenos Aires«, einer sehnsüchtigen Evokation jenes Quartiers, in dem er seine Jugend verbracht hat. Er liebt das Licht – keiner weiß es so zu beschreiben wie er, der es ab den Fünfzigerjahren immer weniger und von den Sechzigerjahren an überhaupt nicht mehr sehen wird. Er liebt das Zwielicht in den Schatten spendenden Bäumen, die in Palermo die Avenidas und engeren Quartierstraßen säumen, jenes Zwielicht, das allein schon Poesie bedeutet. Er liebt das gleißend helle Frühlingslicht im November, das auf die Wolken weißen Jasmins in den Patios, auf die blauen und rosaroten Blüten der Jacarandas fällt.

Der junge Borges ist ein Romantiker. Und der älter Werdende, Erblindende bewahrt sich im Licht der Erinnerung eine Stadt, die er so nie erlebt und gesehen hat, die es so vielleicht nie gegeben hat – eine der Realität nachgebildete Erfindung. Südlich geprägt, voller Leidenschaften, den Gauchos, den Reitern und Messerstechern ausgeliefert, die der Gewalt nicht auswichen und den Tod in Kauf nahmen als naturgegebene Selbstverständlichkeiten, die das Leben erst lebenswert machen. Der europäisch alimentierte und konditionierte Borges liebt das archaische Argentinien und die Großstadt darin, Buenos Aires, soll mit nichts zu vergleichen sein, soll als eine Art Fata Morgana existieren, etwas für müde Reiter, denen das Trugbild in den ewigen Ebenen der Pampa erscheint. Im Gedicht »Mythische Gründung von Buenos Aires« führt der Dichter die spanischen Eroberer ins Herz jenes Quartiers, in dem er seine Jugend verbracht hat: Palermo. »Sicher ist, tausend Männer und weitere Tausende kamen über ein Meer herüber, das damals fünf Monde breit war […], einige scheue Landstücke nahmen sie an der Küste, schliefen befremdet. Angeblich war das am Riachuelo, aber das ist ein Schwindel, erfunden im Viertel von Boca, es war ein ganzer Block in meinem Viertel, Palermo […]. Gleich dem Block, der noch immer fortbesteht in meinem Viertel: Guatemala, Serrano, Paraguay, Gurruchuga.«

Die Straßennamen im Block, »der noch immer fortbesteht«, sind die gleichen geblieben, der kleine Platz aber, den sie einrahmen, trägt ironischerweise den Namen eines anderen großen argentinischen Autors, der in mancher Hinsicht ein Antipode Borges' war: Julio Cortázar. Und, weitere Ironie, die zitierten Verse aus dem bekannten Gedicht finden sich ausgerechnet auf einer der Innenwände des kleinen italienischen Restaurants, das am Cortázar-Platz liegt. Dass sich Borges in besagtem Gedicht selbstironisch als Mythomane und Geschichtsklitterer betätigt, dass er die zweite und definitive Gründung der Stadt nicht wahrhaben will, hat mit seinem Widerwillen gegen die italienische Einwanderung, gegen das Boca-Quartier, wo sie anfing, zu tun. Ein »Porteño«, ein Mann des Hafens, wie sich die Bewohner von Buenos Aires einfachheitshalber nennen, wollte er nie sein. Und dass eine Straße seinen Namen tragen könnte, war ihm ein »schrecklicher Gedanke«. Man hat pietätvollerweise auf seinen Tod gewartet und es ihm erst dann angetan. Immer am gleichen Ort, in Palermo, im noch fortbestehenden Viertel. Am Platz, der den Namen seines Antipoden trägt, ändert die Serrano-Straße ihren Namen und heißt Jorge Luis Borges. Kopfsteinpflasterfragmente finden sich hier, einige Schienenbruchstücke, die auf das Ende des 19. Jahrhunderts elektrifizierte Tram hinweisen, in dem Borges gern und oft gefahren ist, in dem er gelesen und gelernt hat, Italienisch zum Beispiel, anhand von Dantes *Göttlicher Komödie;* das Blattwerk der exotischen Bäume erschauert in der nachmittäglichen Brise, die gewundenen schwarzen Stämme glänzen im Regen, violette Santa-Rita-Blüten fallen über weiße Hauswände, die eleganten italienischen Wohneinheiten – einstöckige Häuser mit Dachterrassen, von denen Hunde herabbellen – wechseln mit Früchtehandlungen ab, und beim »Pensador«, dem Denker, kommt das unentbehrliche Rindfleisch in den üblichen Mengen auf den Tisch.

*

»In Mataderos franst die Stadt aus in Elendsquartieren, Schlachthöfen und Rindergehegen, bevor sie verschwindet, einfach aufhört. Hier, wo sich tausendfaches Leben brüllend und stinkend in Blut und Fleisch verwandelt, hier hält sonntags der Gaucho Hof, das, was von ihm übrig geblieben ist, ein müder dünner Alter, in Leder und bunte Lumpen verkleidet, über einen Pferderücken gekrümmt, auf einer Gitarre klimpernd und schwere, raue Pampa-Lieder singend aus zahnlosem Mund. Die Silbersporen, Lederjacken, Pluderhosen, die Eisenkugeln und Messer verkauft er den Touristen. Vor dem Mariastandbild bekreuzigt er sich, reitet ab und zu mit seinem Klepper durch die Menge, er kann's noch, und schnappt nach einem kleinen Ring, ein Kunststück, von dem einem das Getrappel der Hufe in Erinnerung bleiben wird. In der Kneipe schunkelt er mit dem Weinglas, singt weiter und auf der Bühne mischt er sich unter die Männer und Frauen, die stolz seinen Gauchotanz tanzen. Die Männer recken sich, stellen stiefelbewehrte Beine aus, strecken einladend die Arme von sich weg, die Frauen lächeln verheißungsvoll, drehen sich langsam und schwenken kleine Foulards, die sie sich vom Hals ziehen. Patriotische Verführung. In den Landesfarben. Und vor der Landkarte, auf der Argentinien samt den Malvinasdieunsersind abgebildet ist. Jeden Sonntag lebt der Gaucho von Mataderos im mythischen Argentinien.«

Julio Cortázar, 1914 in Brüssel geboren, in einem Vorort von Buenos Aires aufgewachsen, in argentinischen Dörfern und

Kleinstädten als Lehrer beschäftigt, lebte ein paar entscheidende Jahre »einsam und unabhängig«, wie er später schreibt, in Buenos Aires, bevor er sich 1951 definitiv in Paris niederlässt, zuerst als Übersetzer arbeitet, dann zum freien Schriftsteller wird. Der zweite Teil seines großen Romans *Rayuela*, 1963 erschienen, spielt in Buenos Aires, wohin sein Antiheld Oliveira aus Paris zurückgekehrt ist. Kommt man dem jungen Borges nahe, wenn man seine romantische Seite sieht, so gehört zu Cortázar das Revolutionäre. Politisch, aber vor allem ästhetisch verstanden. Er dekonstruiert die Sprache und in *Rayuela* die Form des Romans überhaupt, zerbricht lustvoll logische Reihungen, rationale Kriterien, um der Fantastik, der Chimäre, der Imagination Bahnen zu brechen, wobei er, in starkem Gegensatz zu Borges, das Fantastische immer anarchisch, tropisch, magisch versteht und entsprechend unordentlich ausstaffiert (Borges ging es um fantastische, aber strenge Gedankenfiguren). Das Buenos Aires, das Cortázar in *Rayuela* erinnert, erhält doppelten Ausdruck: zum einen besteht es aus realen Elementen und Fragmenten, Straßen, Häusern, Gerüchen, Tangoversen; zum andern ist es reine Kopfgeburt des Oliveira, Vorstellung und bewegtes Bild.

Kein Schachbrett mehr, kein Labyrinth. Als Raster (und Titel) dient das Himmel-und-Hölle-Spiel. Einem Steinchen entlang, das von einem Feld ins andere geschubst wird, muss gehüpft werden, wobei es gilt, den Himmel zu erreichen und den Absturz in die Hölle zu vermeiden. Erschwerende Bedingungen komplizieren das Spiel: Es muss zum Beispiel auf einem Bein gehüpft werden, und es gibt Felder, die so angeordnet sind, dass schwer reinzukommen ist. Man soll, meint Cortázar, seinen Roman, man soll Buenos Aires so lesen, wie das Spiel gespielt wird. Mit künstlichen Erschwerungen. Nicht chronologisch. Die Abfolge der Kapitel ist nicht obligatorisch, man kann in die Schräge hüpfen, Felder überspringen.

Cortázar, einsamer und unabhängiger Ästhet im Buenos Aires der ausgehenden Vierzigerjahre, das ihm, dem überzeugten Perón-Gegner, feindlich gesinnt war, untergetaucht in der Großstadt, eine Art blinder Maulwurf, mit Büchern, Kino, mit Anarchie, Revolution und Metaphysik beschäftigt, eine eigene dichterische Sprache entwickelnd, die sich eigene Gesetze schuf, dieser Cortázar setzt ein Dutzend Jahre später einen überscharfsichtigen Typen in der Stadt aus, der sie in hyperrealistischen Visionen, zwischen Wirklichkeit und Wahn wahrnimmt. Der Antiheld übernimmt zusammen mit zwei Vertrauten die Leitung einer Irrenanstalt und wird selber zum Patienten. Das ständige Gereiztwerden durch die Stadt treibt ihn näher und näher zum Wahnsinn. Dabei bleibt er ein Ausbund argentinischer Redseligkeit, diskutiert mit seinen paar Freunden endlos, mit abgründigem Humor und souverän gezügelter Leidenschaft federleichte und zentnerschwere Themen. Der Ort, die Stadt verwandelt sich in Wörter, in Rede, verliert ständig an Realität und wird zu einer metaphysischen Stadt. Und metaphysische Dimensionen erhält auch das Kinderspiel. Ist es ein codierter Plan für ein anderes Leben? Eine Theorie? Aus seiner Wohnung schaut Oliveira auf das Himmel-und- Hölle-Feld hinunter, auf dem seine Freunde stehen, sinniert über Standorte und Anordnungen und lässt den Leser im Unklaren, ob er es tun wird: sich hinunterstürzen. »Plumps und Schluss«.

»*... und als wir aus der Carmina Burana kamen, war so la la gewesen, lag ein toter Mann auf dem Trottoir, da bei Sarkis um die Ecke, da wo wir mal überfallen wurden [...], der Tote soll ein Dieb gewesen sein, sehr lang, sehr tot, man sah das* *gut...einen Schuster soll er überfallen haben und die Polizei war zufällig grad da, blitzschnell, ja, und ein Polizist hat sofort geschossen, ausnahmsweise schneller als der Dieb, der auch schon gezogen hatte und der Revolver des Polizisten funktionierte halt für einmal, keine Ladehemmung [...]. Mitten unter den Leuten da. Das muss man sich mal vorstellen [...]. Da unter dem Plastik liegt der Tote, er ist sehr lang und all die Gaffer, die haben uns das alles erzählt, voll Genugtuung, ja, kann man schon verstehen bei allem, was dauernd passiert. Jetzt hat's mal einen erwischt, da hat niemand Mitleid [...]. Ein Polizist war dageblieben, um den Toten zu bewachen bis zum Abtransport. Gesagt hat der nichts [...]. Und wir gingen dann doch zum Sarkis, redeten von was anderem. Ist gut, das armenische Essen und prima Wein. Plötzlich kann's in dich fahren, unheimlich, und du kommst nicht dagegen an. Diese ewigen Krimis. Diese Gewalt. Jeder weiß was davon, jeder hat seine Geschichten zu erzählen. Ja, was soll's ...«*

*

1961 erschien der Roman *Über Helden und Gräber* von Ernesto Sábato, und in dessen Zentrum steht der »Bericht über die Blinden«, eines der dichtesten und schauerlichsten Stücke argentinischer Prosa der Neuzeit. Wie Borges, der die Wirklichkeit fantastisch durchdringt und überhöht, wie Cortázar, der sie dekonstruiert und in Fragmenten liegen lässt, traut ihr auch Sábato nicht. Und wie für die beiden andern ist auch für ihn Buenos Aires der sich anbietende Schauplatz, um die vehemente Zerstörung zu betreiben. Er nimmt zu diesem Zweck Zuflucht zu einer Mystifikation. Der »Bericht« besteht aus tagebuchartigen Aufzeichnungen, die von einem dem Wahn verfallenen Vertreter der Oligarchie stammen und der Polizei bei einer Hausdurchsuchung in die Hände fallen. Dabei geht es um eine angebliche Weltverschwörung von Blinden, die im Untergrund von Buenos Aires, in den Schächten der Untergrundbahn, im Kanalisationssystem, in geheimen Tunnelgängen hausen. Im ungefügen, großartig wilden Romanganzen kommt dem fragmentarischen Blindenbericht metaphorische Bedeutung zu. Er versinnbildlicht das von Sábato kritisierte zügellose Leben der argentinischen Oligarchie, die sich ihre eigenen Gesetze macht, gleichzeitig auch die von Trieben bestimmte menschliche Existenz überhaupt, für die nichts außer dem Tod Erlösung bedeutet. Und das Unterfutter der Großstadt liefert das passende Lokalkolorit zu den Schreien, die aus dem Untergrund ertönen, zu den Phantasmagorien, die sich der verrückt werdende Fernando und sein Autor ausdenken. Wie Borges und Cortázar ist Sábato ein Stadtwanderer, ein Stadtaufsauger, ein Stadtinspirierter. Seine Stimme ertönt am mächtigsten, wenn sie aus dem Bauch der Häuser, dem Bereich der Fundamente, aus dem Dunklen, dem Blinden, dem Unbewussten kommt. Es ist, als ob der Autor dem Leser, dem der Eisberg Buenos Aires erschienen ist, die ganze Schwere des unter Wasser liegenden Teils in Erinnerung rufen wollte.

Eigenartig, wie die Dichter mit ihrer Stadt verfahren. Der eine will sie als Fata Morgana und als Mythos, der andere als Himmel-und-Hölle-Spiel, der dritte als Hölle, in der Verschwörung und Zerstörung drohen. Wenn es Borges ums Licht geht, Cortázar ums Spiel, dann ist Sábato der Mann fürs Dunkle. Aber: Dunkel ist naturgemäß der Mythos, aus dem Borges seine Gedichte schöpft, verzweifelt ernst das Spiel, das Cortázar spielt, scharf konturiert, klar und hell die Bilder, die Sábato aus dem Untergrund zaubert. Das Paradox gehört zu den Lieblingsfiguren argentinischer Literatur – und in Buenos Aires trifft man es auf Schritt und Tritt an.

»Das violente und stürmische Anwachsen Buenos Aires', die Ankunft von Millionen hoffnungsfreudiger Menschen und ihre fast durchwegs erlittene Frustration, das Heimweh, das Ressentiment der Einheimischen gegen diese Invasoren, das Gefühl der Unsicherheit und Verwundbarkeit in einer Realität, die sich mit schwindelerregender Schnelligkeit veränderte, die erfolglose Suche nach einem sicheren Wertsystem, all das findet Ausdruck in der Philosophie des Tangos. Melancholisch heißt es da: Borró el asfalto de una manotada / la vieja barriada que me vio nacer [...]. (Der Asphalt hat mit einem Guss das alte Viertel ausgelöscht, das Zeuge war von meiner Geburt ...). Nichts blieb bestehen in der Gespensterstadt: ¿Las voces que ayer llegaron / y pasaron y callaron / donde están? (Die Stimmen, die gestern kamen und verhallten und verstummten, wo sind sie jetzt?). Wie niemand in Europa fühlt der Mensch des Tangos, dass die Zeit vergeht und mit ihr die Vereitelung aller Träume kommt, und dass der Tod unweigerlich näher rückt. Und wenn er fühlt, dass er nahe ist, murmelt er düster mit der unheimlichen Arroganz des einsamen porteños: Yo quiero morir conmigo / sin confesión y sin Dios, / crucificado en mi pena, / como abrazando a un rencor (Ich möchte mit mir selber sterben, ohne Beichte und ohne Gott, am Kreuz mit meinem Leid, als hielt ich einen Groll umarmt) [...]. Der Tango ist der einzige introvertierte Tanz [...], der porteño, der einen Tango tanzt, tut das, um über sein Pech nachzudenken oder um pessimistische Überlegungen anzustellen über die allgemeine Struktur des Daseins.« (Ernesto Sábato: Über die zwei Borges)

*

1991 veröffentlicht der in Paris als Literaturprofessor und Schriftsteller lebende Juan José Saer einen großen Essay: *El río sin orillas* (Der Fluss ohne Ufer). Gemeint ist der Río de la Plata, das Gewässer, das nach dem Zusammenfluss von Paraná und Uruguay entsteht, ein mehr süßes als salziges, heute auch ziemlich vergiftetes Gewässer von unendlich scheinender Dimension, stets bedeckt von der braunen Haut eines Tigre, eines Tigers oder Löwen oder Leoparden. Saer, der nicht aus Buenos Aires stammt, sondern aus der Provinz Santa Fé, nennt seinen Text ein »Tratado imaginario«. Noch einmal begegnen wir einem Argentinier, der Buenos Aires mehr imaginiert als beschreibt und aus dieser Imagination einen Reichtum sondergleichen bezieht, der Geschichte, Reflexion, Anschauung umfasst – und alles im Spiegel einer sehr lichten, einer universalen Fantasie anordnet.

Gerne schweift er ab von gefundenen und festgemachten Erkenntnissen und begibt sich in die Tiefen der Geschichte, die er vom Ursprung, vom ersten Besuch spanischer Abenteurer her aufrollt. Und dass dieser erste Besuch anno 1516 schrecklich endete – ein Teil der Seefahrer wurde von hungrigen Urbewohnern umgebracht und anschließend verspeist, roh, während der Rest der Mannschaft, durch einen Fluss vom Ort des grausamen Geschehens getrennt, zuschauen musste –, diese verbriefte Tatsache wertet der Autor als Zeichen, als Fanal für die Entwicklung des Landes, für die vielen Episoden, in denen Gewalt eine herausragende Rolle spielte. Während des Proceso, der jüngsten Epoche eines Terrorregimes, ließen die Militärs Leichen derjenigen, die sie willkürlich verhaftet, gefoltert, ermordet hatten, von Flugzeugen aus in den Río de la Plata werfen, damit sie für immer als »Verschwundene« deklariert werden konnten. Saer kann die Stadt, die es ihm angetan hat, nicht beschreiben, ohne auf die Spuren ihrer mit Blut geschriebenen Geschichte zu verweisen.

Dazwischen wird er, der weiter oben am Paraná geboren ist, nicht müde, den Fluss ohne Ufer, genauer, mit einem Ufer, von dem aus man das andere nicht sieht, den Fluss mit der Ausdehnung des Meeres erscheinen und immer aufs Neue erscheinen zu lassen. Seine Unbeweglichkeit – manchmal zeigt er ein Gesicht ohne Furchen, ohne Falten, ohne Wellen –, seine Farben, lassen Saer zum Poeten werden. Und sein langer Ausflug in Geschichte und Gegenwart der Stadt, in den Betondschungel in all seinen Zuständen, endet sehr idyllisch unter einer Weide am Fluss. Kontemplativ. Zwei Kinder auf einem Pferd, eine Frau, die sie begleitet, ziehen an ihm vorbei. Sie kommen aus einem nahe gelegenen Armenviertel, vergnügen sich, es ist heiß, sie gehen wieder, die schnelle Dämmerung bricht ein, Holzfeuer verströmen ihren Geruch über das Ufer. Eine Versöhnung mit der Geschichte. Ein Hauch von Ewigkeit.

»Auf der Promenade die Lebenslust. Ein Wurst- und Getränkestand nach dem andern, ein paar Jogger, die Frauen mit den Kinderwagen, zahlreiche Fischer, die auf der Quaimauer sitzen und mit langen Ruten tatsächlich Fische aus dem Säurekonzentrat des Río de la Plata ziehen. Gestern ging einer dieser tropischen Platzregen nieder, der Teile des Zentrums und der Wohnviertel im Nu überschwemmt, elektrische Leitungen von den Hauswänden reißt und lebensgefährlich überm Trottoir baumeln lässt, die Gullys zu Schlünden macht, in denen man verschwinden kann, für immer. Das war gestern. Heute erinnern ein paar nassglänzende schwarze Baumstämme, einige Pfützen, ein bisschen

Sirenengeheul in den Straßen an das Unwetter. Sonst nichts. Der Nordwind aus Brasilien erhitzt die Atmosphäre und macht sie so feuchtschwer, bauchige Wolken hängen im tiefblauen Himmel und der Fluss zieht träge dahin, trägt auf seinem schmutzigbraunen Rücken grüne Inseln aus Baumtrümmern, Dreck und Blättern. Gestern das Verhängnis, heute die pure Lebenslust. Dazwischen ein nützlicher Fatalismus, ein beruhigendes Vergessen. In der Reserva, dem Stück Natur, dem Hafen vorgelagert, steht der Schilf zwei bis drei Meter hoch. Mückenschwärme hüllen einen ein. Schmetterlinge, Grillen, Vögel. Palmen und Blumen. Auf sandigen Wegen geht's dem Fluss entgegen. Es ist, als habe er Abstand, Natur zwischen sich und die Stadt gelegt, als wolle er von ihr getrennt sein, als wolle er nichts wissen von ihr. Der Stadtlärm schwillt allmählich ab, Stimmen im Schilf, Tiere und der Fluss, ganz leise scheuernd an ein paar Ufersteinen, sonst unbewegt. Auf dem Rückweg erscheint die Stadt als Skyline, leicht, beim Näherkommen heftig in den tiefblauen Himmel gezackt. Eine Fata Morgana?«

Río de la Plata

Der Puerto de Frutos (Obsthafen), am Rand des Tigre-Deltas gelegen, ist gewiss der üppigste, lebhafteste und schönste Markt Argentiniens. Man findet hier die besten Früchte und Gemüse, Kunsthandwerk, Körbe, rustikales Mobiliar, geeignet, ganze Häuser einzurichten. Und Pflanzen. Jede Art von Blumen, Sträuchern, Bäumchen. Die Delta-Bewohner, ein eigenbrötlerisches Volk, gemischt aus vielen Nationen, Bauern und Handwerker, verkaufen im Puerto de Frutos ihre Produkte. Und hat sich auch der Markt im Laufe der Jahre mächtig aufgeplustert, zu einer Touristenattraktion entwickelt, hat er doch ein paar seiner alten Szenen, Stände, Winkel behalten, Umschlageplätze im Wortsinn, an denen, während das Produzierte die Hand wechselt, Delta-Einsamkeit in städtische Betriebsamkeit umschlägt. Wir hatten uns von einer grünäugigen Delta-Gärtnerin Santa-Rita-Sträucher (Bougainvillea) zeigen lassen und berieten das Geschäft. Auf Schweizerdeutsch. »Wie häsch?«, fragte die Grünäugige in spitzem St. Galler-Idiom. Ein Abstammungskennzeichen. Der Großvater war aus der Schweiz immigriert. Der deutsche Sprachschatz der Grünäugigen beschränkte sich auf die zwei Laute. Die aber kamen in perfekter Aussprache.

An den braunen Fluten des Tigre-Deltas

Früher Morgen im Tigre-Delta. Man sitzt mit ein paar andern auf einem Holzsteg, der in die braune Flut ragt, hält nach Schiffen Ausschau. Es kommen immer die falschen, aber das ist ganz unwichtig. Das Delta-Leben ist eine Art von Insel-Leben, und dieses Insel-Leben mit seinen Formen und Rhythmen muss man einwirken lassen, will man das Delta verstehen.

Ein Mann im bis zum Bauchnabel offenen weißen Hemd und einem modischen Rucksäckchen raucht Zigaretten, ein Alter legt mit einem fragilen Faltboot an, an einem auf einen alten Kahn montierten Kran werden Holzgeländerfragmente aus dem Fluss gezogen. Wir schauen zu. Jetzt hört man ein Kursschiff kommen, hört das unverkennbare laute Knattern des Motors; es ist, als ob ein Loch in die träge Morgenstimmung geschlagen würde. Ist nicht unser Schiff, kommt von der falschen Seite. Am Steg steigen Passagiere aus und ein, dann beginnt einer der Matrosen schwere Säcke abzuladen, die auf dem Oberdeck gestapelt sind: Lebensmittel, Getränke, Zement. Der Mann im weißen Hemd fängt auf dem Steg die Säcke auf, die ihm der Matrose zuwirft. Er muss bärenstark sein, gerät aber doch mehrmals aus dem Gleichgewicht. Lacht laut und flucht leise. Angestrengte Minuten, Stress. Dann legt das Schiff ab, und gleich kehren insulare Ruhe und Trägheit zurück.

Wir warten. Das Kranschiff wird neu verankert. Der Alte bindet sein Bötchen an einen Pfosten und fällt bei einem Haar ins Wasser, bittet den Mann im weißen Hemd um eine Zigarette und will wissen, warum die Typen, die die Säcke bestellt hätten, nicht da seien, um sie abzuladen. Das gehe immer so, meint der Weißhemdige, da brauche es Saft und Kraft. Die Restaurantbetreiber da hinten wüssten ganz genau, mit welchem Schiff ihre Waren kämen. Die machen das immer so, sagt er, warten bis alles abgeladen ist und kommen dann später ihre Säcke holen.

Juan Ignacio heißt der Weißhemdige. Ein Abenteurer und Delta-Kenner. Zur Zeit besitzt er ein einfaches Hotel im Delta. Wie heißt es denn? Wie wohl? Er entblößt einen tätowierten Unterarm. Wie also? Die Tätowierung besteht aus sich rankenden Rosen. Rosas? Las Rosas, genau, so hab ich's getauft. Vorne an der Tigre-Flussstation unterhält Juan Ignacio ein kleines Büro, wirbt Kunden fürs Hotel oder für Bootsausflüge. Aber eigentlich beschäftigt sich eine Chica mit dem Büro, und das Hotel betreibt seine Frau; er hat genug mit seinen anderen Projekten zu tun. Filmproduzent und Filmschauspieler – das sind seine wahren Berufungen. Einen großen Erfolg habe er gehabt als Fredy, Hauptrollenträger in einem argentinischen Road Movie, den er als Produzent, Regisseur und Hauptdarsteller realisiert habe, in einem stillgelegten Sanatorium in den Bergen von Córdoba. Jedermann kenne ihn als Fredy. Mit dem Geld aus dem Film habe er das Hotelito gekauft, vier Zimmer, Restaurantbetrieb. Seine Frau mache den besten Asado, fange jetzt gleich damit an.

Juan Ignacio alias Fredy weiß alles Mögliche über das Delta, erklärt die Geografie, Flora und Fauna, berichtet, wem die Villen, Bungalows, Chalets, Schuppen, Ruinen gehören, an denen wir vorbeifahren. Ein freundlicher, ein gesprächiger

Brückenschläger. Weiß über die ereignisreiche Geschichte des Deltas Bescheid, gehört nicht zur autochthonen Inselbevölkerung, aber fühlt sich ihr verbunden, pendelt zwischen Festland, Großstadt und Delta, kennt sich aus im Labyrinth der braunen Fluten, den Hunderten von Flussläufen und Kanälen.

Inzwischen ist das braune Kursschiff gekommen, von der richtigen Seite, wir sind die beiden allein übrig gebliebenen Passagiere. Da wird das Schiff nicht erst vertäut, nur nahe an den Steg heranmanövriert, der Matrose hält es mit einem Seil so lange fest, bis wir aufgesprungern sind – und los geht's.

*

Der Yaguareté, der amerikanische Tiger, der an den braunen Gewässern gelebt hat, ist ausgestorben. Er hat dem Delta den Namen gegeben. Tigre heißt auch die ständig wachsende Agglomeration am Luján-Flussarm gelegen, dreißig Kilometer nördlich von Buenos Aires. Zugbahnhof und Flussstation des Ortes sind die Eintrittstore ins Delta. Als Verkehrsadern funktionieren die Flussarme, die wie vielgliedrige Tentakel ins Gras, in Sumpf und Geschlinge, in Urwald und ebenes Land greifen, das Delta in über fünftausend Inseln zerteilen. Das Tigre-Delta soll das fünftgrößte der Welt sein. 350 Flüsse durchfließen es. Der Río Uruguay und der Paraná sind die größten; sie ergießen sich in den Río de la Plata, das gewaltige Mündungsbecken zwischen Buenos Aires und Montevideo.

Als Schnittstelle zwischen Kultur und Natur, zwischen gestern und heute, so lässt sich das Delta erleben. Ein fantastisches Spektakel spielt sich tagsüber auf den bewegten Tentakeln ab. Der Früchtemarkt am Wochenende vermittelt Ahnungen vom einstigen Zustand der Inseln. Und die Dämmer- und Abendstunden, die von Grillengezirp und Moskitosirren erfüllten »últimas horas« des Tages, nehmen der Realität das Schwergewicht, lassen sie leicht erscheinen, wie einen flüchtigen Traum.

Man bohrt sich Flussbiegung um Flussbiegung mit dem Kursschiff ins Delta hinein. An beiden Ufern warten Insulaner auf den Stegen, rufen mit codierten Handzeichen die Schiffe an, die, immer in Eile, vom Steuermann an den Steg manövriert werden; ein Matrose springt an Land, hält das Schiff mit einem Seil so lange fest, bis alle ein- und ausgestiegen sind, springt zurück und weiter geht's. Schulkinder, Hunde, Wasserbehälter werden abgeholt, Greise wechseln elegant vom Steg ins Schiff; die Steuermänner von sich kreuzenden Booten nähern sich einander in gewagten Manövern, erzählen Witze, werfen sich Säcke zu; Jünglinge setzen auf hohem Fluss von einem Schiff ins andere über.

Es gibt geschäftige, sonnige Tage, da gleicht der braune Fluss einer Autobahn: pausenlos ziehen Passagier- und Lastschiffe aneinander vorbei, dazwischen gleiten kleine Motorboote durchs Wasser, und es wird gerudert, sportlich oder gezwungenermaßen. An solchen Tagen kommt es einem vor, als ob in der ersten, am besten erschlossenen Sektion des Deltas gelegenen Uferpartie Paraden abgehalten würden. Die Häuser, die Stege, die Gärten und Wege, die Trauerweiden, die riesigen rostigen Schiffskelette, die übereinandergeschichtet in offenen Hangaren liegen oder halb im Flussgrund stecken – ein unendliches Band, prächtig herausgeputzte Objekte, wie in einer Ausstellung.

*

»Ich besitze eine Insel in der Mündung des Paraná und werde dort ein prachtvolles Landhaus errichten. Bereits lasse ich Bäume anpflanzen, für die Holzproduktion; weil es hier viele Inseln gibt und wir Hunderte von Freunden sind, werden

wir später Ruderboote, Barkassen, venezianische Gondeln und Dampfschiffe haben, um uns gegenseitig zu besuchen, um nach Buenos Aires ins Theater zu kommen. Die Kanäle, die die Inseln teilen, sind nicht breiter als Straßen und zur Zeit fahren dreitausend Lastkähne auf den Kanälen und Dampfschiffe, die bis zum Paraguay hinauf gelangen. Ich habe ein Paradies auf Erden entdeckt, ein Kalifornien, obwohl: Alle kannten es und einige wohnten darin [...]. Ich werde ein gigantisches Venedig daraus machen und die ganze Immigration wird sich im Archipel des Plata und des Paraná niederlassen.«

Der diesen begeisterten Brief an seinen Sohn schrieb, im November 1855, war Faustino Domingo Sarmiento (1811–1888), nach dem in jedem größeren Ort Argentiniens Straßen und Schulen benannt sind. Sarmiento, Lehrer und Journalist, Literat, Politiker in zahlreichen Funktionen, war von 1868–1874 Präsident Argentiniens, das er nach aufklärerischen Prinzipien zu reformieren trachtete. Von den Pionieren, die das Delta alle hundert Jahre einmal neu »erfanden«, wie sie selber zu sagen pflegten, war Sarmiento der tatkräftigste: Tatsächlich haben auf seine Initiative hin zahlreiche europäische Immigranten die Inseln besiedelt, um Landwirtschaft zu betreiben, Früchte in erster Linie, mit denen Buenos Aires versorgt wurde, oder um zu jagen, den Seeotter, den Carpincho (ein wegen seines feinen Fells begehrtes Wasserschwein), oder um Holz zu schlagen, an dem die Inseln überreich waren und das bis heute eine Einnahmequelle geblieben ist. Sarmiento höchst persönlich soll das Anpflanzen des Mimbre, der Korbweide, initiiert und forciert haben. Das Fertigen von Möbeln und Körben ist bis heute eine der Hauptverdienstmöglichkeiten im Delta geblieben.

Aus dem »prachtvollen Landhaus«, das sich der Präsident hat bauen wollen, ist dann doch nichts geworden. Bescheiden wirkt das restaurierte Gebäude, das am Ufer des Sarmiento-Kanals steht und das heute ein zu Ehren des nimmermüden Anpreisers und Wohltäters eingerichtetes Museum beherbergt. Aber Sarmientos Beispiel hat – auch buchstäblich – Schule gemacht. Frühe Um- oder Aussteiger, Abenteurer, Landwirte ließen sich im Delta nieder, Schmuggel in großem Stil wurde auf den braunen Flüssen zwischen Paraguay, Uruguay und Buenos Aires betrieben. Es kamen wohlhabende Städter, die hier ein ideal gelegenes Naherholungsgebiet entdeckten. Neben den Hütten der Erstbewohner entstanden Villen, Paläste. Schulen wurden gebaut, und eine Zeit lang verkehrte an Sonn- und Feiertagen eine veritable Kirche mit Turm und Glocken auf den Flussarmen. Was Sarmiento immer wieder verlangt hatte, kam erst in seinem Todesjahr, 1888, zustande: eine speziell aufs Delta zugeschnittene Gesetzgebung, die den Bodenbesitz regelte. Die bewirtschafteten und bebauten Terrains auf den Inseln wurden, so weit das möglich war, ausgemessen, und die ansäßigen Delta-Bewohner erhielten Urkunden, die ihr Land legalisierten.

Ende des 19. Jahrhunderts, als Buenos Aires und die Ortschaft Tigre mit einer Eisenbahnlinie verbunden wurden, brach die bisher jüngste Blütezeit im Delta an, die »Belle époque« wurde erfunden: mit Hotels und Landhäusern im Tudor- oder neokolonialen, neogotischen oder normannischen oder viktorianischen oder Louis-toujours oder italienischen Zuckerbäcker-Stil, mit englischen, italienischen, deutschen (Ruderverein Teutonia), schweizerischen Ruderclubs. Gekrönte Häupter machten ihre Aufwartung, Feste wurden gefeiert, Vermögen verspielt. Auf dem Festland, in unmittelbarer Nähe des Deltas, schossen Agglomerationen aus dem Boden, die Bevölkerung am und im Delta vervielfachte sich.

*

Geschichtet, zeitlich und kulturell, kommt einem die Umgebung vor, wenn man per Schiff an ihr vorbeizieht. Neben einfachsten Pfahlbauten aus Holz, Adobe, Stroh stehen die Fantasiegebäude, zerfallend die einen, renoviert und in harten, bunten Farben aufgefrischt die andern. Stein wurde massenhaft in die steinlose Wildnis eingeführt. Das Inseldasein, auch auf kleinstem Raum und in unmittelbarer Nachbarschaft der nächsten Insel, verleitet den Besitzer dazu, sich ein individuell gestaltetes und abgeschlossenes Reich auszudenken und zu bauen. Im nachgebildeten rustikalen Chalet erfüllt sich die Sehnsucht nach den Alpen des alten Europa, im venezianischen Palazzo diejenige nach der Schönheit Italiens; das grenzenlose romantische Gefühl drückt sich in funktionslosen, ins Himmelsblau strebenden Säulen aus, Kunst und Kitsch in einer altmodischen Architektur des Pittoresken.

*

Der Hauptgrund dafür, dass das Delta immer aufs Neue erfunden wurde, liegt in seiner Beschaffenheit: kann das Auge des enthusiasmierten Besuchers auch ein Venedig, einen Garten Eden darin sehen, ist es doch aus fließendem Wasser gemacht. Und dieses Wasser verheißt heute Fruchtbarkeit, Idylle, Schönheit – und morgen Zerstörung. Die Flüsse Paraná und Uruguay alimentieren das Kapillarsystem zwischen ihnen. Steigt ihr Pegel übermäßig, werden die Inseln überschwemmt. Jahrhundertelang nahm die Delta-Bevölkerung solche Naturkatastrophen schicksalsergeben hin, verlor alle paar Jahre einen Teil der Hütten und Felder und fing nach dem Abfließen des Wassers von vorne an. Heute kennt man die drohenden Gefahren besser, weiß sie einzuschätzen, die Folgen und eventuellen Schäden zu berechnen. Die meisten der am Ufer gelegenen Häuser stehen auf Pfählen, angepflanzt wird möglichst in erhöhten Lagen. Die moderne Kommunikationstechnik erlaubt es zudem, dass vor drohenden Überschwemmungen rechtzeitig gewarnt werden kann. Wettervoraussagen, Pegelstandsmessungen an den Oberläufen der großen Flüsse lassen den Bewohnern des Deltas im Allgemeinen genug Zeit, um sich vorzusehen und zu schützen.

Trotzdem: kleinere und größere Überschwemmungen lassen sich nicht verhindern. Am meisten Respekt haben die Bewohner vor der »Sudestada«, einem relativ häufig wehenden Wind, der, bei großer Intensität, das Wasser in der Mündung des Río de la Plata staut und zurück ins Delta treibt. Das kann sehr schnell geschehen und führt zu katastrophalen Überschwemmungen.

So wird ein mehrtägiger Ausflug ins Delta bei prekären Witterungsverhältnissen noch heute zum Abenteuer der unangenehmen Art. Sagt einem der Billettverkäufer am Schalter der Kursschiffe an der Flussstation in Tigre bedauernd, man könne schon fahren, aber schwerlich irgendwo anlegen, dann hat man noch Glück gehabt, wir verzichten. Lässt er einen fahren, kann es passieren, dass man zwar grad noch am nur ein bisschen glitschig gewordenen Steg in der Nähe der einfachen Herberge, in der man übernachten will, landen kann – und dann in der Tinte, beziehungsweise im Wasser sitzt.

Es regnet oder windet oder beides, herumspazieren könnte man sowieso nicht mehr, weil außerhalb der Herberge schon alles unter Wasser steht. Die Stege versinken langsam im Wasser, Schiffe fahren zwar noch den Fluss rauf und runter, aber sie halten nicht mehr an. Die Herbergsleute zucken die Schultern, bleiben freundlich, bleiben gelassen; sie sind Inselbewohner und müssen es wissen, sagt man sich und ist froh über den dicken Roman, den man eingepackt hat.

Es regnet und windet und windet und regnet und es wird einem bange. Man verflucht das Tigre-Delta. Das Telefon funktioniert nicht mehr. Vorräte scheint es genug zu geben, auch Wein, und die argentinischen Gäste haben noch kaum etwas von ihrer Munterkeit eingebüßt. Man entwickelt sich schon zum Zwangsneurotiker, sucht sich draußen Merkpunkte und kontrolliert ständig, ob das Wasser steigt, und wenn ja um wie viel und wie schnell. Es steigt zum Glück sehr sehr langsam. In der Nacht lassen Wind und Regen nach, am Morgen hängen trübe Wolken über der Herberge und über der braunen Flut, Schiffe kommen, aber sie halten nicht. Der Steg ist überschwemmt. Man möchte weg von der Insel und kann nicht. Man ist in eine Falle geraten. Bei Regen, Wind und Überschwemmung ist das Delta eine einzige Falle. Wann kann ich weg? Die Herbergsleute, immer freundlich, immer gelassen, zucken die Schultern. Kann man nicht sagen. Es gibt noch den Radiofunk. Eine alte Delta- Kommunikationsart. Aber dafür ist die Lage noch nicht dramatisch genug. Aus den zwei geplanten Tagen werden drei; weiter nicht schlimm. Aber die Stunden ziehen sich in die Länge, die Fantasie spielt einem üble Streiche, die Heilkraft der Literatur hält nicht ewig an.

Nun – es kommt die Stunde, in der ein Schiff auftaucht an der Flussbiegung, Kurs auf den Steg zu nimmt, der nur noch knapp überschwemmt ist. Mit nassen Füßen, aber erlöst springt man nach gelungenem Manöver des Steuermanns ins Schiff und wird von munteren Schicksalsgenossen empfangen, die einander ihre Inselerlebnisse erzählen.

*

Im Schnitt finden größere Überschwemmungen alle sieben, acht Jahre statt. Ganz große gab es in der jüngeren Geschichte des Tigre 1940 und 1959, 1982/83 und 1992. Und jedes Mal, wenn die Fluten abgezogen sind, wird der Tigre neu erfunden. Robuster, widerständiger, katastrophensicher, wie behauptet wird. Das Festland in Ufernähe wird betoniert, Buenos Aires breitet sich mit Straßen und Hochhäusern Richtung Delta aus. Der alte Früchtemarkt verwandelt sich an den Wochenenden in eine Touristenattraktion. Ein luxuriöses Kasino ist gebaut, ein Vergnügungspark installiert, Fluss- und Bahnstation wurden modernisiert. Die bedrohlichen Folgeerscheinungen solch ungestümer Neuerfindung zu Ende des 20. Jahrhunderts konnten nicht ausbleiben: heute gibt es Flussarme im Tigre, da fließt das Wasser nicht braun (was nicht Verschmutzung bedeutet, sondern auf den schlammigen Grund zurückzuführen ist), sondern schwarz, und es stinkt zum Himmel. Die Tigre-Bewohner beginnen sich zu wehren, warnen vor einer drohenden Umweltkatastrophe. Was der begeisterte Präsident Sarmiento einst entdeckt und entwickelt hat, was für Millionen von Argentiniern zu einer Naturattraktion sondergleichen wurde, muss der aktuelle Präsident, Néstor Kirchner, schützen lassen, wenn es nicht zuschanden gewirtschaftet werden soll. Zu behaupten, die gegenwärtige Zentralregierung oder die Behörden der Stadt Buenos Aires seien sich der Bedeutung des Problems bewusst geworden, käme einer Übertreibung gleich. Nichts, gar nichts in ihren Reaktionen lässt auf eine derartige Bewusstwerdung schließen.

Plaza de mayo

1976 putschten die Militärs, und schon ein Jahr später begannen die legendären Madres mit ihren Demonstrationen auf der Plaza de mayo in Buenos Aires. Die Mütter und Großmütter mit den weißen Kopftüchern (sie sollen Kinderwindeln symbolisieren) gehörten zu den ersten, den hartnäckigsten, den mutigsten Opponenten der Junta. Zuerst verlangten sie nur Auskunft über ihre »verschwundenen« Kinder. Später verallgemeinerte und politisierte sich ihr Protest gegen die Militärs. Auf der Plaza de mayo vor dem Regierungsgebäude, dem politischen Herzen der Stadt, auserwählten Schauplatz von Massenkundgebungen, kann man sie noch heute sehen, jeden Donnerstag, wenn sie, gealtert, teils auf Stöcke gestützt, manchmal mit Transparenten in der Hand, meistens stumm ihre Runden um die Pyramide in der Mitte des Platzes drehen. Die Madres begehen keine Gedenktage, sie denken, gedenken, fordern und erinnern sich immer. Was mit ihren Kindern geschehen ist, während der Militärdiktatur, wissen sie inzwischen. Aber bis heute hat man vielen von ihnen nicht sagen wollen oder können, wie und wo und wann die »Verschwundenen« getötet worden sind. Deshalb demonstrieren sie weiter – und bleiben unversöhnlich.

Im Fieber des Erinnerns

In der Nacht des 24. März 1976 putschte das Militär gegen die Regierung der Präsidentin Isabel Perón. Der »Proceso«, wie die Zeit der Militärdiktatur in Argentinien heißt, dauerte bis 1983 – eine Schreckensherrschaft im Zeichen des Staatsterrors, die mindestens 30 000 Todesopfer forderte.

Gerüchte gab es seit Tagen. Die schwache Präsidentin, die das Amt vom 1974 verstorbenen Juan Perón geerbt hatte, erwies sich als unfähig, die Gewaltorgie zu stoppen, die hauptsächlich von den Militärs, von paramilitärischen, geheimdienstlichen Mordkommandos ausging und sich gegen linke Peronisten, missliebige Politiker oder Richter richtete und mit Attentaten seitens einer von den Montoneros dominierten Guerilla beantwortet wurden. In stundenlangen Verhandlungen hatten Kabinettsmitglieder der Regierung Isabel Peróns am 23. März versucht, die Militärs zu bremsen – vergeblich. Die Minister wurden hingehalten, während die Putschvorbereitungen liefen. Das nationale Parlament weigerte sich, die Zeichen zu sehen oder zu deuten und verharrte im Zustand der Lähmung. Eine Konfliktsituation mit hochexplosivem Potenzial hatte ihren Kulminationspunkt erreicht.

Auf der einen Seite skrupellose Vertreter der Militärkaste, seit eh und je bestens trainiert in Verschwörungen, Machtkämpfen, gewaltbereit und, was vor allem verheerende Auswirkungen zeitigte, getrieben von einem messianischen Wahn, den Kommunismus des Kalten Krieges, wie sie ihn verstanden, samt seinen wirklichen oder eingebildeten Vertretern auszurotten. Im eigenen und durchaus auch im fremden Land, wie es sich im Verlauf des Proceso zeigen sollte. Um für sie als »Kommunist« zu gelten, genügte es, sich kritisch zu irgendwelchen von ihnen angeordneten Maßnahmen oder Schikanen zu äußern, für soziale Gerechtigkeit einzutreten, die falschen Bücher zu besitzen, die Haare lang zu tragen.

Den Militärs stand eine zerklüftete Guerilla gegenüber: Guevaristen und Castristen, reine Anarchisten, freischwebende Marxisten, Kommunisten. Die Montoneros, jene sich zur großen Familie der Peronisten zählende, gut organisierte Jugendorganisation, die eine schwer zu definierende Mischung aus Sozialismus, Nationalismus und Antiamerikanismus vertrat (bei Perón selber war diese Mischung zusätzlich mit einer gehörigen Portion Opportunismus und Faschismus gewürzt), stellten die Elitetruppe der Guerilla dar, verübten Terror- und Mordanschläge und waren auf ihre Art ebenfalls von einem messianischen Eifer beseelt. Nach den Theorien Che Guevaras (in erster Linie) glaubten sie an die Entwicklung des »neuen Menschen«, eines mit allen Tugenden ausgestatteten vollkommenen Geschöpfs. Da sich dieses Geschöpf partout nicht von selber aus dem vorhandenen miesen Kleinbürger entwickeln wollte, sollte es mit Gewalt zu seinem Glück gezwungen werden. Ein unseliges Konzept weltlicher Bekehrung, an dem schon Che Guevara gescheitert war.

*

Am 23. März nach Mitternacht begannen Truppen im ganzen Land strategische Posten zu besetzen. Sie stießen nirgendwo auf

Widerstand. Die Bevölkerung, resigniert und apathisch, reagierte nicht. Exponenten der Zivilgesellschaft, Unternehmertum, Teile des Mittelstandes sehnten sich nach Ruhe, Ordnung, Sicherheit und erachteten das Eingreifen der Militärs als logisch und notwendig, wenn sie es nicht gar begrüßten. Regierungsfunktionäre und verschiedene Führer der peronistischen Gewerkschaften wurden verhaftet, die Präsidentin per Flugzeug nach Patagonien verfrachtet und unter Hausarrest gestellt. Zwanzig nach drei Uhr morgens wurde über das Staatsradio das erste Kommuniqué verbreitet, das die Bevölkerung darüber informierte, dass sich das Land ab sofort unter der »operationellen Kontrolle« einer Militärjunta befinde, die von General Rafael Videla, Admiral Emilio Eduardo Massera und Brigadier Ramón Agosti befehligt werde. Zahlreiche weitere Befehlsausgaben folgten im Halbstundenrhythmus dieser ersten Mitteilung. Nummer 22 verbot sämtliche öffentlichen Spektakel, kulturelle so gut wie sportliche. Nummer 23, morgens um zehn Uhr gesendet, stellte eine Ausnahme in Aussicht: das am Abend stattfindende Länderspiel zwischen Polen und Argentinien würde direkt am Radio übertragen.

*

Dem Fußball war die Junta so gut verfallen wie die meisten Argentinier. Und sie verstand es ausgezeichnet, den Fußball für ihr blutiges Geschäft zu instrumentalisieren. Die Weltmeisterschaft fand 1978 in der Militärdiktatur Argentinien statt. Proteste gab es, aber sie beeinträchtigten die Spiele in keiner Weise. Vorwürfe wegen Verletzung der Menschenrechte (Derechos humanos), die im Vorfeld der WM von verschiedenen Organisationen gegen die Diktatoren erhoben wurden, konterte die Junta mit einer Werbekampagne im eigenen Land: darin wurde den anreisenden Fußballfreunden verkündet, die Argentinier seien sowohl *derechos* (was in diesem Zusammenhang »rechtschaffen« meint) wie *humanos* (menschlich). Als Argentinien sich im Final gegen Holland durchsetzte und Weltmeister wurde, jubelten die drei Juntamitglieder, die damals bereits Tausende hatten foltern und umbringen lassen, die meisten in einem heute als KZ bezeichneten Zentrum ganz in der Nähe des Stadions, in dem das Finalspiel stattfand, am lautesten – das Bild ging um die Welt. Beeinträchtigt wurde es freilich von der Aktion des legendären argentinischen Fußballtrainers César Luis Menotti, der sich weigerte, dem Juntachef Jorge Rafael Videla nach dem Titelgewinn die Hand zu geben; in einem Fernsehinterview soll er gesagt haben: »Meine Spieler haben die Diktatur der Taktik und den Terror der Systeme besiegt.«

Von den zahlreichen literarischen Zeugnissen aus der Zeit des Proceso gehört der Roman *Hay unos tipos abajo* (Da unten sind ein paar Typen) von Antonio Dal Masetto, 1998 publiziert, zu den eindrücklichsten. Knapp, in einem zurückhaltenden Ton, der ganz ohne Gefühlsregungen auskommt, protokolliert der Autor den Abend des WM-Finals in Buenos Aires aus der Sicht eines unauffälligen Journalisten, der sich von einem Polizeikommando in Zivil überwacht und verfolgt wähnt, zunehmend nervöser wird und schließlich nach einer überstürzten Flucht im Zug auf einem gottverlassenen Bahnhof in der Pampa aussteigt – im Nichts. Nuancierter als die überlieferten dramatischen Opfer- und Augenzeugenberichte vermag ein solcher Text das beklemmende Klima zu evozieren, das in jenen Tagen im Land geherrscht haben muss. Fußballeuphorie und Verzweiflung. Halluzinatorische Begeisterungsausbrüche in einer Gesellschaft, die von Misstrauen und Angst geprägt war. Gewöhnlicher Alltag, glatte Oberfläche, unter denen sich schwarze

Abgründe auftaten. Viele *wussten,* aber weil sie nicht wissen durften, weil wissen lebensgefährlich war, taten sie, als wüssten sie nicht.

*

Der Proceso, der nach sieben Jahren im verlorenen Krieg um die Malvinasinseln endete, hat Spuren und Narben im Land hinterlassen, die dreißig Jahre später längst nicht bereinigt, bewältigt oder beseitigt worden sind. Zu kurz ist die Zeitspanne zwischen Proceso und heute, zu viele hatten sich kompromittiert, zu stark sind die Schmerzen über erlittene Verluste, zu heiß die Leidenschaften der überlebenden Opfer und ihrer Angehörigen, als dass mit Souveränität und Gelassenheit über die Jahre des Schreckens befunden und geurteilt werden könnte. Verschweigen und Verdrängen waren zwar seit der Wiedereinführung der Demokratie keineswegs von der Politik dekretierte Programme, bestimmten aber doch tendenziell das Verhalten eines großen Teils der Bevölkerung. Die »Nunca-más«-Aufrufe, die hartnäckigen Aufklärungskampagnen der Diktaturopfer und ihrer Familien, die unbeirrbaren Madres und Abuelas der Plaza de mayo, die mutigen Frauen, die es als fast Einzige gewagt hatten, während des Proceso öffentlich zu protestieren und die es sich seither zur Hauptaufgabe gemacht haben, die Kinder zu suchen, die von den Militärs den jungen Müttern, die sie gefoltert und umgebracht hatten, gestohlen und zur Adoption meist an Gesinnungsfreunde freigegeben worden waren, verhallten zwar nicht ungehört, vermochten aber das Gros der Bevölkerung kaum je zu erschüttern. Die Kirche, vor allem in ihren oberen Hierarchiestufen, hatte die Junta stillschweigend gewähren lassen, denn zur Messe gingen sie ja regelmäßig, die frommen Herren Generäle. Die maßgeblichen Verantwortlichen schließlich kamen glimpflich davon und wurden von Präsident Menem in einer Reihe von Dekreten amnestiert. Menems Nachfolger haben, auf zunehmenden Druck von innerhalb und fast mehr noch von außerhalb des Landes, damit angefangen, die während des Proceso verübten Verbrechen aufs Neue zu denunzieren. Das Konzentrationslager, die Folterstätte in der ESMA, wurde zum Museum erklärt. Die aktuelle Militärführung hat ein Mea culpa abgelegt und das oberste Gericht sucht nach Wegen, um die Exponenten der Diktatur belangen zu können.

*

Im März 2006 hat es Präsident Néstor Kirchner in kürzester Zeit fertig gebracht, das Land in ein veritables *Erinnerungsfieber* zu stürzen. Er verordnete einen Gedenktag. Was sich drei Jahrzehnte lang selten, ungern, nur auf insistentes Nachfragen hin im öffentlichen Raum vernehmen ließ – Geschichten aus dem Proceso, Berichte über den kontrollierten Alltag, über die Schicksale von Nachbarn und Freunden –, brach sich nun innert weniger Tage Bahn und schwoll in den Medien, in Zeitungen, Zeitschriften und am Fernsehen zu einer wahren Flut an. Reportagen über alle möglichen Aspekte des Lebens in Argentinien während des Proceso wurden veröffentlicht; politische, ideologische, ökonomische Analysen publiziert, um die paar Jahre zu durchleuchten und mit Chroniken der sich Erinnernden illustriert. Und die Intellektuellen, Schriftsteller und Philosophen, überboten sich im Interpretieren der bekannten und neu dazugekommenen Fakten.

Trotz dieser Erinnerungsflut, dieses Erinnerungsfiebers, die es brauchte und die sich so intensiv Bahn brachen, weil sie allzu lange gestaut waren, blieb zuletzt bei vielen ein schales Gefühl übrig. Der verordnete Gedenktag, der von jetzt an jährlich begangen werden soll, zeigte bei seinem Inkrafttreten ein paar bizarre Aspekte – und endete im Streit.

Das von oben autoritär Verordnete und das Überstürzte ist dem 24. März 2006 nicht bekommen. Kirchner wollte sich diesen Tag unbedingt ans präsidiale Revers heften, peitschte ihn, kraft massiver Einflussnahme im Senat wie in der Abgeordnetenkammer in ein paar Tagen durch, walzte Bedenken nieder, um pünktlich am 24. seine Rede vor den bereuenden Militärs halten zu können. Er hat in dieser Rede, was richtig und nötig war, die Zivilgesellschaft aufgefordert, sich nicht mit dem Schuldbekenntnis des Militärs (selbst)zufrieden zu geben, sondern sich zu fragen, inwiefern ihre eigenen Exponenten den Proceso mitverschuldet oder mindestens widerstandslos geduldet hätten. Die Justiz forderte er auf, sich die amnestierten Verbrecher des Proceso neu vorzunehmen und die fatalen Amnestie-Dekrete rückgängig zu machen – womit er, ganz im Geist der meisten seiner Vorgänger im Amt, zeigte, wie wenig er von der demokratisch festgeschriebenen Gewaltentrennung hält. Tatsächlich steht es dem Präsidenten der Nation nicht zu, Druck aufs oberste Gericht, das er im Auge hatte, auszuüben; tatsächlich befasst sich eben dieses oberste Gericht bereits seit ein paar Jahren mit der kniffligen Aufgabe, ein paar präsidiale Dekrete auf legale Art rückgängig zu machen; und schließlich sind schon unter Kirchners unmittelbaren Vorgängern de la Rúa und Duhalde Militärs des Proceso aufgrund neuen Beweismaterials vor Gericht gestellt und verurteilt worden.

Der Justiz mangelt es in Argentinien wie in den meisten Ländern Lateinamerikas an Unabhängigkeit. Sie wird immer wieder zum Spielball der Politik und gilt als käuflich. Auch wenn Kirchners Ermahnungen und Forderungen an die Justiz in die richtige Richtung zielen, tut er letztlich nichts anderes, als was Menem während zehn Jahren so geschickt zustande brachte: die Justiz zu beeinflussen, zu gängeln und für seine Zwecke einzuspannen.

*

Im Parlament war dem Präsidenten vorgeworfen worden, er habe den falschen Tag zum Gedenktag bestimmt. Kein anderes Land, so wurde argumentiert, suche sich ausgerechnet den Tag der Schande und der Niedertracht aus, um Erinnerungsrituale zu veranstalten. Nicht den Anfang, sondern das Ende des Proceso hätte er auswählen sollen. Auf der Plaza de mayo, der traditionellen Stätte für große politische Kundgebungen im Herzen von Buenos Aires, gab es Streit. Während die peronistische Jugend Fahnen schwingend einmarschierte, mit Trommeln, Gesängen und Tanzschritten, als gälte es ein Fest zu feiern, während eine Sprecherin der Madres im weißen Kopftuch eine pathetische Rede ins nicht allzu zahlreiche Publikum schmetterte, versuchten sich linke Gruppierungen Gehör zu verschaffen. Hart gingen sie mit der Sozialpolitik des Präsidenten ins Gericht, hatten einen Teil der legendären Madres und Abuelas auf ihre Seite gebracht und rangelten mit den Sicherheitskräften um die Mikrofone.

Ein Regierungssprecher nannte diesen Versuch einer Umfunktionierung der Kundgebung eine »Perversion« gegenüber den Opfern des Proceso – und bekam den Vorwurf postwendend zurückgeschickt. Einer Kundgebung zu *diesem* Anlass, der alles, nur die Würde nicht hätte fehlen dürfen, kam genau das, die Würde, abhanden. Es gab Frauen, die keiner Organisation angehörten, die gekommen waren, um an diesem Tag mit Plakaten, auf denen die Porträts ihrer »verschwundenen« Familienmitglieder abgebildet waren, schmerzliches, ständiges Erinnern zu dokumentieren; sie weinten oder versteinerten, als die Konflikte ausbrachen.

*

Raúl Alfonsín, erster demokratisch gewählter Präsident nach dem Proceso, hielt seine Erinnerungsrede am 24. März vor der Escuela de Mecánica de la Armada (ESMA). Der Schriftzug ESMA liest sich heute wie eine Metapher des Proceso – sie enthält, auf einen Ort konzentriert, das Unmaß des Furchtbaren. Ein schneeweißer Gebäudekomplex, mit antikisierenden Säulen in einer gepflegten Gartenanlage – das ist die ESMA. Sie diente während des Proceso als Kaserne, Gefängnis und Folterkammer und wird von den wenigen Überlebenden, die hier inhaftiert waren, als Konzentrationslager beschrieben. Den hier stationierten Spezialtruppen oblagen »Tareas« (Aufgaben), wie das im Vokabular der Militärs hieß. Die Mecánica, wie sie sie beherrschten und hinter ihren Tempelsäulen ausübten, war das langsame Zu-Tode-Quälen eines großen Teils ihrer männlichen und weiblichen Gefangenen mit ausgeklügelten Methoden (die von der Junta auch gerne lateinamerikanischen Folterern anderer Länder beigebracht wurden), egal wie resistent sich diese in den Verhören zeigten. Schwangere Frauen wurden erst umgebracht, nachdem sie geboren hatten – die Babys sollten in den Familien der Militärkaste und ihrer Gesinnungsfreunde zu patriotischen Argentiniern herangezüchtet werden. Gemordet wurde entweder in der ESMA, oder man betäubte die Gefolterten und warf sie dann mit Flugzeugen über dem Meer ab.

Im Vokabular der Militärs endete die Mechanik des Grauens mit dem »Verschwindenlassen« der Opfer. Tragischerweise ist es diese Sprachregelung, die ein paar Mütter und Väter bis heute hoffen lässt, ihre Kinder lebten vielleicht noch irgendwo. Die fehlende Gewissheit über Ort und Umstände der Morde nähren solche Hoffnungen. Der Begriff »Desaparecidos« (Verschwundene) für einen großen Teil der 30 000 Ermordeten des Proceso hat sich im Volksmund bis heute gehalten.

Die ESMA wird in eine Erinnerungsstätte verwandelt. Überlebende des Proceso, einige Schriftsteller und Politiker möchten nicht, dass aus der ESMA ein Museum wird. Ein Museum, sagen sie, bewahre, versachliche und neutralisiere. Aus der ESMA aber müsse ein lebendiges Stück jüngster Geschichte werden, die es dem Besucher erlaube, die Spuren eines unmenschlichen Systems zu dechiffrieren. Auch wenn die Kritiker nicht zu sagen vermögen, was sie sich konkret vorstellen, wie eine nicht museale Erinnerungsstätte auszuschauen hätte, wie man es fertig bringt, Besucher mit der Realität einer Geschichte, die älter und älter wird, zu konfrontieren, ohne diese Geschichte zu klassifizieren und eben auch zu neutralisieren, ist ihr Anliegen verständlich und berechtigt. Zu frisch sind die Erinnerungen, zu furchtbar ihr Gegenstand, als dass sich der Proceso in der ESMA mumifizieren ließe.

Im »Palais de Glace« im Zentrum von Buenos Aires war im März 2006 eine Ausstellung zum Thema zu sehen: »Memoria«. Und die Auswahl der in der Presse zur Zeit des Proceso publizierten Fotos, die hier gezeigt wurden, hatten es in sich, wie man vielleicht nicht sofort, aber bei längerem Verweilen ganz sicher spürte. Sie zogen einen hinein in die Realität einer 30 Jahre zurückliegenden Zeit. Man durfte die Zensur nicht vergessen, die damals gegenüber der Presse streng gehandhabt wurde, und konnte ermessen, was sich abspielte, sah die permanente Präsenz bewaffneter Uniformierter, ihren Triumphalismus, ihr breitbeiniges sich Bemächtigen des öffentlichen Raums, die

Angst der Passanten, der Angehaltenen, zur Rede Gestellten, die Demütigungen, Übergriffe.

Auf der einen Seite die verzerrten Fratzen der Juntachefs beim Sieg der Nationalelf an der WM – wenn das Freude und Begeisterung über einen gewonnenen sportlichen Wettkampf signalisieren sollte, dann konnte es einen nur grausen. Auf der anderen Seite eine Kundgebung auf der Plaza de mayo 1982, als die Repression das Land noch vollständig im Würgegriff hatte. Berittene, behelmte Uniformierte, die eine Demonstration der Madres auseinander treiben. Am Rand des Bildes zwei weggedrängte Frauen, die eine mit dem symbolischen weißen Kopftuch, einen Ruf, einen wütenden Schrei ausstoßend, die andere, elegant, mit schönen Gesichtszügen im Profil unter einer Lockenmähne, schaut trotzig in Richtung der Soldaten: ein Beispiel von Widerstand und Mut.

Mitten in der Ausstellung hatten die Veranstalter auf einem großen Zylinder Zettel bereitgelegt und die Besucher aufgefordert, ihre Kommentare niederzuschreiben, ein Angebot, von dem reichlich Gebrauch gemacht wurde. »El esencial no se ve« (das Wesentliche sieht man nicht) hatte jemand notiert. Stimmt. Aber man sieht es dann doch, durch das Foto hindurch; um die Chance zu bekommen, es, das Wesentliche, das Imaginäre und Irreale hinter dem Realen zu sehen, braucht es das Bild. Als Stütze, als Weg, der zur Geschichte des Proceso führt, die für den einen Erinnerung, für den andern Rekonstruktion bedeutet.

*

Ein Gedenktag? Der kann für die arbeitende Bevölkerung Argentiniens noch einen ganz anderen Aspekt haben. Garant eines verlängerten Wochenendes. Es ist in Argentinien üblich, einige nationale oder religiöse Feiertage flexibel zu halten. Sie werden jedes Jahr vom eigentlichen Datum abgelöst und auf den Freitag oder Montag verlegt, um eben der arbeitenden Bevölkerung ein verlängertes Wochenende zu ermöglichen. Im Laufe der Parlamentsdebatte hatte eine kleine Ferientaglobby ihre Zustimmung davon abhängig gemacht, dass der geplante Gedenktag ein flexibler sein müsste. Davon wollten Kirchner und seine Anhänger nichts wissen. Die Sache war ihnen zu ernst. Des 24. März soll für alle Zeiten jeweils am 24. März gedacht werden. Basta.

Der kalendarische Zufall aber wollte es, dass ausgerechnet der erste dieser Gedenktage im Jahre 2006 auf einen sonnigen, spätsommerlichen Freitag fiel. Und so gedachten Zehntausende von Argentiniern des Proceso an der Atlantikküste, in Pinamar, Villa Gesell, Mar del Plata; Hotels und Restaurants kamen zu einem unverhofften Sondergeschäft und verzeichneten Rekordeinnahmen. In den Zeitungen fehlte es nicht an Glossen, in denen zynische Kommentatoren so taten, als ob sie der Umstand erstaunen würde, dass man einen Tag des Gedenkens an Schande und Niedertracht im Meer planschend verbringe, anstatt sich Asche aufs Haupt zu streuen.

Wirtschaftskollaps

Im August 2001, als die Wirtschaftskrise schon so viel Druck verursachte, dass jede Woche ein paar Sicherungen im Staatshaushalt und im Staat überhaupt ausbrannten, überschwemmten plötzlich sogenannte Patacones den Geldmarkt. Der Gouverneur der Provinz Buenos Aires hatte im Schnellverfahren ein Gesetz dekretiert, nach dem Staatsangestellte künftig einen Teil ihres Lohnes nicht mehr in Pesos, sondern eben in Patacones ausbezahlt bekämen. Die Geldzirkulation war ins Stocken geraten, die Geldmenge erschien stark reduziert, weil einerseits kaum mehr Steuern in die Staatskassen flossen und anderseits die Bevölkerung damit begonnen hatte, in den Banken ihre Sparguthaben abzuheben. Patacón, auch eine Bezeichnung für Kochbananen, machte Argentinien in den Augen vieler vollends zur Bananenrepublik. Die Parallelwährung zirkulierte fünf Mal schneller als das richtige Geld. Sie galt als heiß; wer die Scheine in Händen hielt, hatte so etwas wie den Schwarzen Peter kassiert. Man konnte mit den Patacones Steuern, Gas- und Elektrizitätsrechnungen begleichen, in bestimmten Supermercados einkaufen und bei McDonald's einen »Patacombo« bestellten (1 Hamburger, Frites, 1 Getränk). Aber nur, wenn es den Kassierern oder dem Supermercado-Personal passte!

Kochtopfmusik im Laufgitter

Ich kann mich gut erinnern. Die Nacht des 18. Dezember 2001 in Buenos Aires war stickig, war heiß. An Schlaf aus mancherlei Gründen nicht zu denken. Wohl schien alles ruhig im Wohn- und Ausgehquartier Palermo viejo. Relativ ruhig wie immer: denn die Sirenen der Polizeiautos und Ambulanzen, das Gebell der Hunde auf den Dachterrassen, wenn Schritte auf dem Kopfsteinpflaster tönten, das Gellen der Alarmanlagen von Autos in der Nähe, die gerade gestohlen oder touchiert oder vom Benutzer unsachgemäß aufgeschlossen wurden, das Husten und Würgen des Nachbars, der zu tief ins Glas geschaut hatte – das alles war Routine und fiel nicht in Betracht, wenn man geneigt war, die Ruhe der Stadt zu genießen.

An Schlaf war damals nicht zu denken, weil jeder Tag, jeder Abend, jede Nacht neue Überraschungen und Schocks brachten, auf die man sich nicht wirklich vorbereiten konnte und die man doch besser zur Kenntnis nahm, da sie den Alltag beeinflussen würden. Das Heute, das Morgen – weiter zu denken war in diesen Tagen wenig sinnvoll.

Es herrschte Krise im Lande. Wieder einmal. Und jedermann spürte, dass die Krise, die einer Entscheidung, einem Wendepunkt zustrebende gefährliche Entwicklung in jedem Moment im- oder explodieren konnte. Mit unabsehbaren Folgen. Eine ökonomische Krise in einer politischen Hülle. Was drinnen brodelte, hatte Sprengpotenzial.

*

Das Land? Ausgelaugt, finanziell ruiniert, zahlungsunfähig, leer gestohlen. Wer konnte, hatte sein Geld ins Ausland transferiert oder unter die Matratze gesteckt. Es hieß, dass die durch Kapitalflucht außer Landes geschaffte Geldsumme diejenige der Auslandschuld, an deren Bedienung das Land zu ersticken drohte, übertreffen würde. 146 Milliarden Dollar betrug die Schuld. Eine Zahl. Man kann sich nicht wirklich vorstellen, was sie in der Realität bedeutet.

Präsident Fernando de la Rúa hatte in den vergangenen Monaten erklärt, beschwichtigt, verschwiegen, gezögert, sein Wirtschaftsminister Domingo Cavallo hatte spekuliert, gepokert, versprochen, so laut gedacht, dass die Börsen Argentiniens und der Nachbarländer vor Schreck in die Knie gingen. Es hieß, die Banken, mehrheitlich schon seit langem in ausländischem Besitz, hätten kein Geld mehr, jedenfalls behaupteten das gewisse Ökonomen, aber wer glaubt schon Ökonomen? Es hieß so vieles in diesen verrückten Tagen, so vieles – und das Gegenteil davon. Gerüchte ersetzten das Wissen. Ein apodiktischer ökonomischer Jargon bestimmte die Gespräche: Die Krise, das Absacken in den Bereich der roten Zahlen, der Schuldendienst, das Länderrisiko, Inflation und Rezession, »el blindaje« (die angebliche Panzerung des Staatsbudgets durch neue Kredite, die nur die Schuldenlast erhöhten), der Tequila-Effekt und seine Folgen (die mexikanische Krise), der Caipirinha-Effekt und seine Folgen (die brasilianische Krise), der »default« (Bankrotterklärung). Ein ganzes Volk beugte sich über Zahlen, Kurven und übte sich in Deutungen.

Über Nacht war der sogenannte »corralito« (Laufgitter) verhängt worden, die Sparguthaben der Argentinier in ein zweifelhaftes Sperrguthaben verwandelt worden. Man durfte nur noch kleine Beträge abheben und musste überdies zulassen, dass ein Teil des Dollarvermögens zwangsweise und zu schlechten Bedingungen in die einheimische Währung, den Peso, zurückgeführt wurde. »Argentinien ist ein Gefängnis geworden«, stöhnten die Bürger und zerbrachen sich den Kopf, wie sie zu ihrem Geld kommen, was sie damit anfangen – ob, wann und wie sie abhauen könnten.

Was war aus *dem* Argentinier geworden? Dem Helden der Dreißigerjahre? Dem kultivierten Verschwender? Dem unproduktiven Gentleman, dem Großgrundbesitzer, dem Geschäftsmann, der vom natürlichen Reichtum des Landes lebte, von Rindern, Farmen, Agrarprodukten, die exportiert wurden und Profit abwarfen? »Reich wie ein Argentinier«: ein geflügeltes Wort im Europa des ersten Drittels des zwanzigsten Jahrhunderts.

*

Man kann noch viel weiter zurückgehen, sich die Namensgebung seitens der Kolonisatoren vor Augen führen. Argentinien, Land des Silbers. In der Flussmündung des Paraná, dem Río de la Plata, beluden die Spanier ihre Schiffe mit dem Silber, das sie in den Minen von Potosí in Bolivien abgebaut hatten. »Plata«, Silber, bedeutet im Volksmund von Buenos Aires Geld.

Die Krise hatte einen großen Teil jenes Reich-wie-ein-Argentinier-Personals längstens erreicht und verschlungen – jetzt waren die Nachkommen dran. Immigranten, Immigrantenkinder und -kindeskinder. Arbeiter, Handwerker, Angestellte, Kleinunternehmer, die sich mühsam in die Mittelklasse hochgehangelt hatten. Unter dem Präsidenten Carlos Menem hatten sie gelernt, wie man Schulden macht. Was er mit Verve und eklatantem Erfolg auf staatlicher Ebene demonstrierte, übertrugen sie ins Private. Kauften von der Freizeitelektronik über Haushaltgeräte bis zum Auto alles auf Pump, in sogenannten »Cuotas« (Raten), die ihnen bereitwillig gewährt wurden, und trugen fleißig Dollars auf die Banken, damit sie ihren Kindern teure Ausbildungen in Privatschulen finanzieren konnten. Innerhalb von wenigen Monaten verloren sie nahezu alles: zuerst wurden ihnen die Löhne gekürzt oder sie fanden sich auf der Straße wieder, dann konnten sie ihren Abzahlungsverpflichtungen nicht mehr nachkommen, und schließlich wurden sie entmündigt, indem man ihre Guthaben ins Laufgitter sperrte und ihnen die freie Verfügung darüber entzog.

Jeder, der in diesem Dezember 2001 in Buenos Aires lebte, kannte die Geschichten, die Dramen, sah sie mit an und erlebte sie hautnah. Die manchmal laute, häufiger auf unheimliche Art gestaute Wut war spürbar, die Verzweiflung herzzerreißend. Die Ruhe der Nacht glich einer Ruhe vor dem Sturm.

Die Ärmsten, zu denen die untergehenden Mittelständler (noch) nicht gehörten, die Ärmsten, die schon lange nichts mehr hatten, keine Arbeit, keine regelmäßigen Mahlzeiten, keine menschenwürdigen Unterkünfte, die an den Stadträndern angesiedelten Ärmsten der Armen hatten begonnen, sich zu organisieren. Sie plünderten Supermärkte, meistens, um sich und ihren Kindern die nötigsten Lebensmittel zu beschaffen, aber schon auch, um zusätzlich ein paar jener Luxusgüter mitzunehmen, die für sie immer unerschwinglich bleiben würden. Piqueteros, Streikende im ganzen Land, die sich in einer politischen Bewegung zusammengefunden hatten, solidarisierten sich mit ihnen, blockierten Zufahrtsstraßen, zogen ins Zentrum und verlangten in immer mächtigeren Chören: »¡Que se vayan todos!« Alle sollen sie gehen. Alle Politiker. Die Politiker mutierten zur verhassten Kaste, mussten sich hinter großen Sonnenbrillen verstecken oder die Haare färben, um auf der Straße nicht erkannt und angepflaumt oder angegriffen zu werden. Noch war der Peso nicht abgewertet worden. Aber eine andere Münze, das Wort eines Politikers, galt nichts mehr. Jede Behauptung eine Verdrehung, eine Lüge; jedes Versprechen eine Beschönigung, ein Ablenkungsmanöver, keine Absichtserklärung ohne Pferdefuß.

Von den Plünderungen, den Blockaden, den Demonstrationen vor dem Präsidentenpalast *wusste* man, aber man *sah* in der Riesenstadt wenig davon. Von Chaos keine Rede. Oder: Chaos in Raten und Rationen wie immer. Man konnte die Trillerpfeifen, die skandierten Parolen hören, konnte Demonstrationszüge beobachten, die Scharmützel mit der Polizei, man traf täglich auf die Schlangen mit verzweifelten, schimpfenden Bürgern vor den Banken und Bankautomaten. Man spürte Spannung und Nervosität, man spürte, dass sie zunahm. Punktuell. Mal hier, mal dort. Es war gespenstisch. Man war vorbereitet – aber wusste nicht, auf was. Unter der Decke scheinbarer Normalität tat sich etwas, aber was genau? Man holte seine Brötchen beim Bäcker, die Zeitungen mit den dicken Titeln, den Mutmaßungen und neuen Entwicklungen, man ging aus, traf sich mit Freunden in den üblichen Lokalen und wartete. Wartete auf das Unvermeidliche, ohne es benennen zu können.

*

Dann, in der Nacht des 18. Dezember, machte der Präsident einen Fehler zuviel. Er hatte in den vergangenen Wochen nach der Ansicht seiner Landsleute *nur* Fehler gemacht oder er konnte nicht mehr anders oder er musste sie machen; jetzt allerdings enthielt seine kurze Rede den berühmten Tropfen, der das Fass zum Überlaufen bringt. De la Rúa, der Wert darauf legte, sich selber als »Aburrido«, als Langweiler, zu bezeichnen, der Respekt und Vertrauen seiner Landsleute gründlich verspielt hatte, wandte sich in seinem üblichen staubtrockenen Ton, in den üblichen schwerfälligen amtlichen Floskeln an sein Volk, um ihm zu verkünden, dass er beschlossen habe, den Ausnahmezustand zu verhängen. Bei den Plünderungen und anschließenden Zusammenstößen in Buenos Aires und anderen Städten war es zu Schießereien gekommen, die eine zweistellige Zahl an Todesopfern gefordert hatten. Da erklärte ein im Regen stehender, weltfremd gewordener und über keinerlei nennenswerte Unterstützung mehr verfügender Präsident den Ausnahmezustand. Eine weitere Einschränkung, eine Entmündigung. Eine zuviel.

Die Älteren erinnerten sich an den Proceso, die Militärdiktatur; nur dass sich die Armee dieses Mal, wie allgemein bekannt war, neutral verhalten würde und nicht daran dachte, einzugreifen. Die Piqueteros und ihre Sympathisanten ließen sich nicht beeindrucken und machten weiter. Sie hatten längst alle Hoffnungen aufgegeben und nichts mehr zu verlieren.

Wer sich jetzt erhob und dem Präsidenten den politischen Todesstoß versetzte, das war der Mittelstand, der in der Nacht vom 18. ein (vor Jahren in anderem Zusammenhang in Chile erprobtes) Mittel fand, um sich Gehör zu verschaffen. Den Cacerolazo. Die Musik, die entsteht, wenn mit Löffeln oder sonstwas auf einen Kochtopfdeckel oder -boden geschlagen wird. In der Nacht des 18. Dezembers, nach der Rede des Präsidenten, brachen überall in den Wohnquartieren der Stadt Cacerolazos aus. In den Straßen, auf Plätzen versammelten sich wütende Hausfrauen, Kinder, Männer, von den Balkonen der Hochhäuser wurde ihnen rhythmisch geantwortet. Genug, weg mit allen, »Mingo« Cavallo tritt zurück, de la Rúa hau ab ... Es gibt bis heute keine schlüssigen Erklärungen dafür, warum sich dieser heterogene, eher unpolitische, selten aufmuckende, unter sich durchaus nicht solidarische Mittelstand im gigantischen Kochtopforchester zusammenfand, seine Macht entdeckte und – eine Zeit lang – ausübte.

Noch in der gleichen Nacht trat das Kabinett zurück, am nächsten Tag räumte der Präsident seinen Sessel. Das Chaos, das daraufhin ausbrach, war ein politisches. Es wurden in kürzester Zeit Präsidenten und Minister auf den Schild erhoben und bei anschwellender Kochtopfmusik schnellstens wieder abserviert, bis es der Gouverneur der Provinz Buenos Aires, Eduardo Duhalde, schaffte, sich für eine knapp bemessene Periode als Staatspräsident zu etablieren. Die Cacerolazos sind während seiner Amtszeit nie ganz verstummt. Sie hielten sich als bedrohliche Hintergrundmusik, warnten ihn kontinuierlich. Manchmal kam es einem vor, als ob sie die Funktion des Chors im antiken Theater wahrnehmen würden.

*

Die Ökonomie ist keine exakte Wissenschaft. Und die scharfsinnigsten Ökonomen erweisen sich als bewundernswerte Künstler, wenn es darum geht, aus der Abstraktion von Zahlen die Realität von Fakten herauszulesen, Tabellen in handfeste Prozesse zu verwandeln, die zuerst für die Volkswirtschaft, dann für das Volk an sich relevant sein können und, was gefährlicher ist, Folgen haben. Ökonomen sind auch Champions in der Kunst, aus dem gleichen vorliegenden Material Schlüsse zu ziehen, die einander diametral widersprechen.

Hat sich der Ökonom gründlich vertan, passiert ihm üblicherweise gar nichts. Man nimmt ja vielleicht seine Prognosen nicht immer genügend ernst. Er probiert's dann später noch einmal. Im ökonomischen Prophezeiungsgewerbe ist die Fehlerquote so hoch, dass schon fast auffällig wird, wer sich ein paar Mal hintereinander *nicht* getäuscht hat.

Irren ist menschlich, und der Ökonom als Mensch – oder der Mensch als Ökonom – neigt dazu, sich zugunsten derjenigen zu irren, für die er arbeitet oder deren Ideologie er teilt oder deren Wunschdenken dem seinen am besten entspricht.

Wenn der Ökonom nach dem Zusammenbruch seiner im Ideenlabor angestellten Berechnungen mit der Realität konfrontiert wird, weiß er immer, wer die Schuld trägt. Die Politik. Der wahre Ökonom foutiert sich um Politik. Er versteht sie nicht und gibt im Freundeskreis zu, dass er sie im Grunde verachtet. Recht hat er. Die Politik ist eine noch weit weniger exakte Wissenschaft als die Ökonomie. Die Politik ist überhaupt keine Wissenschaft, bleibt zu oft unberechenbar, und Unberechenbarkeit ist für den Ökonomen das Gleiche wie das Weihwasser für den Teufel.

*

Die meisten Argentinier sind überzeugt davon, dass ihr schönes Land wegen ökonomischen Fehlverhaltens vor die Hunde zu gehen droht. Wegen der Verstaatlichungen zu Peróns Zeiten, denken die einen. Nein, wegen der Privatisierungen zu Zeiten Menems, meinen die andern. Inflation, Hyperinflation zu Alfonsíns Zeiten haben alles spätere Übel ausgelöst. Nein, die Rezession war schuld. Der »Plan austral« zu Alfonsíns Zeiten, später die von Cavallo forcierte feste Anbindung des Peso an den Dollar waren doch richtige Maßnahmen? Ja, aber nur für eine gewisse Zeit; statt Allheilmittel erwiesen sich solche Währungseingriffe schließlich als Bumerangs. Und die Korruption? Ja die Korruption. Sie unterminiert jeden Goodwill, lässt das Vertrauen potenzieller Investoren schwinden, boykottiert den

Aufschwung, schwächt die Ökonomie. Sicher, aber als Sündenbock für jegliche wirtschaftliche Misere reicht sie nicht aus. Zu viel und vor allem zu offensichtliche Korruption schwächt das Vertrauen in die Wirtschaft eines Landes und verunsichert mögliche Investoren, aber zahlenmäßig kann die Korruption allein eine nationale Volkswirtschaft nicht zerstören. Ihr psychologischer Effekt ist schädlicher als ihr mathematischer.

Es ist nicht die Ökonomie, die Argentinien ruiniert hat, es ist schon eher die Politik oder die Politik im Verbund mit der Ökonomie (die sie oft genug gängelt und manipuliert). Jenseits der Planspiele der Ökonomen wursteln sich die argentinischen Politiker durch die neuere Geschichte, fallen von einem Extrem ins andere und lassen wirklich nichts aus, das geeignet wäre, ein blühendes Land in eine wirtschaftliche Wüste zu verwandeln, ein selbstbewusstes Volk zu verunsichern, bis hinein in die Identität. Besorgt man sich die scharfe Brille eines Machiavelli, macht man sich *seine* Sichtweise zu eigen, nach der nur das gilt, was ist und nicht das, was sein sollte, legt man einen solchen Maßstab an die argentinische Geschichte der letzten siebzig Jahre, streicht man alle Chimären, Wünsche und Sehnsüchte, pathetischen Überhöhungen und Lügen aus der dokumentierten Chronik der Ereignisse, so kann es einen nicht mehr erstaunen, dass es mit dem Land so weit gekommen ist.

Der begabteste Scharlatan in der jüngsten Geschichte Argentiniens ist gewiss Carlos Menem. Stupend, wie es dem angeblichen Peronisten gelang, dem Volk, das ihn 1989 glorios gewählt und 1995 wiedergewählt hatte, ein neoliberales, ganz und gar den Prinzipien Peróns entgegengesetztes Programm zu verkaufen. Und schier unglaublich, wie es dem seltsamen Gernegroß, aus einer der am wenigsten entwickelten Provinzen Argentiniens stammend, dem Dandy mit den über der Brust aufgeknöpften Hemden und dem komischen Backenbart gelang, die Großen der Welt, die er emsig hofierte und auf ausgedehnten Rundreisen besuchte, davon zu überzeugen, dass sein Land schon fast eine Weltmacht sei, die man mit Geldströmen versorgen müsse. Dass die USA Menem, der ihr bester Alliierter in Südamerika war, der sich rühmte, zum großen Bruder eine »Relación carnal«, eine sinnliche Beziehung, zu unterhalten, dass die USA den kleinen Mann aus der Provinz Rioja, der so brav ihre ökonomischen Rezepte befolgte, mit Sympathiebezeugungen überhäuften, war verständlich. Dass aber so und so viele bürgerliche und linke Regierungen oder Private Europas sich bluffen und dazu verleiten ließen, massiv in Argentinien zu investieren und sich am Poker der Privatisierungen zu beteiligen, bleibt verwunderlich. Geblendet von der Aussicht auf hohe Zinsen, wollten die Geldgeber wohl nicht wahrhaben, dass Argentinien unter Menem zu einem der korruptesten Länder der Welt geworden war, dass er die Demokratie, als deren Garant er sich weltweit erklärte, nach Kräften zu manipulieren verstand, dass es eine unabhängige Justiz nicht gab und infolgedessen allfällige Rechtsstreitigkeiten nach dem Prinzip des Meistbietenden entschieden wurden, dass schließlich die Gerüchte von Produktivität, von märchenhaften Profiten Luftblasen waren, die schnell zerplatzten.

*

Den Höhepunkt hatte die jüngste argentinische Krise Mitte Dezember 2001 erreicht, als Präsident de la Rúa keinen anderen Ausweg mehr sah, als zurückzutreten. Er war mit komfortabler Mehrheit 1999 gewählt worden, hatte von Carlos Menem ein hoch verschuldetes, von der Rezession geplagtes Land geerbt. Der Internationale Währungsfonds (IWF), erster und wichtigster Kreditlieferant, machte weitere Zahlungen immer hartnäckiger davon abhängig, dass die schon von der Menem-Regierung abgegebenen Zusicherungen eingelöst werden müssten: Steuerreform, Verwaltungsreformen in den Provinzen, rigorose Sparprogramme, Abbau der staatlichen Bürokratie, weitere Privatisierungen, weitere Öffnung der Märkte, Abbau von Zollschranken. Dem Präsidenten gelang es von Anfang an nicht, das Steuer herumzureißen, er erwies sich politisch als macht- und wirkungslos und vermochte deshalb nicht, die ökonomischen Gegebenheiten zu ändern. Wegen der schlechten Weltmarktpreise für Primärprodukte, der Weigerung von USA und Europa, Argentinien Absatzmärkte zu günstigeren Bedingungen zu öffnen und wegen der Abwertung im Nachbarland Brasilien, das zu den größten Importeuren, aber auch zu den privilegierten Exporteuren von Billigwaren nach Argentinien gehörte, gelang es dem Land nicht, seine Exporte zu steigern, den Trend nach unten zu ändern, Wachstumsraten zu erzielen, frisches, eigen erwirtschaftetes Geld einzunehmen. Am stark überbewerteten Peso hielt man fest. Die Produktivität sank weiter, statt zu steigen, die Handlungsbilanz präsentierte sich unausgeglichen, die Rezession vertiefte sich. Der allergrößte Teil der mühsam erlangten Kredite ging für Umschuldungsmanöver drauf, das Land sparte bis in die Hungerregion hinein – und verarmte trotzdem in beängstigendem Tempo. Zu privatisieren gab es nicht mehr viel, und die Provinzen weigerten sich, ihre kostspieligen und uneffizienten Verwaltungen zu reformieren.

Zu den irrealen Fundamenten der morbiden Ökonomie der Nation gehört unter anderem die Tatsache, dass sich die Volksvertreter in den Provinzparlamenten und Exekutiven exorbitante Gehälter und dazu einen Haufen undurchsichtiger Spesensummen auszahlen lassen, Gelder, von denen ganze

Familienclans bestens leben, die unter dem Gewohnheitsrecht des Nepotismus irgendwelche Scheinposten bekleiden. Zu den vielen Skandalen, die während de la Rúas kurzer Amtszeit ans Tageslicht kamen, gehörten die Enthüllungen einer argentinischen Soziologin, die belegen konnte, dass in einer der ärmsten Provinzen des Landes, Formosa, jeder der nationalen und regionalen Volksvertreter den Staat jährlich über 200 000 Schweizer Franken kostet. Und das in einer Provinz, in der um die Jahrtausendwende 30 Prozent bis 40 Prozent der Einwohner angaben, mit 50 Schweizer Franken pro Monat auskommen zu müssen. Die Politik, die einerseits mit schlechten Rezepten, durch manifeste Untauglichkeit und Machtlosigkeit maßgebend am Ruin des Landes schuld war, bereicherte sich anderseits hemmungslos, gab das Geld, das nicht mehr vorhanden war, mit vollen Händen aus – für sich selber. Mit Ungereimtheiten wie diesen sind Zeitschriften, Broschüren, Bücher gefüllt, die man in den Buchhandlungen von Buenos Aires erwerben kann. Sie erzeugten kurze Phasen der Empörung und hatten sozusagen nie Folgen. Nachlässige und käufliche Richter, das alles zum Stillstand bringende Phänomen der Straflosigkeit deckten schnell zu, was aufgedeckt worden war.

*

Argentinische Philosophen, Essayisten, Ökonomen, Journalisten überboten sich in den letzten Jahren darin, ihren Landsleuten und deren gewählten Vertretern in den Parlamenten den Spiegel vorzuhalten, sie zu warnen. Der Spiegel konnte auch ein verzerrter sein, so wie etwa der, den Enrique N'Haux konstruiert und aufhält. *Maquiavelo no conoció a los argentinos* heißt sein amüsanter Roman, in dem er einen Beamten, Schützling des Tandems Menem-Cavallo, porträtiert, der sich von einem

Ehrenmann reumütig in einen Lügner, Betrüger und Heuchler verwandelt, um endlich auf der Höhe seiner bewunderten Lehrmeister und Herren zu stehen. Mit den Schriften des Machiavelli bewaffnet, entwirft er einen neuen Peronismus und eine neue entsprechende Ökonomie, die ganz auf dem Baustein des Schmiergelds beruhen. Denn, so seine Einsicht, Regierungsfähigkeit kann in diesem Land nur erlangen und über längere Zeit ausüben, wer sich zu einer Wirtschaft des Schmiergelds und der Korruption bekennt.

Die Warner, Analytiker und Kritiker stellen in ihren Schriften nicht in Abrede, dass das globale Umfeld, dass die neoliberalen, nicht an die Gegebenheiten des Landes angepassten Pauschalrezepte von IWF und Weltbank, dass die Wucherzinse, mit denen die gewährten Kredite zum Teil belegt wurden, mitverantwortlich sind an der wirtschaftlichen Misere und an der sich ständig zuspitzenden Krise. Aber sie halten nicht zurück mit der unangenehmen Wahrheit, die besagt, dass die Katastrophe weitgehend selbstverschuldet ist. Man kann ansetzen, wo man will: Bei Perón oder noch viel früher, bei den Generälen, den von ihnen eingesetzten Statthaltern, bei den blutigen Diktatoren des Proceso, die damit begannen, die Wirtschaft konsequent zu monetarisieren und die ersten massiven Auslandschulden anhäuften, beim radikalen, sozialdemokratisch orientierten Raul Alfonsín, der 1983 die Demokratie wieder zum Leben erweckte – und das Land ins bisher schlimmste wirtschaftliche Chaos führte, was ihn dazu zwang, sein Amt vorzeitig aufzugeben, bei seinem Nachfolger Menem, der zuerst Stabilisierung und Wirtschaftswachstum brachte und in seiner zweiten Amtszeit das Land aufs Massivste herunterwirtschaftete.

Man kann überall in der jüngeren argentinischen Geschichte sondieren und wird zu ähnlichen Ergebnissen kommen: die Wirtschaftspolitik wurde alle paar Jahre neuen Gesetzen unterworfen, es wurden unaufhörlich neue Rezepte, eigens fabrizierte oder von außen, meist von den USA aufoktroyierte, ausprobiert. Einerseits verunmöglichten diese ständigen Richtungsänderungen ein kontinuierliches Wachstum und erschütterten zudem notorisch das Vertrauen sowohl des Volks in die Ökonomie wie der potenziellen Geldgeber in den Staat, ein Vertrauen (ein psychologischer, nicht messbarer Fakt), das seltsamerweise in der Zahlenwelt der Finanzen eine gar nicht hoch genug einzuschätzende Rolle spielt. Anderseits erwiesen sich die wichtigsten Wirtschaftsakteure oft als blind und stur angesichts der rasanten Entwicklungen im globalen Umfeld, ließen es an Flexibilität fehlen, hielten zum Beispiel am einst erfolgreichen stabilen Wechselkurs fest, als der schon lange zu einem Negativfaktor, zu einem Bremser der wirtschaftlichen Entwicklung geworden war, oder ließen sich nicht davon abhalten, immer noch mehr Schulden anzuhäufen, obwohl sie wissen mussten, dass sie die horrenden Zinsen nicht mehr zu zahlen imstande waren.

Um es ganz simpel zu sagen: Einziges Ziel der Ökonomie eines Landes, das über so viel natürliche Bodenschätze verfügt wie Argentinien, sich bestens selber versorgen könnte, müsste es sein, dafür zu sorgen, dass das Volk ausreichend ernährt, geschult, medizinisch versorgt wird und sozial abgesichert ist. So tönt es ja auch aus jeder politischen Sonntagsrede. Im Argentinien der letzten siebzig Jahre hat die Politik im Verein mit der von ihr in Dienst genommenen Ökonomie genau das Gegenteil bewirkt. Eine Nation, die im ersten Drittel des 20. Jahrhunderts für ihren Wohlstand weltweit beneidet wurde, präsentiert sich an der Schwelle zum 21. Jahrhundert als ruiniertes Land, in dem die Hälfte der Einwohner in oder am Rande der Armut lebt, als Land, in dem die Arbeitslosigkeit hoch, die einst vorbildlichen Schulen schlecht, die sozialen Einrichtungen und Vorsorgemaßnahmen ungenügend geworden oder ganz weggebrochen sind.

*

Die Ökonomie ist keine exakte Wissenschaft. Die Geografie schon eher. Wie also soll man das verstehen, wenn einem 2006 in Buenos Aires dauernd versichert wird, das Land und seine Wirtschaft hätten »die Talsohle durchschritten«? Wer kann das schon wissen? Die Ökonomen natürlich. Sie freuen sich, dass ihre nicht exakte Wissenschaft in der Geografie verankert werden kann, sie sehen in der in all den vergangenen finsteren Jahren ständig nach unten verlaufenden Wirtschaftskurve eine Trendwende. Die Kurve zeigt nach oben, also hat sie den untersten Punkt hinter sich gelassen. Dass sie wieder abstürzen kann, steht nicht im Programm.

Der peronistische Präsident Néstor Kirchner hat dreimal nacheinander Wachstumsraten von 9 Prozent erzielt. Die kommen längst nicht allen Argentiniern zugute. Immer noch leben um die 40 Prozent in oder am Rande der Armut, und 20 Prozent sind arbeitslos. Der Präsident, dem das globale Umfeld eine Verschnaufpause gönnt, dem ein zur Zeit hoch liegender Preis für Soja und andere Produkte der Landwirtschaft Luft gewährt, hat schnell die schlechten Eigenschaften seiner Vorgänger übernommen. Sein Regierungsstil wird täglich autoritärer und willkürlicher; kritische, unabhängig denkende und ihre Meinung laut äußernde Minister werden abgelöst und durch willfährige Parteisoldaten ersetzt. Den »Menemisten« innerhalb des Peronismus wird der Marsch geblasen, die »Kirchneristen« übernehmen und reden ihrem Meister nach dem Mund. Mit populistischen Reden und effektvollen Gesten (vorübergehendes Verbot des Fleischexports, um die massiv gestiegenen Preise zu senken, was nicht zu funktionieren scheint, riskante Wiederverstaatlichung der Wasserwirtschaft mit einem Versprechen von Milliardeninvestitionen in den nächsten Jahren) baut der Präsident seine Macht aus. Unangenehme Wahrheiten werden verdrängt oder verschwiegen. So hat zwar einerseits die Zahl der Armen (aber nicht der Ärmsten) leicht abgenommen, doch dafür hat sich die Schere zwischen Reich und Arm weiter geöffnet. Im Argentinien des Jahres 2006 verfügen die 10 Prozent der Reichsten über 31-mal mehr Einkünfte als die 10 Prozent der Ärmsten. Vor 30 Jahren trug diese Kennziffer in einem Land, das traditionell für die ökonomische Ungleichheit innerhalb der Bevölkerung bekannt war und ist, »nur« die Zahl 12. Noch nie in der Geschichte des Landes gab es ökonomisch so viel Ungleichheit wie heute. Die nötigen Reformen wurden bisher nicht in Angriff genommen. Neue Umschuldungsverhandlungen verschleiern die Tatsache, dass sich an der gigantischen finanziellen Last, die das Land zu tragen hat, kaum etwas geändert hat. Die gleichen Politiker, die das Debakel der letzten Jahre mitverantworten müssen, rangeln weiterhin um die Macht und warten auf ihre Stunde, unter ihnen Carlos Menem, der wegen verschiedener Bestechungsskandale eigentlich im Gefängnis sitzen müsste.

Ein Land kann ruiniert, zahlungsunfähig sein – aber es kann zum Glück nicht von der Landkarte verschwinden. Das bestätigen einem die exakten Wissenschafter, die Geografen, und das beruhigt ungemein. Die nicht Exakten, Ökonomen, Philosophen, Essayisten, Journalisten, sie üben sich seit Jahren mit Lust in der verbalen Kunst der Paradoxie: Argentinien gibt es nicht mehr, das Land ist bankrott, und bankrott heißt abgeschrieben usw. Das Irreale in und am Realen ist und bleibt eine

Liebhaberei der Borges-Jünger. Talsohle hin oder her – die charmanten, die witzigen, die unverwüstlichen Porteños haben Krise, »Default«, Präsidentenverschleiß, ökonomische Weissagungen und politische Vernichtungsstrategien überlebt. Man spaziert im Sommer 2006 ins Lieblingscafé im Microcentro von Buenos Aires, ein bestens gelaunter Kellner serviert einem zum Espresso ungefragt ein Glas Wasser, ein Gläschen Orangensaft, ein trockenes Miniaturgebäck und meint, nachdem ihm verbindlichst gedankt worden ist: »Was willst du, wir sind hier so, es el protocolo.«

Es gibt viele Gründe, die Argentinier zu lieben. Das ist nur einer davon.

Perón

Das, was von Eva Perón übrig geblieben ist, ruht nach Irrungen und Wirrungen, geschützt durch Panzerstahlplatten, im Familiengrab der Duarte auf dem Recoleta-Friedhof im Herzen von Buenos Aires. Der Strom der Besucherinnen und Besucher reißt nicht ab. Sie bahnen sich Wege durch die pompöse Totenstadt, legen Angebinde, Blumen nieder, weinen und beten und fotografieren. La Recoleta hat es in sich, Evita hätte es nicht besser treffen können. Vom religiösen Ursprung, einer Klostergründung von Franziskanermönchen, ist nichts mehr übrig geblieben. Aber die weiße Kirche neben dem Friedhof repräsentiert doch für die Armen und Bedürftigen jene Santa Evita, die sie verehren und nie vergessen werden. Sonst freilich ist die Recoleta zu einer Stätte der Reichen geworden, zu einem luxuriösen Wohnquartier, einer Ausgeh- und Shoppingmeile, in der sich Mondänes mit Frivolem paart, ganz nach dem Gusto der jungen Gemahlin Juan Peróns. An schönen Sonn- und Feiertagen aber lagern Volksmassen auf den Grasflächen des Recoleta-Hügels und holen ihre Evita mit Getrommel, Zirkusartistik, mit Gaukeleien und Gaunereien ins Leben zurück.

Der große Manipulator

»Nur ein Argentinier kann den Peronismus verstehen [...] ich könnte fünf Jahre lang mit Ihnen reden, und Sie würden den Peronismus noch immer nicht verstehen.« Das ist ärgerlich. Niederschmetternd. Schließlich *möchte* man den Peronismus begreifen, weil man tatsächlich, ohne dieses Wissen Argentinien – und die Argentinier – nicht verstehen kann. Die apodiktischen und deshalb entmutigenden Sätze hat ein gewisser Pater Mujica, Priester der Armen und heimlicher Förderer der Stadtguerilla, 1972 dem späteren Nobelpreisträger V. S. Naipaul ins Gesicht geschleudert. Naipaul bereiste Argentinien mehrmals und widmete dem Land (unter anderem) unter dem Titel *Argentinien: mit der Grausamkeit leben* eine jener pessimistischen Reportagen, für die er berühmt geworden ist. Je tiefer er eindringt ins Land, je näher und besser er es kennenlernt, umso gnadenloser – und ebenfalls apodiktischer – werden seine Kommentare. Den Peronismus jedenfalls kann er nicht leiden. Borges, dem er eine Aufwartung machte und der den Peronismus hasste (ein Gefühl, das, was die Pioniere der Bewegung angeht, durchaus auf Gegenseitigkeit beruhte), wird ihm diese herzliche Abneigung gedankt haben.

Was das Verständnis, um das man sich selbstverständlich bemühen muss (ein, so viel sei vorweggenommen, durchaus nicht hoffnungsloses Unterfangen), erschwert, hat mit dem Umstand zu tun, dass der Peronismus buchstäblich alles Mögliche, überhaupt *alles* bedeuten kann. So würde einem Naipauls Priester oder sonstwer in den fünf Erklärungsjahren Hunderte von Definitionen servieren können, die sich auch ohne Weiteres widersprechen dürften; es würde sich immer eine Gruppe von nickenden Argentiniern finden. Weil dem so ist, wäre der Peronismus schnell erklärt. Aber er wäre unbefriedigend erklärt. Ein Begriff, der sowohl Revolution nach linker wie Wirtschaftsentwicklung nach rechter Methode, der Verstaatlichung und Neoliberalismus abdeckt, glühenden Nationalismus beschwört und globales Sich-Öffnen verlangt, verkommt zur Worthülse.

Der Peronismus ist autoadhäsiv, wie der Philosoph José Pablo Feinmann 2006 in einer seiner unterhaltsamen Kolumnen in der Zeitung *Página 12* schreibt. Er bringe vieles auf einen Nenner, überlebe seine Erfinder, seine Vor- und Weiterdenker, zeige kaum Ermüdungserscheinungen, erhitze weiterhin die Gemüter, steige alle paar Jahre wie Phönix aus der Asche. Eines der bösartigeren geflügelten Wörter in Argentinien besagt, dass ein überzeugter Peronist auch ein Pferd zum Präsidenten wählen würde, wenn das Pferd Peronist ist und die Partei das befiehlt. Nicht ohne Berechtigung macht sich Feinmann in seiner Kolumne über die Europäer lustig, die den Peronismus für »incomprensible« (unverständlich) halten. Wir Argentinier *sind* nicht zu verstehen (wir sind die Unverstandenen), meint Feinmann; von den Europäern jedenfalls können wir nicht verstanden werden, denen wir zwar unbedingt so gleich wie möglich sein wollen, die aber, im Gegensatz zu uns, transparent bleiben. Kartesianer. Aber was denn der Peronismus ist oder sein könnte, sagt uns Feinmann in seiner Kolumne nicht. Eine Zeitungskolumne ist ja auch kaum das geeignete Gefäß, um einem den Peronismus zu erklären, vor allem taugt sie nicht als Ersatz für fünf Jahre Redezeit.

*

Am nächsten kommt man dem, was Peronismus bedeutet oder mindestens bedeutete, wenn man den Fokus auf die Person seines Erfinders richtet. Juan Domingo Perón (1895–1974) war und ist in gewissem Sinn immer noch der Peronismus, ähnlich wie de Gaulle allein den wahrhaftigen Gaullismus verkörpert, über den Tod hinaus. Die Gesetzmäßigkeiten, Prinzipien, Ziele jener Bewegung, später politischen Partei, die sich bis heute mal Peronismus, mal Partido Justicialista (Justizialismus, Gerechtigkeitspartei) nennt, waren immer eng mit den persönlichen Überzeugungen Peróns verknüpft. Und weil der General ein höchst widersprüchlicher Charakter war, weil das, was er in seiner ersten Amtszeit vertrat, sich schon sehr von dem unterschied, was er in der zweiten wollte und fast gar nichts mehr mit dem zu tun hatte, was er als alter Rückkehrer 1973 versuchte, ist auch der Peronismus ständigen Kursänderungen unterworfen und findet, wenn er sich häutet und verwandelt, seine Legitimation bis heute in der Gründerfigur, die von allen seinen politischen Erben stets als Ausbund der Weisheit, als Maß aller Dinge, als unfehlbar wie der Papst bezeichnet wird.

Übrigens hielt sich Perón tatsächlich für unfehlbar, wie sich seinen Memoiren entnehmen lässt. Genauer: er kultivierte die Idee seiner Unfehlbarkeit, ließ sie aufkommen, sich verbreiten in den Medien und im Volk. Ob er selber dran glaubte, darf bezweifelt werden. Er war in erster Linie Stratege und ein ganz großer Manipulator. Weil die Unfehlbarkeitsvermutung der Manipulation der Massen dienlich war, gehörte sie zum strategischen Plan.

Seine (diktierten und von ihm autorisierten) Memoiren sind auch dann ein nützliches Hilfsmittel, um sein Wesen zu ergründen, wenn man alle bewusst vernebelnden, beschönigenden, der frühen Legendenbildung dienenden Floskeln, Behauptungen, Lügen in Rechnung stellt. Zum Peronismus meint er in den Memoiren einmal: »Der Peronismus ist das Heterodoxeste, was es gibt: alles hat in ihm Platz.« Er liebte es, wenn er theoretisierte und schrieb, mit kostbaren Fremdwörtern zu operieren und profilierte sich gleichzeitig als Simplifikator, der alles »muy simple« (sehr einfach) fand, zu jeder Frage eine rasche, kurze Antwort parat hatte und schwergewichtige Programme am liebsten in drei Schlagwörtern verpackte. Interessant immerhin, dass er für die Erklärung der Beliebigkeit des Peronismus ein dem Griechischen entlehntes Wort benutzt, das man gemeinhin in religiösen Zusammenhängen benutzt und das eigentlich eine abweichende Haltung zum einzig richtigen Glauben bezeichnet.

Der Soziologe Guido di Tella, der zu Menems Zeiten, als die Beziehungen zu den USA schon fast einer Liebesleidenschaft glichen (was für den ersten und zweiten Perón einer Todsünde gleichgekommen wäre), Botschafter in Washington war, bezeichnete den Peronismus als seiner Natur nach pragmatisch. »Wir (Peronisten) sind«, so wird die Tella zitiert, »das, was die Zeiten verlangen, das wir sein sollen.« Eine Formulierung, in der viel von dem Platz hat, was Perón sein Leben lang vertreten und getan hat.

*

Perón hat die entscheidenden Jahre seines Lebens im Militär verbracht. Das Militär blieb seine Heimat bis in die Zeit seiner Präsidentschaften hinein; sein Denken, sein Trachten waren immer *militärisch* geprägt. Er hat mehrfach von sich gesagt, dass er als Militär ein Profi sei, als Politiker ein Dilettant. Freilich war er auch der Überzeugung, dass seine militärischen Fähigkeiten ausreichten, um ein Land zu regieren, ja, dass es unerlässlich und nutzbringend sei, ein Land auch als demokratisch gewählter Präsident nach militärischen Überlegungen und Regeln zu führen.

Führen, Führung spielten in seinem Denksystem Schlüsselrollen. Und eben die Strategie. Der Begriff, ursprünglich ausschließlich auf den Krieg angewendet, bezeichnet den Plan einer Heeresführung, nach dem vorgegangen wird, um einen Feind zu vernichten. Der preußische General und Militärschriftsteller Carl von Clausewitz gilt als Klassiker strategischen Denkens – und Perón war einer seiner gelehrigen Schüler. Napoleon war ein Meister kriegerischer Strategie – und Perón bewunderte ihn. In Buenos Aires hatte er die Offizierschule besucht, und er teilte die notorische Begeisterung der argentinischen Militärkaste fürs Preußentum, fürs deutsche Militär. 1930 avancierte er zum Mitglied des Generalstabs und zum Professor für Militärgeschichte, beteiligte sich an einem erfolglosen Militärputsch gegen den gewählten Präsidenten und wurde anschließend als Militärattaché in verschiedenen Ländern eingesetzt. Eine erfolgreiche Karriere, die ihn schließlich als offiziellen militärischen Beobachter nach Europa führte, wo er sich als Sympathisant Francos und schrankenloser Bewunderer Mussolinis deklarierte.

In den Dreißigerjahren hat Perón junge Offiziere ausgebildet, Vorträge gehalten und verschiedene militärische Schriften publiziert, mehr oder weniger unter Ausschluss der Öffentlichkeit. Der vortreffliche, oben erwähnte Feinmann widmet in einem Essaybändchen mit dem Titel *La sangre derramada* (das vergossene Blut), das, wie der Titel anschaulich signalisiert, Gewalt und Grausamkeit als Konstanten argentinischer Geschichte sieht, Perón ein Kapitel, in dem er auf eine von dessen kleinen Schriften eingeht: Sie heißt *Apuntes de Historia militar*

(Anmerkungen zur Militärgeschichte) und charakterisiert, zusammen mit den Vorträgen, die Professor Perón hielt, weitgehend sein Denken, seine Ziele, seine Strategien. Kernstücke von dem, was dann Ende der Vierzigerjahre als Peronismus das Licht der Welt erblickte sind hier präfiguriert.

Im Zentrum dieser militärisch orientierten Tendenzen des frühen Peronismus steht der berühmte Satz von Clausewitz, dass der Krieg nichts anderes sei, als die Fortsetzung der Politik mit anderen Mitteln. Für Perón gilt eher die Umkehrung: dass also die Politik nichts anderes wäre, als die Fortsetzung des Krieges mit anderen Mitteln. Den Krieg hat der Professor für Militärgeschichte ausgiebig studiert, jedoch als Präsident nie geführt. Als politischer Führer hat er kriegerische Doktrin, kriegerisches Verhalten gepredigt.

Dass Kriege Akte der Gewalt bedeuten, mit dem Ziel, dem Gegner seinen Willen aufzuzwingen oder den Feind zu vernichten, überträgt der Verfasser der kleinen Schrift sinngemäß aufs politische Handeln. Gehorsam, bedingungslose Unterwerfung unter ein autoritäres Prinzip, die ständige Mobilisation und Indoktrination der Massen, die Einforderung eines pathetischen Patriotismus, einer notorischen Militanz, das Nichtakzeptieren und die aktive Bekämpfung kritischer, oppositioneller Meinungen – das alles gehört zur sich bildenden Theorie des Peronismus. In den Vorträgen und in späteren Ergänzungen sieht Perón den Führer (Profiteur und Manipulator) dieses militärisch-strategischen Konstrukts als einen über allem stehenden, allmächtigen Patriarchen, der sich aus Fraktionskonflikten heraushält – und immer Recht behält. »Ich bin mit niemandem, ich bin mit allen«, lautet eine seiner eigentlich nichts besagenden Kurzformeln, und er hat es in seinen besten und erfolgreichsten Zeiten immer geschafft, diese Illusion im Volk zu nähren.

Eine Eigenheit Perónschen Denkens und Verbalisierens besteht in der häufigen Verwendung von Bildern und Metaphern, die er gern dem physikalischen oder medizinischen Bereich entlehnt. Erfunden hat er diese Phraseologie nicht. Sie kommt schon bei den verehrten preußischen Militärtheoretikern vor. Beim General Feldmarschall Colmar Freiherr von Goltz zum Beispiel, der als Preuße vor dem ersten Weltkrieg das türkische Heer aufbaute und durch seine Schrift *Das Volk in Waffen* berühmt wurde. Von Goltz übernimmt Perón die These, dass, wer den Frieden wolle, ständig den Krieg vorbereiten müsse, dass die Verteidigung der Nation eine integrale und »organische« Aufgabe des gesamten Volkes sei. Organisch (was zu einem Lieblingswort der Peronisten bis heute geworden ist), weil die lebendige Nation einem organischen Körper zu vergleichen sei, den es gesund zu erhalten und zu entwickeln gelte.

Es ist wohl kein Zufall, dass die Militärs, die 1976 die Witwe Peróns wegputschten, sich ebenfalls gern in medizinischer Terminologie ausdrückten und vom Krebs redeten, von dem der Körper der Nation befallen sei und den sie sich anheischig machten wegzuoperieren. Wobei die krebsverursachenden Subversiven, die sie im Auge hatten, Jungperonisten, Montoneros waren.

*

Zweifellos lassen sich die autoritären, die faschistischen, die in den Siebzigerjahren auftretenden terroristischen Tendenzen des Peronismus aus der militärischen Determiniertheit ihres Gründers herleiten. Aber der Peronismus ist weit mehr als das. Und Feinmann, der allzu sehr auf seine Gewalttheorien fixiert scheint, tut Perón Unrecht, wenn er ihn und die Bewegung auf Macht-Gewalt-Vernichtung reduzieren will. Zum einen hat der widersprüchliche General, der sich immerhin drei Mal demokratisch zum Präsidenten wählen ließ, im Vergleich zu nahezu allen lateinamerikanischen Caudillos selten Gewalt angewendet – und mindestens einmal ist er mit einem vorzeitigen Rücktritt einem Blutbad, das er ohne weiteres hätte anordnen können, zuvorgekommen. Zum andern hat der politische Dilettant Perón erstaunliche, originelle, sozial engagierte Initiativen entwickelt und in den Peronismus übergeführt, die dem militärischen Rigorismus und Primitivismus zum Teil diametral entgegenstanden. Und schließlich gilt es, das Phänomen Eva Perón zu berücksichtigen, die dem Peronismus eine besondere und eine starke Dynamik verliehen hat.

1943 putschte das Militär erfolgreich gegen die damalige zivile Regierung. Perón war ein einflussreiches Mitglied des GOU (Grupo de Oficiales Unidos), der Kopfgruppe des Putsches, und wurde mit dem Arbeitsministerium belohnt, dehnte seinen Einfluss auch auf das Kriegsministerium aus und avancierte zum Vizepräsidenten. Als Arbeitsminister legte er die Grundsteine für sein und für das peronistische Machtgebäude und bewies gleichzeitig seine Geschicklichkeit im Umgang mit politischen Kräften. Als Volkstribun soll er, wie der Kalif Harun al Raschid aus Tausendundeinenacht, nächtens in Buenos Aires herumspaziert sein, um sich persönlich ein Bild von den Sorgen des Volks zu machen. Zum nationalen Held wurde er, als er umsichtig und effizient die Hilfsmaßnahmen für die Opfer des katastrophalen Erdbebens von San Juan organisierte. Sein folgenreichster Streich aber bestand in der Entmachtung eines einflussreichen Führers der kommunistisch orientierten Fleischer-Gewerkschaft, der mächtigsten im Lande.

Der radikal antikommunistische und antiamerikanische Volkstribun überzeugte seine Junta-Gefährten einerseits, und die Gutsbesitzer, Unternehmer, die Konservativen anderseits davon, dass man die Arbeiterschaft organisieren müsse, dass sie Anspruch auf soziale Gerechtigkeit habe. Das Bekenntnis zur sozialen Gerechtigkeit gehört zu den Pfeilern des Peronismus, und es ist letztlich egal, ob der General diese Forderung aus Überzeugung oder, was seine linken und rechten Kritiker behaupten, aus Opportunismus und politischem Kalkül heraus erhob. Er setzte durch, dass die in der Confederación General del Trabajo (CGT) organisierten Arbeiter geregelte Arbeitszeiten, Ferien, Renten, Weihnachtsgeld erhielten. Er mobilisierte zu Tausenden die seit den Dreißigerjahren vom Land in die Agglomeration Buenos Aires strömenden armen Immigranten, machte aus den »unorganischen« Werktätigen Peronisten, die auf den großen Führer und Manipulator eingeschworen waren. Die CGT wurde während der Präsidentschaften Peróns kontinuierlich mit mehr Macht – und Geld – ausgestattet und bleibt bis heute eines der wichtigsten Instrumente peronistischer Politik.

Politische Souveränität und wirtschaftliche Unabhängigkeit sind die anderen beiden Pfeiler, auf denen das peronistische Gebäude der ersten Jahre ruhte. Argentinien hatte vom Zweiten Weltkrieg, in dem es bis 1945 Neutralität wahrte – obschon zumindest die Militärs eindeutig einen Sieg der Achsenmächte erhoffte –, wirtschaftlich profitiert. 1945 wurde unter durchsichtigen Vorwänden den Achsenmächten noch schnell der Krieg erklärt – die Junta wollte beim sich abzeichnenden Sieg der Alliierten nicht auf der Verliererseite stehen und profitierte weiter: die Exporte in die vom Krieg ausgebluteten Länder (Fleisch, Getreide) brachten hohe Gewinne, Importe gab es kaum, Auslandverbindlichkeiten konnten nahezu ganz getilgt werden, eine bescheidene eigene Industrie wurde aufgebaut.

*

Während der ersten Präsidentschaft (1946–1951) gelang dem großen Manipulator am Río de la Plata fast alles. Die günstigen Voraussetzungen erlaubten ihm, seine Strategien zu verfolgen, ohne auf große Hindernisse zu stoßen. Die Tausende von einst einflussreichen deutschen und kroatischen Nazis, die der Faschismus-Sympathisant nach 1945 aus »humanitären« Gründen ins Land holte (Eichmann und Mengele waren darunter), brauchte er, nach eigenen Aussagen, um Argentinien zu technischem, militärischem und wohl auch geheimdienstlichem Know how zu verhelfen. Was daraus geworden ist, hat wegen Vertuschungsmanövern, Namensänderungen bis heute niemand genauer ergründen können: am besten dokumentiert ist noch der große Atom-Flop: Für einmal hatte sich der schlaue Manipulator von deutschen (und schweizerischen) Technikern, die ihm mit dem Versprechen, Argentinien in Patagonien eine Atombombe zu basteln, viel Geld aus der Tasche zogen, bluffen lassen.

Die sozialen Programme wurden durchgesetzt und eine Hochlohnpolitik praktiziert, die Eisenbahn und andere öffentliche Dienste wurden nationalisiert, staatlicher Interventionismus (über einen Fünfjahresplan) regulär eingeführt. In der Außenpolitik vertrat Perón den sogenannten »dritten Weg«, eine neutralistische Position zwischen Kapitalismus und Kommunismus. Regelmäßig stattfindende, von der Partei organisierte Kundgebungen auf der Plaza de mayo vor dem Regierungsgebäude stimulierten die Massen. Patriotismus, Nationalismus sollten manifestiert und gefeiert und das *emotionale* Band zwischen dem einzelnen Mitglied der Bewegung und dem glamourösen Führerpaar immer aufs Neue bestätigt werden.

Ständige Kampfbereitschaft war verlangt. Der Führer erwies sich als Meister darin, dem peronistischen Volk, das wachsam bleiben sollte, laufend neue Gegner und Feinde zu präsentieren, gegen die es seine Wut wenden konnte: die Amerikaner, die Stalinisten, die »Oligarchen« im eigenen Land, die katholische Kirche schließlich, deren Feindschaft sich Perón einhandelte, als er ein modernes Scheidungsgesetz einführte.

Gelang es Perón während der ersten Präsidentschaft, Balance zu wahren, halfen ihm günstige Voraussetzungen, geschicktes Lavieren und Taktieren, seine Politik zu realisieren, so ging nach der Wiederwahl 1951 alles schief. 1952 starb seine wichtigste Alliierte, Eva Duarte de Perón; die hohen Kosten, die die Sozialprogramme, rasch vorangetriebene Industrialisierung und Nationalisierung verursacht hatten, ließen die Finanzreserven des Landes zusammenschmelzen und führten zu einer Inflation; ein Teil des Militärs begann sich aufzulehnen und wurde von der »Oligarchie« unterstützt; die Kirche wandte sich vollends von Perón ab, der vom Papst sogar exkommuniziert wurde. 1955 putschte die Armee, Perón ging für lange Jahre ins Exil.

*

Juan Domingo Perón hat dem Peronismus den Namen verliehen – Eva Duarte die Seele. Dass sie so jung gestorben ist (mit 33 an Krebs), lässt sie ohne Fehl erscheinen und fördert bis heute den Personenkult und die weltweite Verehrung, die ihr entgegengebracht wird, verwandelt sie je nachdem in einen Engel der Armen, eine Märtyrerin, eine Heilige.

Wie ihr Mann erscheint auch Eva Perón als höchst zwiespältige Persönlichkeit. Zweifellos mit einem Herz für die Unterprivilegierten ausgestattet, eine Wohltäterin aus Überzeugung, war sie auch eine knallharte Machtpolitikerin. Sie verstand es, zu polemisieren und zu polarisieren. Galt sie den einen schon zu Lebzeiten als heilige Allmutter der Nation, war sie für andere die bestgehasste, raffgierige Hure Argentiniens. Im Tandem mit ihrem Mann, den sie an einer Wohltätigeitsveranstaltung in Zusammenhang mit dem Erdbeben von San Juan kennengelernt hatte, war sie unschlagbar. Das Gesicht des frühen Peronismus, seine Erfolgsgeschichte sind vom weiblichen Teil des Duos ebenso geprägt wie vom männlichen – auch wenn Juan Perón das in seinen Memoiren vehement bestreitet und behauptet, Eva sei in allem und jedem, was sie getan habe, von ihm angeleitet, geführt, bestimmt worden: Sie sei nie etwas anderes gewesen als eine von ihm geschaffene Kreatur.

Sie bewunderte ihn, jedenfalls in der Öffentlichkeit, ohne Einschränkung, war ihm bis zu ihrem Tod zutiefst ergeben, hielt ihm den Rücken frei. Sie war eine Fanatikerin des Peronismus, den sie, als charismatische Rednerin, landauf landab predigte wie ein weiblicher Messias. Dem Peronismus des listenreichen, berechnenden, auf Opportunismus, Pragmatismus und Vernunft setzenden Präsidenten fügte sie Temperament, Instinkt und Intuition, die Kraft der Emotion hinzu. Ihre Aufgabe war das ständige Massieren der Massen. In der gigantischen, mit ihrem Namen versehenen Wohltätigkeitsstiftung schaltete sie nach Belieben, belohnte die einen, bestrafte die anderen. Eine Mischung aus sozialen und karitativen Elementen diente dazu, das Volk immer stärker an den Peronismus anzubinden. Sie trieb Millionen ein und finanzierte damit Spitäler, Schulen, Kinder- und Altersheime. Noch nie hatte es in Lateinamerika eine Frau mit vergleichbarem politischem Einfluss gegeben. Sie nützte ihn, um den Status der Frau in Argentinien zu verbessern, setzte das Frauenwahlrecht durch und gründete eine eigene weibliche peronistische Partei, mit ihr als Vorsitzender, in der Frauen das politische Handwerk lernen und in den Institutionen aufsteigen konnten. Natürlich war das *auch* ein – gelungener – Schachzug, um Perón 1951 die Wiederwahl zu ermöglichen, aber den Frauen nützten, jenseits jeder Manipulation, Evas Initiativen.

Sie hatte ihr Büro im Zentralgebäude der CGT, die sie immer mehr »peronisierte« und de facto führte. Ebenso wie für die Emotionalisierung der Bewegung war sie für die Drecksarbeit im Inneren der Institutionen zuständig. Auf Geheiß ihres Patriarchen-Gemahls hebelte sie kräftig an der staatlich sanktionierten Repressionsmaschine, schikanierte missliebige Beamte und sorgte dafür, dass Nicht-Peronisten aus wichtigen Ämtern entfernt wurden. Es gehörte naturgemäß zu den Strategien Peróns, in Legislative, Exekutive und Justiz möglichst alle wichtigen Ämter mit treuen Gefolgsleuten zu besetzen.

Perón brauchte und benutzte sie, hat sich aber sicher von ihr, die hartnäckig war, ein starker und eigensinniger Charakter, mehr beeinflussen lassen, als er das in seinen Memoiren zuzugeben bereit ist. Eine offizielle Stellung im Staat und in der Regierung hat Eva nie innegehabt. Dem Militär vor allem, das ihr von Anfang an mit Misstrauen begegnet war (die Offizierskaste hielt die Ehe ihres Generals mit der unehelich geborenen Schauspielerin für eine Mesalliance), wurde sie im Laufe der Jahre regelrecht verhasst, und so störten Peróns Waffenbrüder jeden neuen Anlauf, der Eva zur Ministerin oder gar zur Vizepräsidentin hätte promovieren sollen. Mit Evas Tod 1952 sank Juan Domingos Stern. Die äußeren Umstände hatten sich zu seinen Ungunsten verändert – und der Bewegung war die Seele abhanden gekommen.

*

Fast zwanzig Jahre lang, bis zur Rückkehr Peróns, ging der Peronismus auf Tauchstation, war zeitweise öffentlich verboten, zersplitterte in Fraktionen. Der Führer versuchte zwar von verschiedenen Stationen seines Exils aus die Bewegung am Leben zu erhalten. Er spann Fäden zu den verschiedenen militärischen und politischen Gruppierungen, die sich im Argentinien der Fünfziger- und Sechzigerjahre um die Macht balgten, doch es wollte ihm vorerst nicht gelingen, ausreichend Rückhalt zu gewinnen, um eine Rückkehr wagen zu können. Das Land drohte in Chaos und wirtschaftlicher Misere zu versinken. Die Montoneros, eine aus linker Guerilla, progressiven Katholiken und militanten Nationalisten zusammengewürfelte klandestine Jugendorganisation, militärisch gerüstet und effizient in ihren Vorhaben, begann terroristische Anschläge gegen Militärs und Politiker zu verüben, das Militär schlug zurück – und Perón beging den Fehler, von der Schiedsrichterrolle abzurücken und die Montoneros insgeheim zu ermutigen.

Als der ganz zum opportunistischen Pragmatiker Gewordene 1973 als alter Mann nach Argentinien zurückkehrte, war nichts mehr zu retten. Statt einem seit langem andauernden Elend ein Ende zu bereiten, initiierte der herbeigesehnte Messias von Anfang an ein Debakel, das zu den schwärzesten Stunden des Landes führen sollte. Zurückgekommen war ein Mann, der sich den neuen Gegebenheiten längst angepasst und entschieden gewandelt hatte, der aber nicht mehr über die Kraft verfügte, seine Strategien durchzusetzen. Im Namen des Peronismus begrüßten ihn auf dem Flugplatz Ezeiza am 20. Juni 1973 Zehntausende von Links- und Rechtsextremen, Sozialisten und Faschisten, Gewerkschaftern und Kapitalisten. Der Tag der Erlösung endete in einem Blutbad. Niemand hat ihn eindrücklicher beschrieben als der Schriftsteller Tomás Eloy Martínez in seinem Roman *La novela de Perón* (Der General findet keine Ruhe): in einer unauflöslichen Mischung aus Fakten und

Fiktion rollt Martínez, der den General in Madrid mehrmals besucht und interviewt hat, Peróns somnambul anmutenden letzten Jahre auf.

Noch einmal ließ sich der General zum Präsidenten wählen – und konnte in dem einen Jahr, das ihm bis zum Tod blieb, ein sich anbahnendes Verhängnis nicht mehr aufhalten. Sein böser Geist der letzten Jahre, José López Rega, der in Madrid sein Privatsekretär, Astrologe, Haupteinflüsterer gewesen war, wurde zum Wohlfahrtsminister gekürt. Statt für Wohlfahrt sorgte López Rega für Totschlag. Organisierte die berüchtigten, paramilitärischen Todesschwadronen, die unter dem Namen Alianzas Anticomunistas Argentinas (AAA) das Land terrorisierten, linke Studenten, Politiker, Gewerkschafter ermordeten und den Montoneros einen Kampf auf Leben und Tod lieferten.

Der große Manipulator hatte seine einstmaligen Ideen und Ziele fast ganz aus den Augen verloren. Er frustrierte in seinen letzten öffentlichen Auftritten diejenigen, die den ursprünglichen Peronismus hoch hielten und ergriff – eine Todsünde, die er früher nie begangen hätte – Partei gegen eine in seinem Namen kämpfende Fraktion, gegen die Montoneros, die er im Exil ermutigt und gefördert hatte und die jetzt seinen Versöhnungsinitiativen im Wege standen. Sein Bild in der Öffentlichkeit bekam Flecken. Der sich aus Fraktionskonflikten heraushaltende Patriarch und oberste Schiedsrichter war nicht mehr glaubwürdig, war verwundbar. Versöhnen wollte er in erster Linie die Arbeiter und das Kapital, wobei er, der in den Vierziger- und Fünfzigerjahren immer eindeutig für die Anliegen der Gewerkschaften eingetreten war, die »Oligarchen« in die Schranken verwiesen und sich jede ausländische Einflussnahme stolz verbeten hatte, nun plötzlich der Marktwirtschaft das Wort zu reden begann und ausländischen Investoren ermutigende Signale sandte.

Seine dritte Frau, María Estela Martínez, die im Gegensatz zu Eva Duarte über keinerlei politische Fähigkeiten verfügte, hatte er – auch das eine stupende politische Instinktlosigkeit, die dem Strategen früher nicht unterlaufen wäre – bei Amtsantritt zur Vizepräsidentin gemacht. Sie und ihr Vertrauter López Rega führten das Land nach des Führers Tod 1974 blitzschnell in den vollständigen politischen Ruin. Die Militärs brachten Argentinien im März 1976 mit geringstem Aufwand unter Kontrolle und wurden, bevor sich *ihre* Strategien deutlich abzeichneten, von einem beachtlichen Teil des Volks mit Erleichterung begrüßt; sie zwangen das, was vom Peronismus übrig geblieben war, in den Untergrund.

*

Forscht man heute nach jüngeren Definitionen der Bewegung, wird man Formulierungen finden, die in ganz verschiedene Richtungen weisen. Was seit dem Tod des Generals und seit der Militärdiktatur geschah, hat den Peronismus weiter verändert und stark verunklärt. Unterscheiden die einen den klassischen Peronismus von einem Neoperonismus, möchten andere den sogenannten Menemismus am liebsten überhaupt von der Bewegung trennen. Und sehen eher linksgerichtete Analytiker im Peronismus eine bürgerliche nationalistische Bewegung, so erkennen bürgerliche Historiker in ihm eine linke, sozialdemokratisch oder sozialistisch inspirierte Richtung.

Als die Demokratie in Argentinien 1983 wieder eingeführt wurde, befand sich der Peronismus in einer desolaten Lage. Zerstrittene Fraktionen begannen sich neu zu formieren, wobei die reaktionären Tendenzen den öffentlichen Diskurs dominierten, was dazu führte, dass nicht ein Peronist, sondern ein Radikaler, Raúl Alfonsín, die ersten freien Wahlen nach der Diktatur gewann. Ihm folgte im Präsidentenamt der Gouverneur der armen Provinz Rioja, Carlos Menem, der sich seit 1983 für eine Erneuerung der Bewegung stark gemacht hatte.

Menem hat es in zwei Amtsperioden geschafft, den ursprünglichen Peronismus nahezu in sein *Gegenteil* zu verkehren. Als überaus geschickter Homo politicus bluffte und manipulierte er Argentinien – und die Welt – jahrelang. Im Gegensatz zu Perón war ihm militärisches Denken fremd, aber er übernahm vom Gründervater vieles von dem, was sich bei Perón im Laufe der Jahre aus der ursprünglichen militärischen Substanz herausgefiltert hatte: Führungsverhalten, autoritäres Verhalten und entsprechende Strukturen, taktisches und strategisches Vorgehen, Einschwören der Massen auf simple Schlagwörter und Programme, Forcierung persönlicher Abhängigkeiten, unideologisches Wechseln der Allianzen.

Menem stützte sich einerseits auf die stärksten in- und ausländischen Wirtschaftsunternehmen und Finanzgruppen und verbündete sich anderseits sowohl mit rechten, neoliberalen Kräften wie mit der nach wie vor mächtigen und einflussreichen CGT, also mit der wichtigsten Organisation der Arbeiter. Er begnadigte und neutralisierte das Militär, brachte Legislative und Justiz unter seine Kontrolle, korrumpierte die Spitzen der CGT. Heizte eine allgemeine Ausverkaufsstimmung an, privatisierte Staatsunternehmen zu Schleuderpreisen, verschuldete das Land in gigantischem Ausmaß und machte es außenpolitisch zu einem der treuesten Satelliten der USA.

Unter Menem nahm die Korruption im Großen wie im Kleinen unheimliche Ausmaße an. In der ersten Amtszeit profitierte der Präsident vom Geld, das er durch die massiven Privatisierungen gewonnen hatte, und von der Kreditfreigebigkeit von Institutionen wie der Weltbank oder dem Internationalen

Währungsfonds. So konnte das Volk, dessen Grundbedürfnisse gedeckt waren und dessen Verlangen nach neuen Importkonsumgütern entsprochen wurde, bei Laune gehalten werden. In Menems zweiter Amtszeit platzte die künstliche Wohlstandsblase brutal. Große Teile der Bevölkerung wurden arbeitslos und verarmten. Als 1999 der Kandidat der Radikalen, Fernando de la Rúa, Präsident wurde, erbte er ein wirtschaftlich ruiniertes, politisch gärendes Land und fand bis zum erzwungenen Rücktritt 2001 kein Rezept, um aus der Misere herauszukommen. Der Menem-Peronismus hatte Argentinien in eine ökonomische und gesellschaftliche Katastrophe geführt – der Radikalismus erwies sich als untaugliche Alternative.

*

Seit 2003 regiert der erklärte Linksperonist Néstor Kirchner Argentinien – vorderhand mit einigem Erfolg. Definitives lässt sich über seine Absichten, Strategien und erzielten Resultate nicht sagen – und, getreu den Gesetzmäßigkeiten des Peronismus, werden sie auch laufend dem angepasst, was die Zeiten verlangen. Die Zeiten aber haben sich seit Pérons Wirken sehr verändert! Kirchner, der nicht über das Charisma Pérons verfügt, wohl aber über eine gehörige Dosis politischer Schlauheit und über die im Peronismus unverzichtbare Fähigkeit, auf alle möglichen und unmöglichen Situationen flexibel zu reagieren, hat es bereits geschafft, der Bewegung teilweise wieder den autoadhäsiven Charakter zu verleihen, also mit dem Begriff festzukleben und zusammenzuhalten, was an sich auseinanderstreben würde.

Politisch hat er es beispielsweise fertig gebracht, eine nach dem Rücktritt de la Rúas tief zerstrittene, geradezu atomisierte Bewegung, die in verschiedene um die Macht ringende Lager mit Schwerpunkten in den einzelnen Provinzen zerfiel, wieder unter einen Hut – seinen – zu bringen. Ein Teil der im Wahlkampf malträtierten Gegner ist unter dem Siegel des alles vereinigenden Peronismus neuerdings zu ihm übergelaufen und wurde mit Pfründen belohnt. Die alten Muster sind zu erkennen, wenn man vom Heranzüchten einer Klientel reden hört, die im Dunstkreis des Präsidenten agiert, die Fäden in der Hand hält und ihm direkt Rechenschaft schuldig ist. Oder wenn man sieht, wie über dringend notwendige karitative Initiativen und über das Ausrichten staatlicher Gelder an Quartierorganisationen, an Piqueteros-Gruppen, an von Bürgern gegründete soziale Netzwerke solche »unorganische« Eigengewächse allmählich wieder in den Schoß der Bewegung hineingezogen beziehungsweise zu Kirchner-Wählern werden. Auf diese Weise werden nach alter Sitte Millionen von Bedürftigen politisch manipuliert.

Die veränderten, die globalisierten Zeiten und das von Menem und de la Rúa zu Boden gewirtschaftete Land machen es für Kirchner schwer, zwei Pfeiler des Peronismus zu reinstallieren: die soziale Gerechtigkeit und die wirtschaftliche Unabhängigkeit. In beiden Bereichen laviert der Präsident. Um den prekären sozialen Frieden zu gewährleisten, behilft er sich mit den oben erwähnten kurzfristigen Hilfsmaßnahmen; Nachhaltigeres ist vorderhand nicht in Sicht. Die liberalistischen Empfehlungen von IWF und Weltbank werden, trotz anders lautender Lippenbekenntnisse, befolgt, es wird überall rationalisiert und gespart. Die Löhne können mit der Preisentwicklung nicht Schritt halten, und die Arbeitslosenzahlen bleiben trotz beachtlichen Zuwachsraten beim Bruttosozialprodukt alarmierend hoch. Von einer gerechteren Verteilung des Volksvermögens, wie es in Wahlreden versprochen wurde, kann vorderhand keine Rede sein. Von wirtschaftlicher Souveränität zu sprechen, wenn man mit 140 Milliarden Dollar bei einheimischen und ausländischen Schuldnern in der Kreide steht, *verbietet* sich.

Innenpolitisch und außenpolitisch fährt Kirchner einen Kurs, der nun weniger mit dem Peronismus, mehr mit den veränderten Zeiten und den spezifischen Problemen Argentiniens zu tun hat. Die Justiz ist wieder unabhängiger geworden, was immerhin zu einer Serie von Prozessen gegen korrupte Staatsdiener geführt hat. Die Verbrechen der Militärs während der Diktatur 1976–1983 werden auf persönliches Geheiß des Präsidenten verfolgt; die Menem-Amnestie ist zum Teil aufgehoben worden, und das bedeutet, dass sich Argentinien erstmals ohne Angst, Schonung, falsche Rücksichtsnahme der Aufarbeitung einer Schreckenszeit widmet.

Außenpolitisch tendiert Kirchner ganz im Gegensatz zu Menem zu einer Strategie, die, unter veränderten Vorzeichen, einem Péron, würde er noch leben, entsprechen könnte. Zur möglichst optimalen Wahrung eigener Souveränität hat Kirchner das enge Verhältnis zu den USA gelockert und sich mehr um Absprachen, Abkommen, Bündnisse innerhalb Lateinamerikas bemüht. In diesem Rahmen gehört Argentinien zusammen mit Brasilien zu den Wortführern des Subkontinents, gerade wenn es um die Klärung des Verhältnisses gegenüber den USA oder der EU geht. Und da heute ein großer Teil der Länder Lateinamerikas von gemäßigten oder profilierten Linken regiert wird, sieht diese Außenpolitik, mindestens in ihren öffentlichen Verlautbarungen, vollständig anders aus als diejenige, die unter Menem – ebenfalls im Zeichen des Peronismus – propagiert wurde. Wobei es zu den lateinamerikanischen Spezialitäten gehört, dass das, was in schwungvollen Reden zur Sprache kommt, in keiner Weise deckungsgleich sein muss mit dem, was dann wirklich getan wird.

*

Um schließlich zum Ausgangspunkt zurückzukehren: die Vitalität und Überlebenskunst des Peronismus liegt in seiner schier unglaublichen Wandelbarkeit beschlossen. Diese tief ins Widersprüchliche hineinreichende Wandelbarkeit liegt im widersprüchlichen Charakter ihres Gründers beschlossen. Die Wandelbarkeit macht die Bewegung allumfassend, autoadhäsiv – und unverbindlich. Die Nachfolger des Generals brauchen dessen Namen und denjenigen seiner Frau Evita, um Wahlkämpfe zu gewinnen und Programme durchzupeitschen. Zeitumstände, Gunst der Stunde, politische und geopolitische Situationen der Vierzigerjahre des 20. Jahrhunderts können indessen nicht nachgestellt werden, und so wird eine noch so vitale, noch so autoadhäsive Bewegung, die über erstaunlich wenig greifbaren Inhalt verfügt, wie der Peronismus, vielleicht doch einmal verschwinden ohne nennenswerte Spuren zu hinterlassen.

Tango

Alles Mögliche kann Tango sein, in Argentinien. Eine Art zu gehen, zu tanzen, zu singen, zu fliegen. Der »Tango 01« zum Beispiel, über den Ex-Präsident Carlos Menem zu verfügen beliebte, wenn er reiste, war eine vollständig umgebaute Boeing 757. Statt 200 Sitzplätze nur noch deren 34, dafür ein Büro- und Konferenzraum, ein Esszimmer, eine Suite mit Doppelbett und Coiffeurstuhl (Menem muss jedem einzelnen seiner eher seltenen Haare Spezialpflege verordnet haben). Exquisites orientalisches Design. Kostenpunkt 60 Millionen Dollar. Bezahlt von der Weltbank. Menems Nachfolger Fernando de la Rúa, der die Tugend der Bescheidenheit über alle anderen stellte, mochte diesen Tango nicht tanzen. Reiste gerne mit Linienflügen, business. Er offerierte den »Tango 01« im In- und Ausland. Niemand wollte ihn haben. Umbauen lohnte nicht. Im Jahr 2000 verklang der »Tango 01« – und verschwand in einem Hangar.

Eine Art zu gehen

Fue tu voz, bandoneón,
la que me confió
el dolor de fracaso
que hay en tu gemir;

Es war deine Stimme, Bandoneon,
deren Stöhnen mir den Schmerz
über das Scheitern anvertraute;

(Tango aus dem Jahr 1935.
Text und Musik von Enrique Santos
Discépolo)

Mindestens zwei Generationen von argentinischen Schriftstellern arbeiten sich eingestandenermaßen oder insgeheim, wenn nicht unbewusst am Werk von Jorge Luis Borges ab. Das lässt sich gut verstehen und tut der so entstandenen und entstehenden Literatur nicht den geringsten Abbruch. Im Gegenteil: die vielfach abgewandelte Borges-Substanz bereichert sie, gereicht ihr geradezu zum Gütesiegel. Borges mit seiner stilistischen Perfektion, seiner universellen Gelehrsamkeit, seiner Tiefenschärfe, seiner Lust am Widerspruch öffnet seinen Zeitgenossen und ihren direkten Nachfolgern ein weites Feld, das poetisch zu bewirtschaften die Mühe wahrhaftig lohnt.

Einer der solch produktive Beeinflussung ohne weiteres zugibt und der damit überaus souverän umzugehen weiß, ist der Romancier, Essayist und Journalist Tomás Eloy Martínez. Den politisch-philosophischen Konservativismus Borges' teilt er nicht: Martínez ist ein Mann der gemäßigten Linken, musste während der Militärdiktatur ins Exil, lebt heute in der Nähe von New York und gehört seit Jahrzehnten zu den scharfsinnigsten Analytikern des modernen Argentinien. Mit Borges hält er in zahlreichen seiner Texte Zwiesprache. Mit Borges teilt er die Skepsis gegenüber jeder Realität, der er die Fiktion vorzieht. In einem 1991 veröffentlichten Zeitungsartikel über vergangene und zukünftige Mythen Argentiniens dekretiert er: »Dieses Land wurde auf Fiktionen gegründet.« Er nennt die Utopien, mit denen sich Land und Einwohner schwer tun seit eh und je, denen sie nachträumen, die sie für wirklicher halten als die Wirklichkeit. Und er nennt die Sterne, die Helden des Vaterlands, Generäle, Wissenschaftler, Präsidenten, von denen jeder einem Traum nacheiferte, im Guten wie im Schlechten, um früher oder später zu scheitern.

Der Tango, dieses argentinisch-uruguayische Phänomen, am Río de la Plata, zwischen Buenos Aires und Montevideo geboren, Ende des 19. Jahrhunderts, in den Bordellen und verrufenen Kneipen, wie es heißt, der Tango nimmt einen Ehrenplatz in dieser mythischen, in dieser fiktionalen Realität ein. Hört und schaut man zu, wie er von den Porteños gespielt, gesungen, getanzt wird – und zwar wenn sie es für sich, nicht für Geld und für Touristen tun –, wird man ein paar Minuten lang die reale Welt mit einer anderen, verwandten, nicht minder realen, aber eben fiktionalen tauschen.

Strenge Form kennzeichnet den Tango, was musikalische und tänzerische Figuren angeht; und die Texte, wenn sie gut sind, haben den Status von Lyrik. Lyrik freilich, die sich fast ausschließlich mit dem harten Alltag der Arbeiter, Angestellten, der Diskriminierten und Marginalisierten beschäftigt und innerhalb dieses Alltags vornehmlich mit der Liebe, und innerhalb der Liebe hauptsächlich mit ihrer Unmöglichkeit. Lyrik überdies, deren Autoren eher selten große Namen tragen, die ohne weiteres und manchmal in ihren besten Stücken ohne jeden Namen auskommt.

Borges hat auch zum Tango sein – leichtgewichtiges und leicht angewidertes – Wort gesagt, und obschon dieses Wort zwischen tausend anderen, engagierten, brillanten, gelehrten, fleißig recherchierten Texten verschiedenster Autoren steht, hat es bis heute den Löwenanteil an Aufmerksamkeit auf sich vereinigt. Ich komme darauf zurück.

*

Ich wollte von Tango nichts wissen, als ich nach Buenos Aires ging. Konnte dieses schwärmerische Gerede schweizerischer Tangofreaks nicht ausstehen: Tango als Kult, Lebenshaltung, Religion, gepredigt in einem ebenso beschränkten wie unanschaulichen Vokabular; dazu diese Verkleidungen, eine Erotik auf Teufel komm raus, der Spiel und Eleganz fehlten, die steifen, verklemmt wirkenden Bewegungen beim Tanzen, die Pomade, das Pomadige, Gravitätische – nein, bloß das nicht.

Man kann nun aber in Buenos Aires nicht leben, ohne über kurz oder lang dem Tango zu begegnen: auf Straßen, in Cafés, an Festen, bei Bekannten; irgendwo, irgendwann in dieser Riesenstadt findet er ständig statt, bietet sich an, schleicht sich ins Ohr, drängt sich ins Auge. Ein neu gewonnener Freund, Überredungskünstler der Sonderklasse, brachte mich und meine Frau schließlich dazu, im Haus einer zur Tanguera bekehrten Psychoanalytikerin an einem Anfängerkurs teilzunehmen. Man habe eine Lehrerin engagiert.

Es wurde ein Abend der Wechselbäder. Erster Frust: die anwesenden argentinischen Paare konnten es alle schon mehr oder weniger. Zweiter Frust: diese verdammten acht Grundschritte machen zu viel Kopfzerbrechen – und der Kopf sollte doch frei sein, für den Tango? Es kam noch viel schlimmer. Die Lehrerin erwies sich als Furcht einflößende Athletin. Immerhin, sie vertauschte ihre klobigen Halbschuhe mit goldenen Tanzsandaletten (Pech für sie, dass ich ihr gelegentlich drauf trat. Schien sie allerdings gar nicht zu merken). Als die Athletin begann, mich herumzuschubsen, mich dabei notorisch (aufmunternd) anlächelte und krude Verhaltensmaßregeln diktierte, war's schnell vorbei.

»Du bist der Stier, du musst packen, führen, nie Unsicherheit zeigen« oder »Nicht schweben, fest auftreten, aus den Knien heraus agieren, Brustkorb raus, Kopf hoch« oder »Die Frau forderst du mit einem Kopfnicken auf, sie schließt die Augen und gibt sich hin, dem Tanz, und denk daran, du führst, auch wenn du es nicht wirklich kannst, sie folgt.« Einer meiner europäischen Freunde in Buenos Aires hat solche Lehren buchstabengetreu befolgt und in einem edlen Tangolokal einer Profi-Tänzerin, die ihn nach einer Show zum Tango bat und dabei natürlich die Führung übernehmen wollte, mitgeteilt »El gaucho soy yo« (der Gaucho bin ich); es funktionierte. Die vorher perfekt Schwebende ließ sich, mit geschlossenen Augen, bereitwillig vom Amateur über die Tanzfläche schieben.

Dann das Wechselbad. Wir brachen die Übung ab, kaum hatten wir damit begonnen. Zogen zu später Nachtstunde mit dem Überredungskünstler an die Scalabrini Ortiz, betraten einen Tangoclub, einen an eine Turnhalle gemahnenden Saal ohne jede Atmosphäre, setzten uns nahe der Tanzfläche an einen Tisch, bestellten Wein und schauten zu. Da könnt ihr sehen, wie bei uns der Tango getanzt wird, jeden Abend, meinte der Überredungskünstler, und da werdet ihr verstehen, dass das wirklich eine Volkskultur ist, nichts Künstliches, nicht bloß das, was ihr von den Shows in den Touristenlokalen kennt.

Er sollte Recht bekommen. Was wir an diesem Abend hörten und sahen, ließ uns für Momente aus der realen Welt herausfallen, um in einer anderen, nicht minder realen, in der realen Fiktion des Tangos anzukommen. Da war nicht Kult, nicht Schwärmerei, nicht Verkleidung und Verklemmung. Da gab es keine Pein und keine Pomade. Da tanzten wunderschöne junge Grazien mit dickbäuchigen Greisen und füllige reife Damen mit schlanken Jünglingen, da schwebten die einen und führten die andern, und niemand im Saal verfehlte den synkopisierten, den stampfenden Rhythmus des Bandoneons, des Klaviers, der Gitarre und Violine, die ab Band der Menge Tangos und Milongas einflößten. Da war Entzücken und Disziplin spürbar, gefrorene Leidenschaft, eine von allen erkannte, empfundene, angewandte Ästhetik.

*

Viele haben sie beschrieben, diese Tangomania, die Argentinier und Uruguayer am besten. Julio Cortázar zum Beispiel, der selber Tangos gedichtet hat, in der Erzählung *Die Pforten des Himmels*. Da aufersteht eine tote Tänzerin für ihre engsten Freunde beim Tango wieder, tanzt sich in einer verrauchten Kneipe ins Paradies und lässt den Ich-Erzähler und ihren Mann an diesem Mysterium teilhaben.

»Jetzt begann Anita mit brüchiger Stimme zu singen, die Paare tanzten, fast ohne sich von der Stelle zu bewegen, und man sah ihnen an, dass sie dem Text lauschten, sehnsüchtig und unglücklich, mit all der eitlen Lust am Tingeltangel [...]. Über die Tanzenden schien ein Augenblick unermesslicher Glückseligkeit gekommen zu sein, ich atmete tief, wie daran teilnehmend, und ich glaube gehört zu haben, dass Mauro das gleiche tat. Der Rauch war so dicht, dass die Gesichter auf der Mitte der Tanzfläche verschwammen, sodass der Bereich der Stühle für die Animiermädchen zwischen den Körpern und durch den Dunst hindurch nicht zu sehen war. ›So sehr warst du mein‹, merkwürdig das Rasseln, das der Lautsprecher Anitas Stimme gab, wieder hielten die Tanzenden inne (sich immer noch bewegend), und auf der rechten Seite, aus dem Rauch hervorkommend und auf den leichten Druck ihres Begleiters hin sich drehend, stand Celina einen Moment im Profil zu mir, dann mit dem Rücken, mit dem andern Profil, und hob das Gesicht, um der Musik zu lauschen. Ich sagte: Celina; aber damals war es eher ein Wunsch ohne Begreifen. Celina war dort, ohne dort zu sein, natürlich, wie das in dem Augenblick begreifen? [...] Celina stand immer noch dort, ohne uns zu sehen, und sog den Tango mit ihrem ganzen Gesicht ein, das ein von Rauch gelbes Licht entstellte und veränderte. Jede der Schwarzen könnte mehr Ähnlichkeit mit Celina gehabt haben als sie selbst in diesem Augenblick, das Glück verwandelte sie in entsetzlicher Weise, ich hätte Celina nicht ertragen können, so wie ich sie in diesem Moment und bei diesem Tango sah. Ich war so weit bei Verstand, um die Verheerung ihres Glücks zu ermessen, ihr verzücktes und blödes Gesicht in dem endlich erlangten Paradies.«

Ein Stück Prosa wie ein Tango. Im Irdischen angesiedelt, ins Außerirdische, ins Unbegreifliche verweisend. Was nur leider keine Übersetzung ins Deutsche richtig nachvollziehen kann. Schon deshalb nicht, weil es für den argentinischen Tango- und Tangokneipenjargon, eine Mischung aus kruder Umgangssprache, sogenanntem Lunfardo (Gaunersprache und darüber hinaus Verständigungsidiom der armen Vorstadtbewohner von Buenos Aires, der Immigranten aus Europa), bitterem Humor und zärtlichen, weichen Zwischentönen in unserer Sprache keine taugliche Entsprechung gibt; man müsste sie schon künstlich herstellen.

*

2004 veröffentlichte Tomás Eloy Martínez den Roman *El Cantor de Tango* (Der Tango-Sänger), eine wunderbare Anrufung, eine Beschwörung der Stadt Buenos Aires und des Tangos – mit besonderer Berücksichtigung einer der berühmtesten Erzählungen von Jorge Luis Borges: *Das Aleph.* Auf den Spuren des Tangos und des Dichters Borges lässt Martínez einen Studenten aus New York ins krisengeschüttelte Buenos Aires von 2001 reisen und dort ein paar aufgewühlte Monate verbringen. Der Autor erfindet einen genialen, kranken, eigensinnigen, mit Absicht im Schatten lebenden Interpreten, dem er den Namen Julio Martel gibt, womit er ihn lautmalerisch der Legende Carlos Gardel annähert (er sei »noch besser« als Gardel, heißt es von Martel). Martel widmet sich ausschließlich den alten, Anfang des 20. Jahrhunderts entstandenen Tangos, also jenen Stücken, die Borges als einzige für würdig hielt, das Genre zu vertreten; er singt sie, anscheinend einem Spleen gehorchend, in Wirklichkeit ein politisch subversives Ziel verfolgend, an versteckten, meist düsteren Schauplätzen.

Der Student aus New York verfolgt zunehmend obsessiv den todkranken Sänger und spürt gleichzeitig jenem Aleph nach, das Borges in seiner gleichnamigen Erzählung unter der Treppe eines Privathauses platziert hat. Der Roman inspiriert sich an der Tango-Lyrik. Der Figur des Sängers legt Martínez die Überzeugung in den Mund, dass Vergangenheit und Gegenwart ebenbürtig seien und ewig als eine einzige Realität gelebt werden könnten und müssten. Eine These, die auch vom Dichter des »Aleph« stammen könnte, einmal mehr geeignet, die Grenzen zwischen Wirklichkeit einerseits, Imagination, Erinnerung, Traum und Fiktion anderseits zu verwischen; überdies eine These, die den Tango ans Legendäre und Mythische bindet.

Dem Roman *El Cantor de Tango* verdanken wir eine präzise Schilderung des Tanz-Rituals. Martínez überlässt diese Szenenbeschreibung dem Studenten aus New York. Wir sind eingeladen, ihm über die Schulter zu schauen, ja, es ist, als ob wir selber, Beobachter von außen, am Rande der Tanzfläche stünden und zuschauten. Gleichzeitig vermittelt uns der argentinische Kenner und Liebhaber Martínez sein Wissen um das Geheimnis des Tango, und schließlich hat er in Peter Schwaar einen Übersetzer gefunden, der dem Rhythmus und der Melodie des Originaltextes so nahe kommt, wie das nur möglich ist:

»Dann begann der Tanz mit einer ziemlich brutalen Umarmung. Der Mann fasste die Frau eng um die Taille, und von diesem Moment an wich sie zurück, wich immer weiter zurück. Manchmal wölbte er die Brust vor oder stellte sich seitlich neben sie, Wange an Wange, während seine Beine Cortes und Quebradas zeichneten, die die Frau umgekehrt wiederholen musste. Der Tanz erforderte eine ungeheure Präzision und vor allem eine gewisse hellseherische Fähigkeit,

denn die Schritte hielten sich an keine voraussagbare Reihenfolge, sondern standen ganz der Improvisation des Führenden oder einer Choreographie unendlicher Kombinationen offen. Bei den am besten aufeinander eingespielten Paaren imitierte der Tanz unübersehbar Beischlafbewegungen. Es war ein athletischer Sex, der Perfektion anstrebte, sich aber nicht für die Liebe interessierte.«

*

Was für Geheimnisse birgt der Tango? Sind sie unergründlich? Die Musik wird von den Fachgelehrten als relativ einfach charakterisiert: italienische, spanische und kubanische Elemente seien in die spezifische Tangomusikform eingegangen, die gegen Ende des 19. Jahrhunderts in den Bordellen und Vorstadtkneipen von Buenos Aires und Montevideo erstmals gehört werden konnte. Zu Klavier, Geige, Bass sollen sich in der Anfangsphase gelegentlich Gitarre und Querflöte gesellt haben. Das Bandoneón, heute *das* Tango-Charakteristikum, kam später dazu. Der ursprüngliche 2/4-Takt hat sich im Laufe der Zeit in einen 4/8-Takt verlangsamt. Stilbildend bleiben die Synkopen, die der Musik den Rhythmus und das Stockende, Hinkende geben, was sie unverwechselbar macht. Ob improvisiert, wie in der Frühzeit, oder komponiert, wie es später der Brauch wurde, hat die Musik allein nichts Geheimnisvolles an sich: im Gegenteil, sie erscheint vergleichsweise simpel, leicht zu merken, leicht nachzuahmen, mit einer Neigung zur Formelhaftigkeit ausgestattet.

Wie die Anfänge der Musik liegen auch diejenigen der Texte im Dunkeln. Und wann genau sich der Liedvortrag herauskristallisierte, von der rein instrumentalen Darbierung emanzipierte, kann niemand sagen. Die Texte, wie gesagt, gehörten früher in ihrer überwiegenden Mehrheit der Volkskultur an, trugen zuerst keine Autorennamen und später meistens solche, die sich der Tangotradition verschrieben hatten, mehr oder weniger virtuos die alten Themen aufnahmen und variierten. Eine Minorität unter den Tango-Theoretikern vertritt die Meinung, dass die Tango-Texte von allem Anfang an Kunstprodukte waren, meist den schnell fabrizierten Stücken des Boulevardtheaters entstammten, dass Themen und vor allem auch der volkstümliche Stil samt Lunfardo-Elementen den Texten künstlich aufgepfropft wurden. Der Unterstützung solcher nicht von der Hand zu weisenden Interpretationen mag der Hinweis dienen, dass eine ganze Anzahl der bekanntesten Tangotextverfasser einerseits eng mit dem Theatermilieu liiert waren oder anderseits als Professoren, Lehrer, Schriftsteller hauptberuflich in der sogenannten Hochkultur zuhause waren.

Als Beweise für die Bordell- und Kneipenherkunft werden die klassischen und typischen Themen beigezogen: die Dirne als allgegenwärtige Rollenträgerin vieler Lieder, eine vom bösen Schicksal gezeichnete, verführerische Frau, hart und grausam geworden. Die Männer umschwirren sie »wie Motten das Licht«, verfallen ihren Reizen. Sie rächt sich an ihnen, fängt sie in ihrem Netz, saugt sie aus und verlässt sie dann. Und die Männer? Sind sie nicht heimatlos gewordene Kleinkriminelle, Zuhälter, Abkömmlinge stolzer Gauchos, sogenannte Compadritos (von Compadre, was Gevatter und Freund heißt; der Diminutiv ist in diesem Fall auch ein Pejorativ), so wird es sich um ursprünglich ehrbare Arbeiter und Angestellte handeln, denen die Leidenschaft übel mitspielt, die alles verlieren und in Trübsinn, Elend, Gefängnis enden, weil sie die Ungetreue totgeschlagen haben, nachdem sie von ihr ruiniert worden sind. Seltsam, diese vielen in Tränen aufgelösten Männer in einem Land wie Argentinien, das sich so sehr dem Machismo verschrieben hat!

Der genuine Tango-Lyriker versteht es, solchen durchgehenden Leitmotiven aparte Details beizufügen. Witz, Ironie sind wichtig, oft ist ein sexueller Subtext hör- und spürbar, entsprechende Zeichen und Symbole, Zweideutiges, Obszönes kommen über den Lunfardo ins Lied. Und dann gab es schon im ersten Drittel des 20. Jahrhunderts eine Anzahl bekannter Tangos, die textlich andere Wege gingen, sozialkritisch, politisch, subversiv daherkamen oder das nachdenklich-philosophische Element forcierten. Eigentliche Gedankenlyrik ist im Tango so gut zu finden wie rosarote Frivolität.

Was ist es, was macht die Faszination dieser Hurenlieder und Todesklagen, dieser ins Publikum geschmetterten, gestampften Gesänge, dieses stöhnenden, hinkenden Blasbalginstruments, dieses ritualhaften, schleifenden, im Achtschrittrhythmus getanzten Tanzes aus? Man kann es in ein paar Sätzen nicht sagen – es gibt ja Bücherregale über Bücherregale gefüllt mit Literatur zum Tango. Amüsant die bekannten Charakterisierungen, die im Laufe der Geschichte kolportiert wurden. Borges nannte den Tango »eine Art zu gehen« – eine in ihrem Understatement sehr schöne Umschreibung. Aus jener Frühzeit, in der die Argentinier reich waren, kultivierte Bürger sein wollten und in allem, was Anstand, Sitte und Mode gebot, nach Paris schielten, stammt das Wort vom Tango als »Reptil de lupanar«, eine unübersetzbare Bösartigkeit, die den Tango als eine Sache (und diese Sache war natürlich der Koitus) zwischen Reptilien und Wölfinnen bezeichnet, wobei Wölfin ein gebräuchlicher Ausdruck für Dirne war. Dem Nationaldichter Leopoldo Lugones wird diese giftige Definition zugeschrieben.

Er hasste wie die meisten seiner gebildeten Zeitgenossen in Buenos Aires und Montevideo den aus dem Untergrund gekrochenen, so schnell populär gewordenen, tanzenden, singenden

Bastard und hasste vor allem die Idee, im Ausland als einer aus dem Land des Tangos zu gelten. Als dann Paris den Tango adaptierte, ihm höhere Weihen zugestand, als Paris Carlos Gardel zu Füßen lag, fand sich die einheimische Intelligenzija mit dem Volkstanz und seiner Aura ab. Und wenn ein anonymer Spötter den Tango »El lamento del cornudo« nannte (die Klage des Gehörnten), so einigte man sich doch bald auf eine Definition, die einem der größten Tangodichter, Enrique Santos Discépolo, zugeschrieben wird: Tango, »es un pensamiento triste que se baila« (das ist ein trauriger Gedanke, den man tanzt). Der Romancier und Journalist Juan Gelman, selber ein raffinierter Tangotexter, fügt den überlieferten Bestimmungen eine eigene hinzu: Für ihn ist der Tango eine lautlose Art der Konversation zwischen Mann und Frau. Gelman lebt in Mexiko, wohin er ins Exil ging, als sich die Militärs 1976 an die Macht putschten. Viele Länder Lateinamerikas mögen, singen und tanzen den Tango, aber Mexiko hat eine eigene Tango-Tradition entwickelt, mit einheimischen Sängerinnen und Sängern, Texten und Stücken. Nach Gelman kursiert in Mexiko diese Definition: Tango? »Es un acto de policía con musica« (eine Polizeiaktion mit Musik). Da muss jemand einen sehr speziellen Sinn für Humor gehabt haben. Und ganz bestimmt hat dieser jemand nie dem mexikanischen Sänger Agustín Lara zugehört. So melancholisch, weich und zart wie Lara singt kein Argentinier und kein Uruguayer den Tango.

*

Das letzte Wort soll Borges haben. Zwar gehört der 1955 publizierte Aufsatz nicht zu seinen Meisterwerken. Dazu ist er zu leichtsinnig gedacht, mehr aus Lust an der Provokation denn aus Inklination zum Gegenstand verfasst. Voll spannender Widersprüche. Borges war dem Tango in einer Art Hassliebe verbunden. Er preist in seinem Text, was ihm passt, deutet um, was ihn stört, macht sich aber auch über sich selber lustig, wenn er drauflos doziert. Dass es trotzdem *sein* Aufsatz ist, den alle die Tangotheoretiker kennen und der allenthalben zitiert und analysiert wird, hängt nur zum Teil mit dem berühmten Namen zusammen. Borges ist auch in diesem für seine Verhältnisse stark schillernden Stück Prosa ein origineller Denker, der nichts so übernimmt, wie er es vorfindet. Im Zu- wie im Widerspruch bleibt seine Argumentation produkriv.

Borges war 56 Jahre alt und eben ganz erblindet, als er 1955 seinen Tango-Essay publizierte. Der Autor war derart arriviert, dass bereits seine »vollständigen Werke« in vier Bänden auf den Mark gelangten. Einer dieser Bände enthielt die Neuausgabe einer Biografie des höchstens lokal bedeutenden Schriftstellers Evaristo Carriego, eines Freundes der Familie. Borges hatte 1930 das Carriego-Porträt zum Anlass genommen, um über das von ihm wie von Carriego geliebte Buenos Aires der Vorstädte, der kühnen Rebellen, der Gauchos und Messerhelden zu schreiben, also über jene Welt, der auch der Tango entstammt. 25 Jahre später fügte er *Die Geschichte des Tango* dem Evaristo-Carriego-Text bei.

Am traditionellen Tango gefällt Borges das Kämpferische, das Heißblütige und Blutige mehr als die Erotik, das Lüsterne und Sexuelle. Was die Ursprünge angeht, will er sich nicht festlegen, und den Texten begegnet er mit Skepsis, weil sie von »ungleichem Wert sind« und »bekanntlich von Hunderten und Tausenden der verschiedenartigsten Federn stammen«. Das Volkstümliche am Tango missfällt ihm ebenso wie das Vulgäre. Was er dagegen herausstreicht, ist die Tatsache, dass so viele Tangotexte von Rebellen, kriminell Gewordenen, von Compadritos bevölkert sind. In der Liebe seiner Landsleute zu diesen Helden findet er die Bestätigung seiner Überzeugung, dass der Argentinier »ein Individuum ist und kein Staatsbürger«, dass er Freundschaft über jegliche Loyalität dem Gesetz und seinen Vertretern gegenüberstellt, dass er dem Staat und seinen Organen zutiefst misstraut und immer bereit ist, deren Gegner zu umarmen oder zu glorifizieren. Borges schreibt das – und schreibt die ganze »Geschichte des Tangos« (auf knapp 15 Seiten notabene) – mit Augenzwinkern; er hat nicht Unrecht. Ausgeprägte oder nur schon lauwarme Sympathien für den Staat und seine Institutionen wird man auch in der heutigen argentinischen Gesellschaft, und zwar in allen Schichten, wenig finden. Kein Wunder. Bei der Geschichte.

Für Borges hörte »Die Geschichte des Tangos« irgendwann in den Dreißigerjahren des vergangenen Jahrhunderts auf. Was nachher kam, interessierte ihn nicht mehr.

Was nachher kam, war, um es stark verkürzt zu skizzieren, geografisch gesehen ein Triumphzug nach Europa (Paris wurde nach Buenos Aires und Montevideo zu einer dritten Metropole des Tangos), nach den USA und später auch nach Japan. Parallel dazu entwickelte sich der Tango von einem populären Musikstück-Lied-Text-Tanz zu einem Produkt der globalen Unterhaltungsindustrie. Astor Piazolla erfand zwar nicht den Tango neu, eröffnete ihm aber neue Möglichkeiten und Sphären, inspirierte Komponisten, Bandoneón-, Klavier-, Violin- und Gitarrenvirtuosen, brachte sie auf die Idee, Tango mit Barock, mit Klassik, mit Romantik zu verschmelzen oder traditionelle Tango-Melodien in ihre Repertoires aufzunehmen. Eine der schönsten Einspielungen der letzten Jahre stammt vom Dirigenten und Pianisten Daniel Barenboim (der seine Kindheit in Buenos Aires verbracht hat): »Mi Buenos Aires querido«; Dino Saluzzi stellt Wunderdinge mit dem Bandoneón an und entwickel den Tango Richtung Jazz, Richard Galliano vertauscht das Bandoneón mit dem ihm eng verwandten Akkordeon und verheiratet den Tango mit der französischen Musette. Und das sind nur wenige in der Schar der Inspirierten, die sich die bitter-süßen Melodien, die Synkopen, die Melancholie, heiße oder gefrorene Erotik, die subversive Frechheit, Witzigkeit der Texte zunutze machen, um Neues auszuprobieren.

»Bandoneón, / hoy es noche de fandango / y puedo confesarte la verdad, / copa a copa, pena a pena, tango a tango, / embalado en la locura / del alcohol y la amargura. / Bandoneón, / para qué nombrarla tanto, / no ves que está de olvido el corazón / y ella vuelve noche a noche como un canto / en las gotas de tu llanto, / che bandoneón!«

(Text Homero Manzi mit Musik von Aníbal Troilo, um 1948)

(Bandoneon, / heute ist eine Nacht des Fandango / und ich kann dir die Wahrheit gestehen, / Glas um Glas, Schmerz um Schmerz, Tango um Tango, / eingehüllt in den Irrsinn / des Alkohols und der Bitterkeit. / Bandoneon, / warum sie so häufig nennen, / siehst du nicht, dass das Herz vergessen will / und sie Nacht um Nacht wie ein Lied wiederkommt / in den Tropfen deiner Tränen, / Che Bandoneon!)

Rindfleisch

Wenn die argentinischen Männer grillieren, hat das etwas Atavistisches an sich. Es ist, als würden sie einige bewegte Epochen ihrer Geschichte auslöschen, um sich für ein paar Stunden in jene Gauchos der glorreichen Pionierzeiten zurückzuverwandeln, die, wie die Legenden berichten, nicht davor zurückscheuten, Fleischstücke aus noch lebenden Tieren herauszuschneiden, zu braten, zu verzehren. Das macht natürlich niemand mehr, aber das Betasten, Präparieren, der gierig-sinnlich-liebevolle Umgang mit großen Fleischstücken, wie ihn der Argentinier pflegt, das bleibt schon einzigartig. Als Kontrast dazu die geradezu zarte Beziehung, die der gleiche Mann zu Holz und Feuer unterhält, wenn er zur Tat schreitet. Diese Elemente bedürfen offenbar größter Feinfühligkeit, um gezähmt und nutzbringend eingesetzt zu werden. Es gibt nichts Rührenderes, als einem erwachsenen Argentinier zuzuschauen, wie er, voll konzentriert, weltverloren, auf einem schmalen Balkon auf einem uralten Grill mit einem Minimum an Holz und Holzkohle in einem langwierigen Prozess eine dünne Schicht weißer Asche produziert – um dann hemmungslos der Fleischeslust zu frönen.

Sonntag am Grill

Es ist des Argentiniers größte Lust, sein liebstes Vergnügen, auch wenn es ab und an über die heroische Überwindung von »el angst« erkauft werden muss – aber dann doch im Applaus endet. Es kann täglich geschehen, sogar mehrmals täglich, aber die aus dem Erwerbsleben resultierenden Zwänge haben im Verlauf der Geschichte den Sonntag zum Hauptereignistag gemacht Es gehört neben Tango und Fußball zu den Klischees, zu den ersten drei Schlagwörtern, die dem Argentinienfahrer suggeriert werden. Obwohl – des Spaniers Manuel Vázquez Montalbán berühmter Detektiv Pepe Carvalho insistiert im Politkrimi »Quinteto de Buenos Aires« auf einer anderen Trilogie. Auf alle Fragen nach seinem Wissen über Argentinien und Buenos Aires wiederholt er: Tango, Desaparecidos, Maradona. Mit den Desaparecidos, den Verschwundenen, meint er die Opfer der Militärdiktatur, die Gefolterten, Ermordeten, mit Flugzeugen über dem Meer Abgeworfenen, über deren Schicksal die Hinterbliebenen zum Teil bis heute nichts Genaues wissen. Carvalho ist ja auch kein gewöhnlicher Argentinienfahrer, kein Tourist. Er soll einen Verschwundenen finden, taucht tief in die jüngste Leidensgeschichte des Landes ein, um seinen Fall zu lösen. Aber Montalbáns berühmter Detektiv zählt außeramtlich zu den außerordentlichsten Köchen der spanischen Literatur, er ist ein Gourmet und Weinkenner. Als solcher kommt er im

»Quinteto« auf seine Rechnung, was die Weine aus Mendoza angeht, die es mit den besten weltweit aufnehmen können oder was den Asado betrifft, der eben *die* Lust des Einheimischen mobilisiert, sein liebstes Vergnügen ausmacht.

Abgesehen vom Asado, das muss auch gesagt sein, wird die argentinische Küche einem Pepe Cavalho wenig zu bieten haben; dafür ist sie zu rustikal. Und genau genommen hat der Asado nichts mit raffinierter Küche gemein. Er ist viel mehr als das.

Asado heißt eigentlich gegrilltes Fleisch, Braten; das Wort wird heute für das Grillereignis allgemein gebraucht. Beim Tango, beim Fußball kommt man in Argentinien auch als Zuschauer durchaus auf seine Rechnung, und niemand wird von einem Fremden erwarten, dass er in diesen Sparten die Perfektion des Einheimischen erreicht – weder im Darüber-Reden noch im entsprechenden Tun. Den Asado hingegen darf der Mann nicht nur als Gast konsumieren. Ist er zeitweilig zum Wahlargentinier mutiert, wird er eines schönen Sonntags den Beweis für seine Landestauglichkeit erbringen und die Eintrittskarte lösen müssen, die ihn zu einem Aktivmitglied des nationalen Vereins macht. Der erste – verhängnisvolle – Fehler, den es in der Vorbereitungsphase des Akts zu vermeiden gilt, bestünde darin, dass man einem Einheimischen erzählt: Grillpartys werden eigentlich auf der ganzen Welt veranstaltet, ist doch nichts dabei, bei uns zuhause dürfen das auch die Frauen. Es wäre ein deplacierter, ein ganz verfehlter Diskurs, geeignet, einen mit guten Freunden auseinander zu bringen, fast so schlimm wie das Bezweifeln des ewigen Anspruchs auf die Malvineninseln.

*

Der Argentinier ist überzeugt davon, dass er, als er noch als nomadisierender Gaucho durch die zaunlose Pampa ritt, den

Asado erfunden hat, dass es dabei um eine Art Kult geht, den außer ihm niemand wirklich beherrscht, dass überdies nur er über das richtige Fleisch – das beste auf der Welt notabene – verfügt. Lassen wir ihm den Glauben; ein Asado ist viel zu schön, um darüber in Streit zu geraten. Ein paar besserwisserische, in den Bratenduft geflüsterte Bemerkungen seien trotzdem gewagt. Die Theorie, dass die wilden Gauchos auf ihren wilden Pferden den Asado erfunden hätten, wie er in zahllosen Legenden und Epen kolportiert wird, ist nur eine von mindestens zweien. Wahr ist zweifellos, dass sich die ersten Viehhirten vornehmlich vom Fleisch der Rinder ernährten, die sie beaufsichtigten und die es in derartigem Überfluss gab, dass sich niemand, kein Herr und kein Knecht, darum scherte, wer wie viel Rindfleisch verzehrte. Mit ihren großen Messern, den Facones, stachen die Gauchos Rinder ab, schnitten sich jeweils nur die besten Stücke aus den Kadavern und verschlangen diese halb roh am Lagerfeuer.

Den raffinierteren Genuss des Asado hätten erst die eingewanderten italienischen Bauarbeiter den Bewohnern von Buenos Aires beigebracht, besagt eine andere Theorie. In der Mittagspause bastelten sie aus Alteisenstücken einen Rost und brieten darauf das Fleisch. Man kann tatsächlich solche improvisierten Roste an schönen Tagen in Buenos Aires auf allen möglichen Baustellen antreffen, kann im Zentrum der Stadt einem Asadero (Grillierer) zuschauen, wie er seinen auf dem Trottoir sitzenden Kollegen die heißen Würste und Fleischstücke reicht. Aber für die meisten Stadtbewohner ist der Sonntag zum Grilltag geworden und der Asado zu einem Kult, der akribische Vorbereitung verlangt, ein paar Stunden dauert und einem gesellschaftlichen Ereignis gleichkommt, an dem neben der Familie immer auch Freunde teilnehmen.

*

Der erste argentinische Asado fand übrigens 1516 statt. Damals landete der spanische Seefahrer Juan Díaz de Solis am Río de la Plata und traf sich mit den ansässigen Indianern zu einem Festessen. Wobei die Einheimischen sich als Asaderos, als Zubereiter und Köche, profilierten, während de Solis samt unglücklichen Kumpanen die Rolle des Asado im ursprünglichen Wortsinn, des Bratguts, zufiel. Juan José Saer hat die in spanischen Chroniken beschriebene Episode zum Anlass einer längeren Erzählung in der Tradition des Schelmenromans genommen. In *El entenado,* der die Abenteuer eines von den Indianern beim Festschmaus verschonten spanischen Jungen erzählt, verwandelt der Autor die kannibalische Mahlzeit in eine Kulthandlung, die er unbewegt und ungerührt, in der Maske des Verschonten und im luziden Stil eines Ethnologen erzählt.

Der Erste, der sich anheischig machte, das Bild vom kannibalischen Wilden in der neuen Welt zu korrigieren, das die Kolonialisten nach ihrer Rückkehr dem erschauernden europäischen Publikum vermittelten, nicht zuletzt, um von ihren eigenen mörderischen Untaten abzulenken, der Erste war der vortreffliche Franzose Michel de Montaigne. Er hatte anlässlich der Belagerung von Rouen 1562 in der Stadt drei brasilianische Indianer angetroffen, die er ausfragte. Im Essay über die Menschenfresser verteidigt er in der ihm eigenen unnachahmlichen Mischung aus selbständigem Denken, Skepsis, Humanismus und antikem Stoizismus die sogenannten Wilden und ihren rituellen Kannibalismus. Er vergleicht ihre Gräueltaten mit dem ungleich barbarischeren Verhalten der sogenannt zivilisierten Kolonialisten. Die entsprechenden Passagen in den Essays haben französische und europäische Denker bis hin zu Rousseau beeinflusst, dessen Theorie des edlen Wilden Montaigne einiges zu verdanken hat.

»Ich meine, es ist barbarischer, sich an den Todesqualen eines lebendigen Menschen zu weiden, als ihn tot zu fressen: barbarischer, einen noch alles fühlenden Körper auf der Folterbank auseinander zu reißen, ihn stückchenweise zu rösten, ihn von Hunden und Schweinen zerbeißen und zerfleischen zu lassen (wie wir es nicht nur gelesen haben, sondern in frischer Erinnerung noch vor uns sehn: keineswegs zwischen alten Feinden, sondern zwischen Nachbarn und Mitbürgern und, was noch schlimmer ist, unter dem Vorwand von Frömmigkeit und Glaubenstreue), als ihn zu braten und sich einzuverleiben, nachdem er sein Leben ausgehaucht hat.«

*

Die Nachfahren der kannibalischen Indianer vom Río de la Plata wurden von Spaniern, Engländern und Argentiniern nahezu ausgerottet, und den Sonntagsbratern von heute steht der Sinn ausschließlich nach Derivaten vom Rind, vom Schwein, vom Schaf, vom Huhn (auch Fische, Auberginen, Zuchetti werden im modernen Argentinien gelegentlich auf den Grill gelegt). Das Kultische der Handlung, wie es Saer imaginiert, hat sich in Abwandlungen gehalten.

»Cada bicho que camina va a parar al Asador«, heißt ein bedrohliches argentinisches Sprichwort; frei übersetzt: Jedes Biest, das herumläuft, wird auf dem Grill landen. Aber es ist doch das Rind, das seit eh und je das eigentliche Objekt der Begierde darstellt. Argentinien gehört zu den zehn größten Fleischproduzenten und -exporteuren der Welt. Auf die 37 Millionen Einwohner kommen 62 Millionen Stück Vieh, 80 Prozent davon sind Rinder. Zu Beginn des 20. Jahrhunderts sollen die reichen Argentinier, wenn sie sich für ein paar Monate nach

Europa begaben, Rinder mit eingeschifft haben, um in Paris, Rom oder Madrid nicht darben zu müssen, wird erzählt.

Rindfleisch ist Kult, es zu essen, gehört neuerdings zu den verbrieften Rechten. Als wegen zunehmender Nachfrage im Ausland Anfang 2006 der Export gesteigert wurde und die Preise auch im Land selber stiegen, ordnete Präsident Néstor Kirchner persönlich Maßnahmen an, um Teile des zum Export bestimmten Fleisches auf den Binnenmarkt umzuleiten und die Preise zu drücken. Es gibt in den Augen der Einheimischen *keine* Wirtschaftskrise, keine Notlage, die eine Verknappung oder massive Verteuerung des Rindfleisches rechtfertigen würden. Wehe dem Politiker, der dieses Gewohnheitsrecht missachten wollte.

*

Es ist Sonntag geworden, das Haupt der Familie, männlich, besichtigt die Parrilla, das Grillgerät, das im Haus eingebaut sein kann oder auf Rädern in den Patio gefahren wird, ausgerüstet mit einem Rost, der an Ketten hängt, sodass sich die Nähe des Fleisches zur Glut regulieren lässt oder in Kleinformat auf dem Balkon bereitsteht. Handelt es sich beim Haupt der Familie um einen peronistischen Großpolitiker, wird er über eine sogenannte »Parrilla peronista« verfügen. Dafür braucht er allerdings eine geräumige Garage oder einen Schopf, denn die »Parrilla peronista« hat die Dimensionen einer Bettstatt und ist mit Stahlfedern ausgestattet. Der Peronist, *immer* mit dem Volk, *immer* für das Volk, veranstaltet in Wahlzeiten Asados für hundert und mehr Gäste, die ihn dann sicher (wieder)wählen werden. Ist er schließlich Abgeordneter seiner Gemeinde oder des Landes geworden, wird es ihm finanziell keinerlei Mühe bereiten, viele viele Parrillas peronistas üppig zu bestücken. Auf dem

Land und vor allem in Patagonien, wo hauptsächlich Schafe gebraten werden, trifft man oft die traditionelle Parrilla in Form eines aufgerichteten Eisenkreuzes an. Nicht sehr katholisch. Aber die überwiegend katholischen Argentinier wissen zwischen dem wichtigsten Symbol ihrer Religion und dem archaischen Asadokult zu unterscheiden; ein gekreuzigtes Tier vermag ihr liebstes Vergnügen, ihre größte Lust nicht zu schmälern.

Ein Feuerchen wird entfacht, Holzkohle auf- und umgeschichtet, Wein getrunken, die Windstärke geprüft. Die Gäste kommen in zwei, drei oder, wenn es Argentinier sind, vielleicht erst in vier Stunden. Den Grill-Highnoon, den Moment H, in dem serviert wird, muss man festlegen, am besten so auf drei Uhr nachmittags, und dann rechnen, damit die Abfolge der Ereignisse ins Lot kommt. Das Haupt der Familie ist bis auf Weiteres absorbiert, kommt freilich ohne Frau, Lebenspartnerin, Freundin kaum unbeschadet über die Runden. Sie hat wahrscheinlich das Fleisch besorgt, bereitet die paar Salate zu (um Himmels willen nichts raffiniert Komponiertes aus seltenem Grünzeug), die der Argentinier zum Asado zulässt, eher erträgt, unterhält die eintreffenden Gäste – und hält sie davon ab, in des Asaderos Glut zu starren. Die Kulthandlung erträgt keine Störenfriede.

Ist die Glut nicht richtig, wird aus dem Asado nichts Gutes. Entweder das Fleisch verbrennt an den Enden, was die Schamlosesten unter den argentinischen Witzbolden den »Jeanne-d'Arc-Effekt« nennen, oder es wird nicht heiß genug. Richtig ist die Glut, wenn sich auf der Holzkohle eine grau-weiße Schicht aus Asche gebildet hat. Der umsichtige Asadero brennt so viel Glut, dass ein Quantum davon in einer Ecke der Parrilla als Reserve liegen bleibt.

Unter den vielen Geschichtenerzählern und Ratgebern, die sich mit des Argentiniers größter Lust befassen, gibt es einen, der »el angst« oder gar die »Ansiedad existencial« (Existenzangst) beschwört – womit wir wieder in die Sphäre des Kults geraten. Dass unser Gewährsmann für die Schilderung so großer Gefahr ein germanisches Wort wählt, hat weniger mit dem argentinischen Machismo zu tun, der kein Wort für Angst kennen darf, da er ja das entsprechende Gefühl nicht kennt, als mit dem vertrauten Verhältnis, das viele Argentinier mit der Psychoanalyse pflegen, deren Jargon ihnen geläufig ist. So warnt denn unser Gewährsmann all jene Asaderos, die über »el angst« lachen und behaupten, so etwas nicht zu kennen. Eine typische »Negation« sei das, und es brauche einfach noch ein paar Stunden auf der Couch, bis »el angst« richtig einfahre. »el angst« spielt sich ja vor allem in der Fantasie ab: die Gäste kommen nicht oder viel später, das Feuer geht aus, die Glut wird nicht, der Rost bricht auseinander, das Fleisch ist schlecht, der Wein reicht nicht. »el angst« lässt sich mit adäquatem psychologischem Trainig überwinden. Überfällt einen die »ansiedad existencial«, wird es schwieriger. Da hätten dann Schicksal oder sonst eine außerirdische Macht zugeschlagen, was nichts anderes heißen kann, als dass man des Kults unwürdig ist und deshalb in Buenos Aires nicht – und vielleicht nirgendwo – grillieren sollte.

*

No te preocupes – sei unbesorgt, ein beliebtes argentinisches Diktum, wirksames Gegengift zu »el angst«. Unvergesslich der Asado auf einem schmalen Balkon vor einer kleinen Wohnung, zu dem wir geladen waren, zusammen mit mindestens einem Dutzend Studenten und Studentinnen, die kamen und gingen und aßen und tranken. Man stand sich auf den Füßen, spickte mit den Ellenbögen Choripan-Stücke (gegrillte Wurst in weiches Brot eingepackt) des Nachbarn über die Brüstung, presste sich das Weinglas an die Brust, um sich vor Ungemach zu schützen. An der kleinen, uralten Parrilla in einer Ecke des Balkons hockte stundenlang Alfonso, schob ein bisschen Glut hin und her, legte ein paar Würste, später Fleischstücke auf den Rost, stand auf, um die Hungrigen zu füttern, lächelte unergründlich, unbekümmert, unbesorgt, Lichtjahre von »el angst« entfernt, zu der er doch jeden Grund gehabt hätte: es gab viel zu wenig zu essen, der Wein war viel zu schnell alle, leer auch die Cola-Flaschen, es kamen immer mehr Leute und es gingen immer weniger fort. Alfonso musste Nerven aus Stahl haben oder gar keine. Ich sehe ihn vor mir, friedlich und freundlich vor der Parrilla kauernd, die Glut herumschiebend, ein Fatalist, ein geweihter Adept des Asadokults, dem nichts, wirklich nichts etwas anhaben konnte.

*

Kehren wir zurück zu unserem sonntäglichen Asado. Die grauweiße Asche hat sich gebildet, das Haupt der Familie legt nacheinander auf den Rost, was gebraten sein will. Der Reigen beginnt mit dem Provoleta-Käse, den bekommen die Gäste zuerst – nachdem sie schon ein paar mit Hackfleisch gefüllte Empanadas als Vorspeise probiert haben. Es folgen Drüsen, Hoden, Nieren, fette Rinderwürste, Blutwürste und dann das Eigentliche: Tira (Rippenstücke mit Knochen, in lange Streifen gesägt und geschnitten), Bife de chorizo (vom Knochen gelöstes Kotelett), Colita de quadril (saftiges Stück aus dem Hüftbereich, Lomo (das Zarteste, Filet vom Rücken). Die Gäste werden gefragt, ob sie das Fleisch lieber blutig oder durchgebraten auf dem Holzteller haben wollen, der Asadero muss wissen, wie er den verschiedenen Wünschen nachkommt. Pro erwachsene Person geht man von 500 Gramm Fleisch mit Knochen, 400

Gramm ohne Knochen aus, Würste etc. zählen nicht. Das Fleisch darf man ein bisschen salzen, sonst soll man ihm nichts antun. Eine Kartoffel aus der Glut ist erlaubt, ein bisschen Grünzeug möglich, die scharfe Chimichurri-Sauce aus Paprika, Zwiebeln und Knoblauch unerlässlich, und notwendig ist natürlich viel Wein, um alles runterzuspülen.

Die Gäste kommen in Fahrt, die Sonne scheint gewaltig, Wein und Fleisch erhitzen Körper und Gemüter, weil Sonntag ist, ist auch Fußball, der muss verhandelt werden, ebenso die Politik, die miese, die Krise, die ewige, wobei es für die Gastgeber ratsam bleibt, ein Tabu, nämlich das von den Malvinas-die-unser-sind, nicht zu brechen, besser gar nicht zu erwähnen. Wer sich am Gespräch beteiligt, sollte außer Boca Juniors oder River, außer Maradona schon noch ein paar andere Klubs und Fußballer kennen. Huracán zum Beispiel, ein Verein, der die Großen zu bedrängen vermag und dessen Hinchas (Fans) dafür bekannt sind, dass sie nicht gleich die Eisenstangen schwingen und die Messer zücken, wenn die Gastmannschaft in Führung gegangen ist. Das behauptet jedenfalls Armando, der wissen will, welchem Klub denn dieses Haus anhängt? Keinem? Das macht ihn fast traurig, bis er versteht: Man sei wohl Hincha einer Schweizer Mannschaft. Die Höflichkeit verbietet es, den Irrtum zu berichtigen.

Die Orgie dauert drei, vier Stunden. Ein Fruchtsalat, ein Flan, am liebsten mit viel Dulce de leche, dürfen es sein, zum Dessert, ein Cafecito zum Abschluss.

Einmal im Verlauf des Mahls wird um Ruhe gebeten und um den Applaus für den Asadero. Das gehört zum Ritual und kommt auch (vielleicht ein bisschen unspontan), wenn das Fleisch eindeutig jeanne-d'arcisiert war oder halb roh. Handelt es sich beim Asadero um einen Europäer, folgen dem Applaus ein paar erstaunte Floskeln, aus denen Erleichterung herauszuhören ist. Erleichterung darüber, dass man den von einem Fremden zubereiteten Asado überhaupt *essen* kann.

Wenn es eindunkelt, zwischen sieben und acht Uhr, wenn die Flaschen ausgetrunken, die Platten leergegessen sind, die Glut ausgelöscht ist, verabschieden sich die Gäste und brechen sofort auf. Die so anstrengende Schweizer Sitte der unendlichen Abgänge kennt man in Buenos Aires nicht. So ausgiebig das Gastmahl, so abrupt das Ende. Es bleibt ein schöner langer Abend, um sich von den Strapazen einer Kulthandlung zu erholen.

*

Ins Nachbeben, ins existenzielle Erschrecken über die Mengen vertilgten Rindfleischs fließen zwei widersprüchliche Bildergruppen ein, Voraussetzungen für den Asado, mit Ikonenstatus. Da sind zum einen die Rinderherden in der Pampa, die Riesenflecken aus bewegten schwarzen Rücken im Gras, in der Steppe. Da sind zum andern die Lastwagen am Rand von Buenos Aires mit den brüllenden Tieren, die im Stadtteil Matadero (Schlachthof) ihrer Bestimmung zugeführt werden und ihr Schicksal zu ahnen scheinen. Zu einem freiwilligen Besuch der Todesmaschinerien kann niemandem geraten werden, der weiterhin dem Asadokult treu bleiben will.

Borges' Bibliothek

1937 sah sich Jorge Luis Borges ärgerlicherweise in die Notwendigkeit versetzt, Geld zu verdienen. Ein Freund vermittelte ihm den Posten eines Bibliothekars in einer wenig attraktiven Gemeindebibliothek im Südwesten von Buenos Aires. Es gibt sie immer noch an der Straße Carlos Calvo 4319. Ein unscheinbares Gebäude, ein Lesesaal, ein paar sehr verwitterte Pulte, eine bescheidene Anzahl Bücher. Die immer schon wenig geachtete Institution hat seit den Zeiten des Dichters weiter an Bedeutung verloren. Im oberen Stock kann man das gruftige Zimmerchen besichtigen, in dem sein Arbeitstisch stand und noch immer steht. Borges hat sich über die hier verbrachte Zeit bitter beklagt: man habe wenig und eigentlich überflüssige Arbeit verrichtet; die Angestellten seien an Literatur am allerwenigsten interessiert gewesen – sie hätten einander lieber obszöne Witze erzählt und über Fußball schwadroniert. Borges schlug doppelten Profit aus dem Zwangsaufenthalt. Zum einen nutzte er die täglichen Tramfahrten zum Studium der italienischen Sprache, die er selbstverständlich nicht über eine langweilige Grammatik, sondern anhand der Entzifferung der Divina Commedia erlernte. Zum andern inspirierte ihn die dürftige Institution zu einem seiner Meistererzählungen: In *Die Bibliothek von Babel* verwandelt sich das Haus an der Carlos-Calvo-Straße in eine aus Sechsecken und Büchern zusammengesetzte unendliche Struktur, zu einem Labyrinth, zum Sinnbild des Universums.

Die Erzählmaschine

Im Zentrum von Ricardo Piglias Roman *La ciudad ausente* (1992; dt. *Die abwesende Stadt,* 1994) steht eine Erzählmaschine. Der argentinische Autor Macedonio Fernández (1874–1952), den viele seiner heutigen Kollegen über alle Maßen verehren, soll sie konstruiert haben, um seiner verstorbenen Frau ein Denkmal zu errichten, um seiner im Tigre-Delta entworfenen gesellschaftlichen Utopie Gestalt und um seinem Credo, dass Wörter, Geschichten, Literatur die Essenz des Daseins ausmachen, Gestalt und Kontinuität zu verleihen. Der Journalist Junior spürt in Buenos Aires, in der Provinz und im Tigre-Delta der Erfindung nach, die von den misstrauischen Militärmachthabern längst sichergestellt und in ein Museum verfrachtet worden ist.

Piglias hochkomplexer, bisweilen auch abstruser Roman verbindet den Krimi mit Science-Fiction, mischt philosophische und literaturtheoretische Elemente in die Handlung. Der Autor erzählt – und reflektiert sein Erzählen laufend. Erzählen, so Piglia oder Fernández, ist ein wahres Lebenselixier, ist das Mögliche, welches das Wirkliche ins Leben ruft (Fantasie und Bewusstsein bestimmen das Sein). Homer, Dante und Boccaccio, die Märchen von Tausendundeinenacht, die deutsche Romantik werden als Zeugen und Referenzen für das erzählerische Lebenselixier – das, im Falle der Scheherezade, auch ein Leben retten kann – genommen.

Es gelingt dem Journalisten, den Konstrukteur der Maschine ausfindig zu machen und der erklärt ihm: »Eine Erzählung ist nichts anderes als die Reproduktion der Ordnung der Welt auf einer rein sprachlichen Skala. Eine Nachbildung des Lebens, wenn das Leben nur aus Wörtern gemacht wäre. Aber das Leben ist nicht nur aus Wörtern gemacht, es besteht unglücklicherweise auch aus Körpern, und das heißt, wie Macedonio sagte, auch aus Krankheit, Schmerz und Tod.« Eine kühne Definition und eine Spekulation, die wahrscheinlich Jorge Luis Borges gut gefallen hätte. Oft spiegeln oder reproduzieren sich in *seinen* fantastischen Erzählungen imaginierte Weltordnungen. Das Spiel, zu dem Borges den Leser einlädt, besteht darin, solche aus Wörtern gemachte Systeme zu dechiffrieren.

Viele Wege der argentinischen Gegenwartsliteratur kreuzen sich im Werk des 1941 in Buenos Aires geborenen Romanciers Ricardo Piglia, der, wie viele seiner Kollegen, auch ein Literaturtheoretiker und einer der besten Literaturkritiker seines Landes ist. Die Neigung zur detektivisch strukturierten Fantastik, die Ausflüge in Surrealismus und Metaphysik, die Weltläufigkeit, das Interesse an fremden Kulturen teilt er mit den um eine oder zwei Generationen älteren Autoren Borges, Bioy Casares, Cortázar oder Sábato.

Seine Erzählmaschine findet ihre Stoffe indessen mit Vorliebe im Land selber. Wohl gehört es zu den Vorzügen und zum Reichtum der argentinischen Literatur, dass sie über die Grenzen schaut, dass sie sich in formaler Hinsicht mit spielerischer Leichtigkeit all jener Tendenzen und Experimente zu bedienen weiß, die in Europa oder den USA das Erzählen charakterisieren und laufend zu erneuern versuchen. Wie in der Politik suchen die Argentinier auch in der Kultur ihre Orientierungspunkte oft außerhalb des Subkontinents. Innerhalb der Literatur hat das einen ganz praktischen Grund: Wer Auflagen erzielen, Verbreitung und Auskommen finden will, unternimmt alles, um in einem der großen spanischen Verlage unterzukommen. Das war nicht immer so: Während der Franco-Zeit waren es umgekehrt spanische Autoren, die sich glücklich schätzten, wenn sie in den damals florierenden argentinischen Verlagen, den mit Abstand erfolgreichsten des Subkontinents, publizieren konnten.

Und trotzdem: auch wenn sich viele Autoren vehement gegen das Etikett der nationalen Literatur wehren, erlaube ich mir, sie für einmal gerade *so* zu lesen. Als Repräsentanten Argentiniens, die im Land geboren und groß geworden sind. Die mir Themen und Motive aus dem Land in einer Art vermitteln können, wie das eben *kein* nicht-argentinischer Autor könnte. Und die mir im übrigen über Sein und Bewusstsein, über Realität und Fiktion des Landes all das erzählen können, was ich bestenfalls ahne aber nicht wirklich weiß.

Wenn Piglia seine Erzählmaschine anwirft, wenn die Maschine produziert, dann geraten diese Themen und Motive ins Gesichtsfeld, und weil er sein Erzählen immer auch reflektiert, kommen die Fantasieprodukte in der Wirklichkeit nieder, finden, bei ihm wie bei den meisten seiner Kollegen, ihre Entsprechung und ihren Nährboden in der bewegten und dramatischen jüngsten Geschichte des Landes, die wiederum für einige nur die Fortsetzung älterer, ebenso dramatischer Geschichte darstellt.

*

1980 veröffentlicht Piglia den Roman *Respiración artificial* (dt. *Künstliche Atmung*, 2002), in dem er, unter anderen Bizarrerien, eine imaginäre Begegnung zwischen Kafka und dem jungen Hitler imaginiert. Wieder ein komplexer Kriminalroman, dieses Mal auf zwei Ebenen spielend: die eine, in die Zeit des

Diktators Rosas gelegte, spiegelt sich in der anderen, aktuellen, die Siebzigerjahre und den Proceso thematisierenden. Undurchsichtige Figuren begehen Selbstmord oder werden ermordet, verschwinden jedenfalls und werden von anderen hartnäckig gesucht. Im politisch-philosophischen Subtext wird eine *mögliche* Geschichte und eine *mögliche* Literaturgeschichte Argentiniens skizziert und von den Protagonisten diskutiert. Hat die Geschichte einen Sinn, lässt sich aus ihr lernen? Erfahrung und verpasste Bewusstseinsarbeit, die Blindheit gegenüber der Erfahrung, die verweigerte Anstrengung sie zu deuten, das sind, nach Piglia, Konstanten der argentinischen Geschichte.

In einem seiner Essays bezeichnet Piglia Gewalt, körperliche Gewalt, als ein Leitmotiv argentinischer Literatur. Und wahrscheinlich ist er der Erste, der in *Künstliche Atmung* einen Desaparecido, einen während des Proceso Verschwundenen (verschwundenen Körper) zu einem der Protagonisten der Geschichte macht.

Das harmlose Wort »Desaparecidos« ist zur zweideutigen Vokabel geworden, die gleichzeitig alle Schrecken und letzte Hoffnungen in sich birgt. Dass das Wort verdrängt und beschönigt, dass die von den Militärs entführten Männer und Frauen ermordet wurden, steht fest. Da es aber für viele Morde keine ausreichenden Spuren und Beweise gibt, da die Leichen nie gefunden, nie identifiziert wurden, da die große Mehrheit der beteiligten Militärs sich nach wie vor weigert, die Morde zuzugeben, halten immer noch und gegen besseres Wissen, dass sie nicht akzeptieren wollen, verzweifelte, in ihrem Schmerz versteinerte Angehörige am Status bloßen Verschwindens ihrer Gatten, Gattinnen, Väter, Mütter, Brüder und Schwestern fest. Die Vokabel Desaparecido ist im argentinischen Spanisch ein geflügeltes Wort geworden, und das Thema beschäftigt die

Öffentlichkeit bis heute mit sporadisch ausbrechender Heftigkeit.

*

Es gibt einen Mythos in Argentinien, der von einer in den Fünfzigerjahren Verschwundenen handelt; er hat die Inspiration der Autoren wie kein anderer alimentiert und erhitzt. Der Umstand, dass es sich bei dieser Verschwundenen von allem Anfang an um eine Tote handelt, eine berühmte Tote, die eines natürlichen Todes gestorben und mit großem Pomp begraben worden war, bewirkt, dass die Literatur, die sich mit ihr befasst, in alle Richtungen ausschwärmt, ins Tragische, ins Komische, ins Tragikomische, in die mit Erotik und Nekrophilie verbrämte Posse so gut wie in die himmlische Verklärung.

1952 starb Eva Perón an Krebs, wurde einbalsamiert, aufgebahrt und unter Anteilnahme des sie verehrenden Volkes begraben. 1955 verschwand die Leiche unter bis heute nicht hinreichend geklärten Umständen – und wurde 1971 von den damaligen militärischen Machthabern dem im spanischen Exil lebenden, wieder verheirateten Witwer und Ex-Präsidenten Perón übergeben, der den Sarg nach seiner triumphalen Rückkehr nach Buenos Aires 1973 nach Argentinien zurückschaffen ließ. Heute ruht das, was von Evita nach all den abenteuerlichen Exkursionen übrig geblieben ist, im Recoleta-Friedhof in Buenos Aires; das Grabmal gehört zu den Lieblingszielen in- und ausländischer Touristen.

Borges, Cortázar, der Theatermann Copi, Rodolfo Walsh, jüngere Autoren wie Abel Posse oder Néstor Perlongher haben sich in Romanen, Erzählungen, Theaterstücken mit dem Cadavre exquis beschäftigt. In zahllosen weiteren literarischen Werken taucht die »Desaparecida« als Episode auf. Die schwärmerisch verehrte Figur der Toten, ihr öffentliches Dahinsiechen, das für viele einem religiösen Martyrium gleichkam, die romaneske Atmosphäre des frühen Peronismus, in dem sich das glamouröse Präsidentenpaar sonnte und die sie selber mit Lust und Geschicklichkeit zu erzeugen wusste, die durch die Einbalsamierung verewigte Schönheit, der verewigte Körper und das unfassbare Verschwinden der Leiche – das alles verlangte förmlich danach, Thema der Literatur zu werden.

Die knappste und einprägsamste, zwischen Realität und Fiktion pendelnde Version der Geschichte hat Rodolfo Walsh (1927–1977) 1965 unter dem Titel *Esa mujer* verfasst: ein makaber-burlesker Dialog zwischen einem recherchierenden Journalisten und einem hohen Militär, der behauptet, die Leiche »dieser Frau« (ihr Name wird nie genannt) anderen Militärs, die sie zerstören und verscharren wollten, entrissen und sie im Garten der deutschen Botschaft Argentiniens in Bonn parkiert zu haben (tatsächlich wurde sie in Mailand begraben). Die Suche nach der Desaparecida war in den Sechzigerjahren zu einer Obsession der linken Peronisten geworden, denen der Körper der toten Evita mehr bedeutete als allen andern, für die er Reliquienwert besaß.

Den Welterfolg zum Evita-Mythos schrieb Tomás Eloy Martínez (1934 geboren) 1995: *Santa Evita* (dt. unter dem gleichen Titel 1998), eine zwischen Realität und Fiktion sich bewegende Romanfabel. Disposition zur Gewalt, Glorifizierung des Körpers, byzantinische politische Ränkespiele, schwarzer Humor und die Verknüpfung der Träume eines Volkes mit dem toten Körper einer mäßig begabten Schauspielerin, die eine hochbegabte populistische Politikerin wurde – das vereinigt dieser Roman. Und es wird darin manifest, was Martínez selber mit allergrößter Skepsis ausspricht: dass es im Schicksal des toten

Körpers implizit um das Schicksal Argentiniens geht. Dass für viele Argentinier damals beides das Gleiche war – das Verschwinden der Leiche Eva Peróns und das »Verschwinden« Argentiniens in Orgien der Gewalt, im Sumpf der Geschichte. Dass sich ein Kadaver mit der Geschichte eines Landes verwechseln lässt, ein höchst seltsamer Prozess, von dem *Santa Evita* Zeugnis ablegt, erstaunt den Autor des Romans mindestens so sehr wie den Leser.

*

Die Beschäftigung mit dem Proceso hat die jüngere Literatur Argentiniens stark geprägt. Auffallend viele Autoren nähern sich dem Thema der Militärdiktatur auf Umwegen, reflektieren die Exzesse der Siebziger- und frühen Achtzigerjahre in vergangenen Epochen, in denen das Volk unter Repression litt. Andere arbeiten mit Zeichen, Symbolen, Transpositionen, wieder andere sparen die Fakten der Diktatur, die Taten der Militärs aus und beschäftigen sich mit den Auswirkungen – was gelegentlich zu den überzeugendsten Resultaten führt. Insofern es sich um Arbeiten handelt, die während des Proceso im Land selber geschrieben wurden, sind die Finten und Umwege nur zu plausibel; sie dienen der Überlistung einer einschneidenden Zensur, die von den Machthabern ausgeübt wurde. Darüber hinaus aber gehört es zu den Charakteristika dieser Literatur Argentiniens, dass sie die Themen Machtusurpation, Gewalt, Brutalität, Menschenverachtung in den verschiedensten und raffiniertesten Stilen bearbeitet, die im weitesten Sinn jenes Oszillieren zwischen Fakt und Fiktion gemeinsam haben – auch das eine Konstante jüngerer argentinischer Literatur.

Fortsetzung des Textes auf S. 151

Doppelblick

Der in Mendoza geborene Jorge Sclar (1956–2006) war der Sohn jüdischer Immigranten aus der Ukraine und aus Polen. In Buenos Aires, am Theater San Martín, hat er angefangen zu fotografieren. 1982 verließ er sein Land, um fortan als freier Fotograf in Paris zu leben, das ihm zur zweiten Heimat wurde. Als Reporter bereiste er die halbe Welt und publizierte seine Bilder in zahlreichen spanischsprachigen, französischen, angelsächsischen, auch schweizerischen Zeitungen und Zeitschriften. Kurz vor seinem Tod ist im Verlag Larivière, Buenos Aires, ein Buch mit einer Auswahl seiner Porträts erschienen.

Ein Argentinier in Paris, in dessen Studio hinter dem Moulin Rouge über ein Computerprogramm ständig Nachrichtensendungen aus Buenos Aires liefen; ein Genie der Freundschaft; ein überaus charmanter Lebenskünstler, ausgestattet mit einem komplizenhaften Blick und einer Intuition, die ihm im Nu das Vertrauen seiner menschlichen Bildobjekte einbrachten; begabt mit jenem abgründigen jüdischen Humor, den er dann vor allem brauchte, als die Ärzte einen nicht mehr zu heilenden Krebs diagnostizierten (er hat die ersten Prognosen Lügen gestraft und der Krankheit sieben Jahre lang getrotzt).

Kein Thema, das ihn nicht interessiert hätte: ob Landschaft oder Politik, Porträt oder Urbanistik, Soziales, Sport, Kunst – alles. Fotografieren, kommunizieren, leben, das hing und ging für ihn zusammen. Mit Jorge zu arbeiten, war beeindruckend. Den (zufälligen) Moment, auf den es ankommt, den der Fotograf ahnen, sehen und packen muss, den schluckte Jorges Kamera wie nebenbei.

Zurück in die erste Heimat ist er oft gereist. In den Bildern, die er mitbrachte, spiegelt sich ein Doppelblick: jener intime des Eingeweihten, des heimisch Gebliebenen und jener distanziertere, neugierig-kritische des Abtrünnigen, fremd Gewordenen.

Buenos Aires – Skyline in wechselnder Beleuchtung.

Unten: Das berühmte Café Tortoni in Buenos Aires.

Am Obelisco im Herzen von Buenos Aires.

Häuser im La Boca-Quartier.

In den Docks von Buenos Aires.

Meister des instrumentalen Tangos in einem Club in Buenos Aires.

Die obligate Show-Einlage der Profis an einem Tango-Abend.

In San Telmo, dem Tango-Viertel von Buenos Aires.

Der Mate-Trinker.

Oben: Gaucho in traditionellem Outfit. Unten: um die Fleischlust der Argentinier zu befriedigen, bedarf es mitunter eines Grills von ungewöhnlichen Dimensionen.

Zu den unverzichtbaren Attributen der Gauchos gehört das lange Messer, Facón genannt, und ein paar Sporen, die, in Ermangelung kostspieliger Stiefel, auch mal auf bloßem Strumpf getragen werden …

Oben: Argentiniens schwarze, kräftige Rinder verbringen ihr kurzes Leben in der Pampa, kennen keinen Stall und liefern nach Meinung der Einheimischen das weltbeste Fleisch.

Dorfstimmungen und Andachtsorte am Rand der Anden.

Im Tigre-Delta.

Andrés Rivera (1928 geboren) ist ein Spezialist für Transpositionen und Spiegelungen einer Epoche in einer anderen. In *La revolución es un sueño eterno* (1987) lässt er den Politiker Juan José Castelli, der die Revolution von 1810 mit vorbereitete und an Zungenkrebs erkrankt ist, in Tagebuchform, in einer glasklaren und rhetorisch machtvollen, repetitiven Sprache über den Kampf gegen Repression, über Sinn und Notwendigkeit der Revolution, über Siegesträume und die Bitternis der Niederlage meditieren. Die lakonischen Sätze durchdringen aufs Selbstverständlichste die historische Hülle und landen im Hier und Jetzt der Siebziger- und Achtzigerjahre des 20. Jahrhunderts.

In *El farmer* (1996; dt. *Der Farmer,* 2006) beschäftigt sich Rivera mit dem alten Diktator Rosas, der seine letzten Lebensjahre im englischen Exil verbringt, verarmt, verbittert – und einsichtslos, nach wie vor vom Ruheundordnungswahn besessen, dem man, wie er verkündet, ohne Rücksicht auf Verluste, Rechte, Werte, Völker opfern soll. Fatal erinnern Reden, Monologe und Erinnerungen des alten Rosas an die Rechtfertigungsversuche Videlas oder Galtieris, die sich, wie der zum Farmer konvertierte Ex-Diktator, zwanzig Jahre nach ihrem Putsch weiterhin von der Wichtigkeit und Richtigkeit ihrer »Mission« überzeugt zeigen.

Ein Meister der Transposition äußerer, politischer, staatlicher Brutalität ins intime Innere der Körper, der Sexualität, der Emotionen war Manuel Puig (1932–1990). Weltberühmt ist sein Dialog zwischen einem Homosexuellen und einem politischen Aktivisten geworden, die sich zur Zeit der kurzen, chaotischen Herrschaft Isabel Peróns in einer Gefängniszelle in Buenos Aires begegnen: *El beso de la mujer araña* (1976, dt. *Der Kuss der Spinnefrau,* 1979). Ausgiebiger werden Gewalt und

Niedertracht, Hoffnung, politische Utopie im Roman *Pubis angelical* (1979, dt. *Die Engel von Hollywood,* 1981) behandelt. Drei Frauenschicksale protokolliert der Autor in Drehbuchmanier, und in der kompakten Erzählmasse, die wie von einer tadellos funktionierenden Maschine produziert erscheint, lassen sich all die Ängste und Schrecken, Gräuel- und Verzweiflungstaten ausmachen, von denen das Land in jener Epoche voll war. Mit schwarzem Humor, einer alles durchdringenden Ironie repräsentiert Puig im Körper der krebskranken Ana allegorisch das sich in Agonie befindende Argentinien des Proceso, wobei er die Militärs beim Wort nimmt und denunziert: Sie und ihre Sprachrohre in den Medien beschworen mit Vorliebe das kranke oder krebskranke Argentinien, das dringend einer heilsamen Chirurgie unterzogen werden müsse – für die sie garantieren würden.

*

In *Hay unos tipos abajo* (1998, dt. *Da unten sind ein paar Typen,* 2007) folgt Antonio Dal Masetto (1938 im norditalienischen Intra geboren) dem zunehmend nervöser werdenden Journalisten Pablo, der im Zentrum von Buenos Aires lebt, recht und schlecht sein Leben verdient. Die Geschichte spielt 1978 zur Zeit der in Argentinien abgehaltenen Fußballweltmeisterschaft, was die Militärs für eine zynische Kampagne zur Imagepflege ausnutzten.

Mit sparsamsten sprachlichen Mitteln, kurzen Beschreibungen, schnellen Dialogen heftet sich der Autor an die Fersen seines Protagonisten, der, seit ihm seine Freundin gesagt hat, dass sie »einige Typen unten in der Straße« habe herumstehen sehen, zunehmend in eine Alarmstimmung gerät. Er registriert bei seinen Gängen durch die Stadt, was nicht ins alltägliche Bild passt. Satz für Satz verwandelt sich Buenos Aires in einen Ort der Angst, des Horrors, der Paranoia. Die Kunst Dal Masettos besteht darin, nichts zu erklären, nichts zu deuten. Sein Journalist wird zur Projektionsfläche, auf der sich die Auswirkungen der Gewaltherrschaft abbilden. Zuletzt bleibt Pablo nur die Flucht ins Ungewisse.

Dal Masetto kann auf ein facettenreiches Werk zurückblicken, das Immigrationsromane umfasst, literarische Auseinandersetzungen mit dem Proceso oder Romane mit kriminalistisch anmutenden Handlungen, in denen es um Elementares geht: Gewaltbereitschaft und ihre Auslöser, Manipulation, Täuschung. In diese Werkkategorie gehören die beiden Romane *Siempre es difícil volver a casa* und *Bosque* (1992 bzw. 2001; dt. *Noch eine Nacht* und *Blut und Spiele,* beide 2006).

Ein bisschen erinnert der Anfang von *Blut und Spiele,* der Auftritt des Fremden (Muto wird er genannt), an eine Standardsituation im klassischen Western. Es kommt einer im Dorf an, sagt wenig, benimmt sich seltsam – und dann wird Stück für Stück ein finsteres Geheimnis enthüllt. Es soll ein Dokumentarstreifen über einen blutigen Bankraub gedreht werden, der vor einiger Zeit im Dorf stattgefunden hat. Muto ködert die Dorfbewohner mit Rollenversprechungen, bekommt ihre Intrigen, Feindschaften, Rachefeldzüge mit. Das Dorf wird zum Schlachtfeld, Tote bleiben zurück – und der Fremde sucht, nach einem überraschenden Showdown das Weite. Das hässliche Unterfutter angeblicher Wohlanständigkeit, Gemeinheit hinter der Maske gemütvoller Freundlichkeit, das sind Dal Masettos Themen. Es geht ihm um die Niedertracht des Menschen, der sich umständehalber schnellstens in eine Kanaille verwandelt.

Man kann *Blut und Spiele* als eigenständiges Buch lesen. Aber eigentlich ist es die Fortsetzung des Romans *Noch eine*

Nacht. In diesem ersten »Bosque«-Roman wird das Dorf in der Pampa zur Falle, in der vier Bankräuber nach erfolgreicher Tat massakriert werden. Die ungeschickten, unprofessionellen Räuber sind kurioserweise die Sympathieträger, während die Dorfbewohner sich übergangslos aus einer trägen Stimmung heraus in blutrünstige Bestien verwandeln. Beim Lesen geht einem auf, wo das herkommt – diese untergründige Verzweiflung, dieser düstere Fatalismus, der schwarze Humor, die unerbittlich beschriebene menschliche Niedertracht, die Verwandlung von Zuschauern in Täter und von Tätern in Opfer. Der Roman ist kurz nach dem Ende des Proceso geschrieben worden, und der politisch engagierte Dal Masetto war schockiert über die Unmenschlichkeit der Militärs, deren Untaten ans Licht kamen, aber auch über die Widerstandslosigkeit, mit der sich viele seiner Landsleute korrumpieren ließen.

Mehrmals hat sich Dal Masetto mit dem Immigrationsthema befasst. Besonders packend im Roman *Oscuramente fuerte es la vida* (Dunkel und stark das Leben), wo er dem Schicksal einer heranwachsenden jungen Frau in Norditalien, am Lago Maggiore, nachspürt. Beengte bäuerliche Verhältnisse, Krieg und Auswanderung nach Argentinien werden in makelloser, spröder und lakonischer Rollenprosa aus der Sicht des Mädchens, dem die Mutter des Autors Modell gestanden ist, erzählt.

*

Der Argentinier ist bekannt für seinen schneidenden Witz, seinen schwarzen Humor, seine Lust an der Groteske und der Farce – was ihn für viele seiner Nachbarn in Uruguay oder Bolivien oder Chile, die solche Neigungen gern mit Arroganz verwechseln, nicht unbedingt beliebter macht. Kunststück, dass ein theatralischer Geniestreich 1985, kurz nach Wiedereinführung der Demokratie, in Buenos Aires durchschlagende Erfolge feierte. In *Salsa criolla* macht sich Enrique Pinti anheischig, fünfhundert Jahre argentinischer Geschichte in einer komischen Revue auf die Bühne zu bringen. Das Hauptaugenmerk wird dabei auf die jüngste Vergangenheit gerichtet.

Pinti versucht sich in einem den einheimischen Zuschauern vertrauten Ritual, er legt den Argentino gewissermaßen auf die Couch des Psychoanalytikers, lässt ihn wild drauflos schwadronieren und befreit ihn, mit List und Lust, von all den Tabus, die das Militärregime dem Einzelnen, dem Kollektiv, den Medien, der Literatur, dem Land auferlegt hatten. Peronisten, Radikale, Linke und Rechte, Bürger und Gewerkschafter, Tangoselige und Fußballfreunde werden gnadenlos in die Pfanne gehauen. Pinti mag den kleinen Mann auf der Couch, den er einer Seelenmassage unterzieht. Aber er schont ihn nicht: er hat mitgemacht im Guten wie im Bösen, hat sich verführen und hineinziehen lassen, hat Gier, einen Hang zu Gewalt und Unterdrückung ausgelebt, hat geschwiegen und die Augen fest zugedrückt, hat aufs Dach bekommen, überlebt – und nichts gelernt. Die Zuschauer der Achtzigerjahre, eben vom Schrecken erlöst, schauten sich im Spiegel an, schluckten ohne weiteres die harten Vorwürfe, die ihnen der Autor so unbekümmert, so fröhlich servierte.

*

Es gibt heute eine neue, in Europa noch wenig bekannte, wenig übersetzte argentinische Literatur. Sie wird von Männern (und nur wenigen Frauen) geschrieben, die in den Sechzigerjahren geboren wurden und in den Neunzigern zu publizieren begonnen haben. Was sie verbindet, ist eine Jugend, ein Erwachsenwerden zur Zeit des Proceso. Sie besuchten strenge, von jedem als dekadent beurteilten ausländischen Einfluss sorgfältig »gereinigte« Schulen, mussten sich den Exzessen eines zum Maß aller Dinge erklärten Nationalismus, einer rigiden Moral fügen. Fast alle hatten Familienmitglieder oder Freunde, die gezwungen wurden, am Malvinas-Abenteuer teilzunehmen; die Älteren wurden selber eingezogen. Sie erlebten den Schreck und Schock eines Krieges, auf den sie nicht vorbereitet waren, die Demütigung der schnellen Niederlage, den Zusammenbruch der Junta, die demokratischen Hoffnungen, Hyperinflation, Menemismus und die Aushöhlung jener Mittelklasse, der sie angehören.

In den künstlichen Welten, die sich diese Autoren in Romanen und Kurzgeschichten ausdenken, wird oft willkürlich und sinnlos Gewalt angewendet – die Kriminalgeschichte dominiert das Feld. In geschickten Erzähltechniken, mit viel Sinn für Effekte wird geschrieben, und es zeichnet sich ein Klima von Illusionslosigkeit ab, in dem die Grausamkeiten der Diktatur nachwirken und die Gegenwart vergiften. Ideologische Positionen werden kaum eingenommen oder diskutiert, eine tiefe Skepsis gegenüber politischen Modellen und Programmen manifestiert sich. Vielfach handelt es sich um hoch gebildete, literaturtheoretisch geschulte, auch als Journalisten arbeitende Autoren, die es verstehen, einen europäischen oder amerikanischen literarischen Fundus, der in vergangene Jahrhunderte zurückreichen kann, mit journalistisch-detektivischer Recherche zu verbinden. Formal knüpfen sie in dieser Hinsicht an ihre Vorgänger, Piglia, Cortázar, Saer und natürlich Borges an, inhaltlich gehören sie eher in den sogenannten Postmodernismus, was, salopp formuliert, heißen will: anything goes.

Die Menschen und Dinge verschlingende, überlieferte Werte vernichtende, ständig Neues propagierende Großstadt Buenos Aires, die eine magische Anziehung ausübt, deren Sog man sich nicht entziehen kann, nimmt einen wichtigen Raum ein in diesen Romanen. In *El muchacho peronista* (1992) von Marcelo Figueras (geboren 1962) ist sie Schauplatz eines groß aufgezogenen Frauenhandels: Erniedrigung, Vergewaltigung, Instrumentalisierung der Sexualität zu Machtzwecken und entsprechende Demonstration allgemeiner Dekadenz sind häufig anzutreffende Motive in den Romanen der Sechzigergeneration. Im Roman *Kelper* (so nennen sich die Bewohner der Malvinasinseln), 2000 erschienen, macht es sich Raúl Vieytes (1961 geboren) zur Aufgabe, die für Argentinier lange Zeit verbotene Unglücksinsel vollends zu diskreditieren. Sechzehn Jahre nach dem Feldzug spielt seine Geschichte in einem Hurenmilieu, das er in Port Stanley etabliert. Mordlust, Gier, Niedertracht und Brutalität sind die Impulse und Eigenschaften, von denen sich seine Protagonisten leiten lassen.

Ganz in die argentinische Tradition des fantastischen Fabulierens gehört der auch bei uns bekannte Pablo de Santis (1963 geboren). Sein anmutig, mit leichter Hand geschriebener Roman *El calígrafo de Voltaire* (2001; dt. *Voltaires Kalligraph*, 2004) packt auf 170 kleinen Seiten das ganze 18. Jahrhundert zusammen. Erzähler ist Dalessius, der Voltaires Kämpfe und Schriften mitgemacht und kopiert hat und zuletzt mit einer Reliquie, Voltaires Herz, im Gepäck in Buenos Aires ankommt. In der einmal mehr als Krimi getarnten Geschichte, in der es um aufklärerisches Ethos versus reaktionären Klerus geht, aber auch um Automaten, Liebe, Kutschen und vor allem um die Gefährlichkeit der Schrift, der dokumentierten Sprache, demonstriert uns ein Vertreter der jüngsten Literatur Argentiniens brillant, wie sich das zusammenrbringen lässt: moderner aufklärerischer Diskurs in historischem Kostüm, ein Mix aus Fakt und Fiktion, kriminelle Energie in fantastischer Atmosphäre –

und das alles in einem angenehm leichten, unterhaltsamen Erzählton vermittelt.

*

Es gibt einen ebenso erfolgreichen wie produktiven, in mehrere Sprachen übersetzten Autor der mittleren Generation, in dessen bisherigem Werk sich die Vielfältigkeit und die Vorzüge der argentinischen Literatur bestens abbilden. César Aira, 1949 geboren, ursprünglich Übersetzer, Uniprofessor, Autor von Romanen, Erzählungen, Theaterstücken und literarischen Essays. Aira erklärt in den seltenen Interviews, die er gewährt, dass er es ablehne, sich irgendwelchen Trends, einem Publikumsgeschmack anzupassen; er behauptet, an Populärkultur nicht interessiert zu sein, insistiert im Gegenteil darauf, dass er für Eliten schreibe, dass Literatur nichts Einfaches, nichts Eingängiges sei, dass vom Leser Verstand, Gefühl und Geduld verlangt werden dürfen. Solche Stellungsbezüge ändern freilich nichts am hohen Unterhaltungswert seiner Texte, die durchaus auch ein nicht elitäres Publikum zu fesseln vermögen; rasantes Erzähltempo, Witz, eine fast überreiche Erfindungsgabe charakterisieren seine Werke, ganz egal, ob sie sich eines alltäglichen oder historischen oder innerliterarischen Themas annehmen.

Da kann in einem süffigen, bunten Abenteuerroman, *Ema, la cautiva* (1997; dt. *Die Mestizin,* 2004), das historische Argentinien der Eingeborenen und ihrer Feinde evoziert werden, wobei für einmal das Motiv des geraubten weißen Mädchens, das zu einem entbehrungsreichen Leben im Indianerstamm gezwungen wird, in parodistischer Manier umgedreht wird: die Entführte findet Ansehen und Glück in einer Indianer-Zivilisation, die derjenigen, der sie entstammt, überlegen ist.

In *Varamo* (2002; dt. *Die nächtliche Erleuchtung des Staatsdieners Varamo,* 2006) demonstriert Aira, was die klassische Form der Novelle unter der Hand eines Könners hergibt: sie spielt in Panama, in den Zwanzigerjahren des 20. Jahrhunderts und bringt auf einem Parcours der Überraschungen einen literarisch ganz unbedarften Staatsdiener dazu, unter dem irritierenden Titel »Gesang des jungfräulichen Kindes« das avantgardistische Meisterwerk lateinamerikanischer Poesie zu schreiben. Eine seltsame Begebenheit, eine Satire, ein Exkurs übers literarische Experimentieren, alles verpackt in ein paar prall gefüllte Stunden.

Ein Kurzroman oder eine lange Erzählung ist 2004 unter dem Titel *Las noches de Flores* entstanden. Im Flores-Quartier von Buenos Aires lebt der Autor, und hier fertigt er aus einem typischen Phänomen der Stadt ein Netz, das den Alltag, die Krise der Jahrtausendwende umfasst – und dazu eine groteske Krimihandlung, die sich logisch und spannend auf ein absurdes Ende zu bewegt. In den Anfangsszenen erscheinen die 14-jährigen behelmten Kleinmotorradfahrer, die abends und nachts vor einer Pizzabäckerei stationiert sind und auf Aufträge warten. Zu ihnen gesellt sich ein Rentnerpaar, das von der Krise dazu gezwungen wurde, zusätzlich zur ungenügenden Rente ein paar Pesos zu verdienen – die beiden erledigen ihre Aufträge zu Fuß und gehören bald zu den bevorzugten Lieferanten mit treuer Stammkundschaft. In der Folge überstürzen sich die Ereignisse, es zeigt sich, dass nichts so ist wie es scheint, dass transparente Existenzen doppelte Böden haben können und unter jedem scheinbar festen Grund sich im Nu ein Abgrund auftun kann.

Aira ist einer, dem es spielend leicht gelingt, Traditionen der neueren argentinischen Literatur zu vereinigen. Das Fantastische, das aus dem Realen kommt und oft auf eine aberwitzige Art nur allzu logisch erscheint, gehört zu seinen Liebhabereien, das Vermischen von Fakt und Fiktion, Wirkung und Folgen von

Gewalt. Und sein mit allen Wassern moderner Erzählkunst gewaschener Stil vertraut auf die Macht der Ironie, mit der der Autor mal augenzwinkernd, mal sarkastisch den Erzählstoff formt.

Der Konstrukteur von Piglias Erzählmaschine hat in Aira einen eifrigen Jünger gefunden. Wobei der Jünger das Programm des Meisters Piglia ein bisschen erweitert und verfeinert: neben der Ordnung bildet sich auch die Unordnung der Welt auf der »sprachlichen Skala« seiner Texte ab. Die Schwergewichte des Lebens aber, die es »unglücklicherweise« neben den Wörtern auch gibt, die Körper, die versetzt Aira, auch wenn er ihnen Leiden, Schmerzen zufügt und Todeserfahrung nicht erspart, in einen Zustand von Schwerelosigkeit.

*

Einer der ganz großen Erzähler Argentiniens, Juan José Saer, Sohn von Immigranten, Syrern, 1937 in Serodino, Provinz Santa Fé, geboren und 2005 in Paris gestorben, war ein Verehrer Robert Walsers. Er kannte sich in Walsers Werk bestens aus und war fasziniert von den Entstehungsbedingungen der Mikrogramme. In einer nach seinem Tod herausgekommenen Textsammlung mit dem Titel *Trabajos* (Arbeiten), die in Zeitungen erschienene Essays aus den letzten Jahren umfasst, finde ich einen Gedanken ausgeführt, den er mir gesprächsweise, mit einem Fetzen Papier spielend, auf dem ein paar Kritzeleien zu sehen waren, angedeutet hatte. Es geht um die Wirkung, vielleicht um die Magie einer kleinen Inspiration, die ein Schriftsteller, jeder Schriftsteller, irgendwo haben und notieren kann. Bei Walser – so Saer – haben diese kleinen, zufällig und absichtslos anmutenden Notate mehr literarische Sprengkraft entwickelt als so mancher ästhetisch, moralisch, politisch tiefschürfend angelegte Roman. Für Saer war dies ein Beweis für eine seiner Lieblingsthesen, dass nämlich der private und oft irrationale Stimulans, und nichts anderes, zur Entstehung großer Kunst führe.

Ich hatte Saer ein paar Monate vor seinem Tod in Paris kennengelernt. In der Lobby des Hotels Méridien in Montparnasse trafen wir uns gelegentlich zu einem vormittäglichen Café, fassten nach und nach Vertrauen zueinander. Ich merkte es an der Art, wie er von seiner Krankheit zu erzählen begann, einem Lungenkrebs, an dessen Folgen er 2005 gestorben ist. Er erwähnte bizarre Details, berichtete mit jenem makaberen Humor, den so viele Argentinier meisterhaft beherrschen, von den verschiedenen Ärzten, die er hätte über sich ergehen lassen müssen, wie er sie ausgefragt habe, wie sie ihm ausgewichen seien: er machte orale Literatur aus seiner Geschichte des Leidens, sprach von sich wie von einem Fremden, einem Fremden, dem etwas Lebensbedrohliches passiert war und der nun dieser Bedrohung mittels Anekdoten, Methodik und Sarkasmus, Ironie, Zynismus zuleibe rückte.

Im Übrigen sei er vollständig geheilt, meinte er. Mit wegwerfender Geste. Das sei ihm schwarz auf weiß bestätigt worden. Und die blödsinnige Erkältung, die ihn quäle, habe nichts mit seiner Krankheit zu tun. Den weiten braunen Mantel behielt er immer an, wickelte sich richtig in ihn ein. In der weitläufigen Lobby des Méridien war die Zugluft unangenehm spürbar. Nein, fotografieren dürfe man ihn jetzt nicht, das verbitte er sich. Erst wenn die Spuren der Krankheit verschwunden seien, die Haare wieder voller, könne er zulassen, dass man ihn ablichte. Mit Saer, der Fantasie und Theorie auf bemerkenswerte Weise zu kombinieren wusste und erst noch einen leichten Gesprächston pflegte, der Schwieriges in Leichtfassliches überzuführen schien, konnte man ohne lange Umschweife in eines der großen Themen der Literatur überhaupt (und der argentinischen ganz besonders) einsteigen: was ist wirklich, was ist fiktiv, und wie steht das geschriebene Wort zwischen den beiden Kategorien?

Saer bekam 1968 aufgrund einer Arbeit über André Breton ein französisches Stipendium, wollte ein halbes Jahr in Europa verbringen und blieb für immer. Der Immigrantensohn als Immigrant. Die politische Situation in seinem Heimatland, die sich nach 1968 unaufhaltsam weiter verfinsterte, ließ eine Rückkehr des linken Demokraten Saer, der aus seiner Verurteilung jeglicher Militärherrschaft nie einen Hehl gemacht hatte, nicht ratsam erscheinen.

Sein Werk umfasst Romane, Erzählungen und eine beträchtliche Anzahl literaturkritischer und philosophischer Essays, die sich sowohl mit Werken der Weltliteratur befassen, als auch mit den Bedingungen des Schreibens. Der Argentinier, das wusste ich aus der Lektüre seiner Schriften und Interviews, war so etwas wie ein einsamer Wolf in literarischen Gefilden: in Lateinamerika und, mit Einschränkungen, auch in Frankreich als einer der bedeutenden Zeitgenossen erkannt und geschätzt, war er im deutschen Sprachbereich nahezu unbekannt geblieben. Akademisch geschult, einem anspruchsvollen intellektuellen Diskurs verpflichtet, mit einer scharfen Zunge begabt, die er nicht im Zaum hielt, auch wenn sie Feindschaften provozierte, kein Freund öffentlicher Auftritte, lebte er ein Literatenleben zwischen vielen Stühlen. Seiner Heimat hatte er den Rücken gekehrt, auf Nationales wollte er als Schriftsteller nicht festgelegt werden – aber ein großer Teil seiner Erzählungen und Romane spielt in Argentinien. In Frankreich blieb er auch nach dreißig Jahren ein exotischer, ein argentinischer Autor, der seine *Ermittlungen* (um den Titel eines 2005 auf Deutsch erschienenen

Romans zu zitieren), auch wenn sie in Paris durchgeführt werden, im heimatlichen Santa Fé spiegelt und erläutert.

Ermittlungen besteht auf der einen Seite aus einer sehr blutigen Kriminalhandlung. Den Schreibantrieb, so erzählte Saer in der Lobby des Méridien, hatte er in einem Pariser Café empfangen. »Ich saß da mit einem schwulen Bekannten und der fängt gleich mit einem außerordentlich auffälligen und offensichtlich interessierten Schwarzen am Nebentisch zu flirten an. Ich bin schnell gegangen und war total verblüfft, ein paar Wochen später war in allen Zeitungen das Bild dieses Schwarzen, immer auf der ersten Seite. Der Mann hatte zusammen mit einem Komplizen in Paris zahlreiche alte Frauen auf bestialische Art ermordet und beraubt, hatte Panik gesät und konnte sich lange Zeit der Polizei entziehen. Ich war neben einem Serienmörder am Tisch gesessen, der die Pariser Kriminalchronik jener Zeit in Atem hielt.«

Saer ist einer, der, um es mit einem seiner eigenen Bilder zu sagen, »im Dschungel des Realen« jagt und ermittelt und er, der an einem großen Fluss aufgewachsen ist, bleibt, um weitere Lieblingsbilder von ihm zu verwenden, überzeugt davon, dass literarische Ermittlungen und Schöpfungen immer vom Rand, vom schmalen Band eines Flussufers, aus Grenzbereichen heraus geführt werden müssen und entstehen. Er hatte mit der Anekdote zum Schreibantrieb einen Punkt berührt, den er in seinen Essays oft anspricht und von dem aus man mitten in sein Konzept des Schreibens gelangt. Es bot sich hier im Méridien die Gelegenheit, den Mann, der sich frierend in seinen braunen Mantel hüllte, der Zugluft, dem Pariser Winter, dem Architekten der überdimensionierten Lobby, dem Hotelpersonal, das es unterließ, offene Türen sofort wieder zu schließen, dem Hin und Her allzu vieler Gäste stumme und artikulierte Vorwürfe machte, dabei behaglich seinen Kaffe trank, nach diesem Konzept zu fragen, um früher Gelesenes zu verifizieren.

Saer glaubt nicht an das Wirkliche, an die Realität, wenn er schreibt, er macht sich ebenso über die pathetischen »Erfinder« der sogenannten Non-fiction und ihre Nachbeter lustig, also über Truman Capote zum Beispiel, über Solschenizyn, über die französischen Vertreter der sogenannten Autofiktion, die vorgeben, die Wahrheit und nur die Wahrheit über ihr Leben zu erzählen, wie über die Virtuosen der reinen Fiktion, die einen riesigen pseudowissenschaftlichen Apparat in Bewegung setzen, um Erfundenes glaubhaft zu machen (Umberto Eco), was er überflüssig, unökonomisch und platt findet.

Um voranzukommen im Schreiben, um seinen Platz zu finden in den Wörtern, muss man sich von Wahnvorstellungen befreien, meinte er. Von der Vorstellung, dass die Wahrheit das Gegenteil von Fiktion sei und von der Vorstellung, dass die Fiktion sozusagen per definitionem die Aufgabe habe, die Wahrheit zu verdrehen. Des weiteren müsse man sich von der Behauptung lossagen, dass derjenige, der von sich sage, nur der Wahrheit verpflichtet zu sein, in dem, was er schreibe, moralisch höher stehe als der Anhänger der Fiktion. Das sei eine überaus lächerliche, aber leider hartnäckig kolportierte Behauptung; er wollte gar nicht auf sie eingehen.

So etwas wie die Wahrheit gebe es bekanntlich nicht, es gebe nur die Mehrzahl davon, vielleicht. Und was die Literatur angehe, sei überhaupt jegliche behauptete Wahrheit zweifelhaft. Mal hielten die Quellen akribischer Prüfung nicht stand, sie erwiesen sich als geschönt, verfälscht, vor allem wenn es sich um Anekdoten handle, mit denen es ja Biografen, zum Beispiel, ständig zu tun hätten; dann spiele die Tendenz, das Auswahlverfahren, überhaupt die Person des Schreibers eine entscheidende

Rolle bei der Wahrheitsfindung. Die angestrebte Objektivität jedenfalls, um einen weiteren Lieblingsbegriff der Non-Fiktionalisten zu erwähnen, sei illusorisch – aber da liefere er mir ja bloss eine Binsenwahrheit.

Für ihn jedenfalls sei die Fiktion die einzig mögliche, auch die einzig erstrebenswerte literarische Kategorie. Weil nur die Fiktion der Komplexität von Situationen, wie man sie im Dschungel des Realen antreffe und zu beschreiben sich vornehme, gerecht werde. Das Behaupten, man sei einer nebulösen Non-fiction verpflichtet und, damit zusammenhängend, der Wahrheit per se, der Objektivität, das sei auf jeden Fall fürs Schreiben einschränkend und deshalb schädlich. Wobei er keineswegs postulieren wolle, dass die Fiktion ein wildes, von keinen Gesetzen reguliertes Drauflosschwadronieren insinuiere. Wer Fiktion schreibe, müsse glaubhaft bleiben, damit der entstandene Text Wirkung erzeugen könne, müsse sich um Form, Rhythmus, Ästhetik kümmern.

Und wie schafft man das, Glaubwürdigkeit oder Authentizität? Wollte ich wissen.

Da kam mir Saer überraschenderweise mit Goethe. Bei Goethe hat er eine Romandefinition gefunden, in der es unter anderem heißt, dass das einzige Problem des Romanciers darin bestehe, herauszufinden, ob er eine eigene (eine unverwechselbare?) Art habe, das Universum zu erzählen. Nur das wird von ihm verlangt. Saer, der diese »eigene Art« mit »Manera« übersetzt, womit im weitesten Sinn Stil, literarischer Stil gemeint ist, hat die »Manera«, seine Manera, zu einem Schlüsselbegriff der Entstehung von Literatur gemacht. So erzählte er, dass er *Ermittlungen* erst habe schreiben können, als es ihm gelungen sei, die Anekdote und den dahinter ausgebreiteten Stoff, die Pariser Kriminalchronik, in seiner »Manera« unterzubringen, womit, zum

Beispiel, die Spiegelung des Geschehens im argentinischen Santa Fé gemeint ist, überhaupt die Tatsache, dass alles in einer Art Rahmenhandlung von einem in Paris lebenden Argentinier den Freunden in Santa Fé erzählt wird, wobei dann eben das Wirklich-Wahre-Objektive kontinuierlich in Zweifel gezogen wird und schließlich die Fiktion mit ihrem großen Fächer von möglichen Wirklichkeitsinterpretationen dem Roman weit über seinen anekdotischen Anlass hinaus jene Glaubwürdigkeit, jene Authentizität verleiht, die nur in und durch Literatur zu haben sind.

Es war faszinierend, dem Mann im braunen Mantel zuzuhören, wie er einerseits, ganz real, rational, pragmatisch seine Auftritte als Schriftsteller vorbereitete und das entsprechende Umfeld sondierte, um Überraschungen zu minimieren und unwillkommene Bedingungen von vornherein abzuschmettern. Und wie er anderseits als eloquenter Intellektueller in der Doppelrolle von Autor und literarischem Analytiker die Realität, insofern sie dem Schreiber zum Stoff wird, ständig unterminierte, destabilisierte, in die übergeordnete Dimension der Fiktion transferierte. Kam dazu, dass dieser Mann, der den praktischen Rationalisten und den spekulierenden Fantasten unter einen Hut oder unter einen Mantel zu bringen wusste, während er sprach, ein bisschen auch vermittelte, warum einem seine Prosa so unter die Haut gehen kann. Buchstäblich. Weil sie, genau so wie sein Reden und Dozieren, eine stark sinnliche, auch eine musikalische Qualität hat. Tatsächlich verbindet Saer das scharf Analytische und das intuitiv Kreatürliche im Schreiben. Wie Roland Barthes schrieb er seine Manuskripte von Hand, weil er, wie er sagte, den Körper, körperliche Intimität und Direktheit als notwendige Komponenten des Schreibakts betrachtete. Unerlässlich, um seine »Manera« zu finden.

Village Recoleta

Buenos Aires ist eine Kinostadt – fast wie Paris, dem Argentiniens Metropole früher nach Möglichkeiten nacheiferte. Die neuesten in- und ausländischen Filme werden in den zahlreichen Sälen des Mikrozentrums und der Ausgehquartiere gezeigt; es gibt Studiokinos, es werden Zyklen programmiert, es gibt Gelegenheiten, Raritäten zu besichtigen. Das großstädtische, luxuriöse, bequeme, technologisch perfekte, ebenso mainstreamige wie erlesene Kinoerlebnis, das man, zum Beispiel, an kühlen winterlichen Sonntagnachmittagen sucht, liefert einem das Village Recoleta. Ein Palast hinter dem berühmten Friedhof im Herzen der Stadt, gesäumt von Restaurants. Man betritt ihn über einen großzügig konzipierten Vorplatz, auf dem sich die schicke Jugend trifft und flirtet; an einer Buchhandlung vorbei geht es über eine Rolltreppe zum zentralen, effizient organisierten Kassenbereich. Nicht weniger als zwanzig Filme sind programmiert, in Originalversion. Vom Trickfilm bis zum Thriller, von der Schnulze bis zum Autorenfilm findet sich vieles. »Choliwud«, wie die Porteños stolz feststellen: man wird über die dicken, bunten Spannteppiche in die Säle gelotst, kommt am Popcorn, an der Cola vorbei, lümmelt sich in die bequemsten und modernsten Sessel der Welt (mit Spezialvorrichtungen für die Popcorntüten), muss sich zuerst die Ohren zuhalten, weil die Reklamevideos mit Überlautstärke durch den Saal gejagt werden – und bekommt schließlich den Film in allerbester Bild- und Tonwiedergabe geliefert.

Man muss überleben

Was ist es, was das »Nuevo cine argentino«, das neue argentinische Kino, wie man sich seit den späten Neunzigerjahren zu sagen angewöhnt hat, so stark und so unvergleichlich macht? Was haben die jüngeren argentinischen Filmautoren, was machen sie anders, was können sie besser als ihre Kollegen in anderen Ländern?

Eine Antwort, nicht die ausschlaggebende aber doch eine hilfreiche, erhielt ich am Internationalen Filmfestival in Mar del Plata im März 2006, im Gespräch mit Filmproduzenten. Der Staat hat eine Struktur mitentwickelt, die ein weitgehend unabhängiges Filmschaffen ermöglicht. Er subventioniert einheimische Filme, stellt für zahlreiche Projekte ein anständiges Startkapital zur Verfügung. Das Instituto nacional de cine y artes audiovisuales (INCAA) schüttet jährlich vierzig Millionen Dollar aus und vergibt im Schnitt 500 000 Dollar pro Film. Sechzig Filme entstehen jedes Jahr in Argentinien – eine unglaubliche Zahl für eine ökonomisch marode Nation! Krise, Blockade der Bankguthaben im Jahr 2001 und anschließende Abwertung des Peso haben zwar die Filmproduktion in Mitleidenschaft gezogen, aber nicht längerfristig lahm gelegt. Bereits boomt das Nuevo cine wieder, die argentinischen Filme finden weltweit Beachtung, sind auch keineswegs ausschließlich in der Drittweltnische angesiedelt, sondern erobern Positionen, die sonst dem kommerziellen Kino vorbehalten bleiben und holen sich mit schöner Regelmäßigkeit Preise an den renommierten Festivals ab.

Mit 500 000 Dollar kommen die ehrgeizigsten Projekte natürlich schon lange nicht mehr aus, aber viele und beileibe nicht die schlechtesten Projekte haben nicht mehr als eine Million Dollar gekostet. Was auf Grund der hohen Qualität der Resultate in den späten Neunzigerjahren gut funktioniert hat, Koproduktionen mit europäischen (spanischen, französischen, italienischen, deutschen aber auch schweizerischen) Partnern, gerät, wie in Mar del Plata zu hören war, neuerdings ins Stocken. Die europäischen Budgets werden überall kleiner, und die Partner aus Lateinamerika gehören zu den Opfern notorischer Sparmaßnahmen. Man versucht jetzt, die Koproduktionsschwerpunkte nach Lateinamerika zu verlegen: eine knifflige Aufgabe, der einerseits die – vielleicht mit Ausnahme Mexikos – eher schwach entwickelten nationalen Filmstrukturen auf dem Subkontinent im Wege stehen und anderseits der mehr psychologische Umstand, dass Argentinien noch nie ein Champion freundnachbarschaftlicher Beziehungen war, sondern Allianzen, gerade auch kulturelle, immer mit Vorliebe im weit entfernten Europa gesucht hat.

Über Macht und Geld verfügt in Argentinien das Fernsehen, vor allem das private. Anders als in Europa arbeitet es nicht eng mit den Filmautoren zusammen, beteiligt sich selten an entstehenden Projekten, kümmert sich kaum um den Autorenfilm, zieht es vor, nachträglich billig einzukaufen, was populär ist und kommerziellen Erfolg verspricht. Das INCAA, Produzenten und Regisseure versuchen, die Fernsehverantwortlichen, dem Staat dienende wie private, dazu zu bringen, sich finanziell stärker im einheimischen Filmschaffen zu engagieren.

Wobei sie alle betonen, dass ihnen die Wahrung vollständiger Unabhängigkeit äußerst wichtig sei.

*

Einen Blick auf die Produktionsbedingungen braucht es, um das Nuevo cine zu charakterisieren. Er reicht aber nicht wirklich aus, um die Frage nach der Besonderheit, dem Faszinosum des argentinischen Films zu beantworten. Um sich ein Bild zu machen, um etwas herauszufinden, gibt es nur ein Mittel: Man muss sich die Bilder, die Filme anschauen, so viele wie möglich. Es bestehen Gemeinsamkeiten, sie werden einem aufgehen. Aber man muss sich davor hüten, voreilig eine Art von Schule zu sehen und zu beschreiben. Die Unabhängigkeit, auf die die jüngeren argentinischen Filmemacher so stolz sind, die spielt auch im gegenseitigen Verhalten eine Rolle. Trotz Freundschaften, Hilfestellungen, trotz der Tatsache, dass sie sich gelegentlich in der Doppelrolle von Filmautor und Filmproduzent befinden, legen die Regisseure größten Wert darauf, individuell und autonom ihre Projekte zu entwickeln und zu verwirklichen. Entdecke ich mit meinem von außen kommenden, fremden Blick Gemeinsamkeiten, Leitmotive, stilistische Affinitäten, verwandte Themen, so weisen mich die betreffenden Filmautoren auf die Unterschiede hin, die in ihren Augen bei weitem bedeutender und für die Aura des einzelnen Films entscheidender sind.

*

Zu den jüngeren Filmern gehört der 1936 geborene Fernando E. Solanas nicht – und trotzdem möchte ich mit ihm anfangen. Bei der Reichhaltigkeit des Materials und dem auf ein paar Seiten veranschlagten Versuch, etwas herauszukristallisieren über den argentinischen Film, kann ja die Exemplifizierung mit Filmerzählungen nur sehr eklektisch und persönlich sein: dass dabei eigene Vorlieben dominieren, soll gar nicht abgestritten werden. Statt Listen mit Namen und Werken zu präsentieren, beschränke ich mich auf ein paar ausgewählte Beispiele.

1988 hat Solanas den Film *Sur* gedreht, ein finsteres Nachtstück mit hoffnungsvollem Ausgang, ins Mythische und Metaphysische weisend, ein Liebesfilm mit politischem Hintergrund, ein musikalisch-bildhaftes Gedicht, ein Tango – stilistisch ins Experimentelle zielend. Wahrscheinlich würden die Vertreter des Nuevo cine so einen Film nicht mehr drehen. Aber er bearbeitet den Stoff, den sie sich später auch vornehmen werden, nähert sich einer ganz bestimmten Art von Realismus, der für die nächste Generation prägend sein wird.

Solanas hat die Jahre des Proceso im französischen Exil verbracht. Ein französischer Schauspieler, Philippe Léotard, spielt in *Sur* eine wichtige Rolle, Einflüsse des französischen Kinos (Godard) und, in der Art des stilistischen Experimentierens, eine Brechtsche Manier, sind nicht zu übersehen. Aber die Geschichte vom Schlachthofarbeiter Floreal, der nach fünfjähriger Gefängnisstrafe entlassen wird, eine Reise durch die Nacht zu seiner Frau antritt, dem Tod begegnet, Gespenstern, alten Freunden, in Rückblenden die Schrecken der Militärdiktatur noch einmal erlebt, das bleibt eine durch und durch argentinische Geschichte, gespiegelt und sublimiert in einer Reihe von Tangos, die der legendäre Roberto Goyeneche mit seiner rauen Stimme mehr sagt als singt, zu Musik von Astor Piazzolla.

Wenn der Tod in der Maske eines alten Freundes auftritt und als Conférencier oder als Instanz der kritischen Vernunft wirkt, bekommt der Film eine metaphysische Dimension; in anderen Bildern der Nacht wird er metaphorisch und allegorisch.

Was aber neben den Tangos und der Liebe den Kitt liefert, der die Geschichte zusammenhält, das sind die alltäglichen Gesprächsfetzen, die Begegnungen mit Weggefährten im Café Sur, die Wanderungen durch die Randquartiere der Stadt. In Umrissen, kleinen Szenen, Miniaturgeschichten wird in dieser langen Nacht ein realistisches System sichtbar, das genaue Beobachtung, genaues Hinhören, was die Struktur der Dialoge angeht, mit Poesie und Fantasie verbindet, auf eine eigene Weise, die man, in Ermangelung eines schlüssigen Vergleichs, eine argentinische nennen möchte.

*

Solanas jüngere Kollegen nehmen sich, gerade wie er, nahezu immer Argentinien vor, wenn sie drehen. Die Reise spielt auch in ihren Filmen oft eine Hauptrolle, wie Gewalt und Liebe, wie das Kriminelle und das Sensible, die Suche nach einem Vater, einer Tochter, einem Ort in der Gesellschaft, den man einnehmen kann, und vor allem – das Überleben. Ums Überleben geht es, ganz konkret, in Krimis, zu überleben versuchen die Opfer von Gewalt, Opfer sozialer Misere, Opfer von Repression und Korruption. Überleben wollen auch die Hartnäckigen, patagonischer Einsamkeit ausgesetzt, zum Beispiel, und ihr so viel Lebensqualität wie nur immer möglich abtrotzend.

In *Un encuentro* (Eine Begegnung), dem 2001 entstandenen ersten Langspielfilm von Gabriela David, die seit den Achtzigerjahren als Produzentin, Autorin, Professorin im unabhängigen argentinischen Film arbeitet, fahren wir mit einem Dieb im gestohlenen Taxi durch das nächtliche Buenos Aires: eine Reise und eine Flucht, ein geeigneter Anlass, um in Geschichten hineinzugeraten, um sie in Fragmenten zu erzählen. Die Begegnung mit einem Mädchen, auf das geschossen wurde, die Heimkehr zum verkrüppelten Vater, die Konsequenzen, die sich aus Diebstahl und zufälliger Begegnung ergeben, das führt zu einer Reihe ineinander sich verkeilender, fiebriger Bilder. Die Geschichten nehmen nicht den vermuteten Verlauf, gehen nicht auf – sondern ineinander über.

Der Dieb ist ein vergleichsweise sanftmütiger Mensch, das Mädchen keine Heilige und der verstümmelte Vater vielleicht ein Zyniker. Überleben muss man, einfach überleben, irgendwie – so das Credo des jungen Taxifahrers (Um die Jahrtausendwende war das in Argentinien für Millionen ein täglich neu sich stellendes Stressprogramm). Aus der Nacht taucht ein schäbiges Buenos Aires auf, die Dialoge und Monologe verabreichen dem Zuschauer Wechselbäder: sparsame, schüchterne Sprachrinnsale fließen zwischen den Protagonisten, und plötzlich entschließt sich einer oder eine zum Reden, erweist sich als unheimlich eloquent, will nicht mehr aufhören mit Erklären und Bekennen. Das Kriminelle kippt in zarteste Fürsorge, Gewalt bricht unvermittelt in friedliche häusliche Szenen ein. Den Überlebenskampf aber führt letztlich jeder für sich allein.

Den Realismus gibt es nicht in der Kunst. Was es gibt in einem Konzept, das sich realistisch nennt, sind immer neue Versuche, das, was ist, so abzubilden, zu arrangieren und darzustellen, dass es authentisch wirkt. Das Nuevo cine hat dafür feine Instrumente entwickelt, und Gabriela David gehört zu jenen, die sie anzuwenden wissen. Man wird als Zuschauer hineingezogen, mit der Kamera hineingefahren in Geschichten, die herumzuliegen scheinen auf den Straßen von Buenos Aires und von der Autorin aufgelesen werden. Etwas Flüchtiges haftet ihnen an. Man spürt das Bemühen, sie in Unfertigkeit, Unvollkommenheit zu belassen. Das realistische Konzept des Nuevo cine ist eines, das den Stoff (er ist grenzenlos, besteht aus dem aktuellem Zustand des Landes, sozialen Umständen, Konsequenzen für Kollektive und für den Einzelnen), der aufgegriffen und bearbeitet wird, so zeigt, als sei er gar nicht inszeniert worden. Den Filmen der jüngeren Argentinier eignet oft etwas Dokumentarisches. Es soll so aussehen, als sei die vorgefundene Realität wirklich nur abgehorcht und abgefilmt worden.

Wenn der Trick gelingt, wenn die Geschichte im Film so aussieht und sich so anhört, als sei sie direkt aus der Realität geschnitten worden, dann hat sich das realistische Konzept perfekt erfüllt. Denn natürlich beruht das, was man als dokumentarisch und deswegen besonders authentisch empfindet, auf kunstvoll herbeigeführten Effekten.

*

Einen Meister der Methode sehe ich in Pablo Trapero. Sein ebenfalls 2001 entstandener Film *El Bonaerense* vereinigt sinnfällig alle Vorzüge des Nuevo cine. Ein etwas schwerfälliger, unauffälliger Schlosser, Bewohner eines Dorfs in der Provinz Buenos Aires, wird von einem Bekannten genötigt, einen Kassenschrank aufzubrechen, wird erwischt und von einem Onkel mit Beziehungen ins Polizeicorps von Groß-Buenos Aires (es heißt La Bonaerense) vermittelt. Zapa, so heißt der Mann, wechselt die Fronten – und wechselt sie nicht. Die Bonaerense, verrufen im ganzen Land, gilt als hochgradig korrupt, inkompetent und gefährlich. Die Porteños fürchten sie mindestens so sehr, wie sie sich vor Verbrechern fürchten.

Der bescheidene, gutmütige, in seiner Art sympathische Zapa wird Zug für Zug korrumpiert – und hat sich, wenn er am Schluss seine Familie auf dem Dorf besucht, zu einem selbstbewussten, zum Korporal beförderten dubiosen Charakter entwickelt, zu einem echten Bonaerense, einem Erpresser, Mitwisser von Verbrechen, bedingungslos einem verordneten Corpsgeist unterworfen, der legales und illegales Tun gleichermaßen schützt.

Trapero besetzte die meisten Rollen mit Laienschauspielern. Sein Film, der über die Spannung eines Krimis und die Schärfe einer Sozialanalyse verfügt, setzt sich aus einer Vielzahl von Faits divers zusammen, wurde größtenteils in einem Polizeikommissariat gedreht, nähert sich scheinbar der reinen Dokumentation an. Ein ambivalentes Bild der Bonaerense entsteht, die beim Funktionieren und Nichtfunktieren beobachtet wird von einem Autor und einer Kamera, die nie denunziatorisch operieren. Ausgestellt wird die Realität, nicht gewertet. Der Polizist als Opfer und Täter, als eingeschüchterter Repräsentant eines gefährlichen Räderwerks, von den Oberen manipuliert oder als gewaltbereiter »Arm des Gesetzes«, der es verlernt hat, nach der Rechtmäßigkeit seiner (Un)taten zu fragen und von niemandem zur Rechenschaft gezogen wird – die Charakterisierungen und Perspektiven ändern von Einstellung zu Einstellung.

Trapero konstruiert das realistische System, um das es ihm geht, auf zwei Arten: einerseits inszeniert er einzelne Szenen stundenlang, kontrolliert jedes Detail, anderseits hält er innerhalb eines solchen Arrangements dem Zufall, der Eigeninitiative der Laienschaupieler einen angemessenen Raum frei. Eine halluzinatorische Weihnachstfeier im Kommissariat mit euphorisch in die Decke des Saals ballernden Polizisten, ein grotesker Höhepunkt des Films, hat er aus Berichten, die ihm vorlagen, tel quel übernommen und dann skrupulös, technisch perfekt nachgedreht.

*

Wieder aus dem Jahr 2001 stammt der Film *La Ciénaga* (der Sumpf oder der Morast) mit dem Lucrecia Martel internationale Aufmerksamkeit errungen hat. Ein beklemmender und enervierender Film, in der heißen Provinz Salta, in der Nähe der bolivianischen Grenze spielend (wo die Regisseurin herkommt). Eine große mittelständische Familie verbringt in einem Landhaus Sommerferien, dämmert in Streitereien, übermütigen Ausbruchsversuchen, Fantasien dahin. Eigentlich passiert nichts, hundert Fäden werden ausgelegt und keiner zu Ende gesponnen. Kinderlogik vermischt sich mit wirren, alkoholgeschwängerten Reden, absurde Komik sorgt für befreiendes Lachen. Die Familie, für die meisten Argentinier eine heilige Einheit, wird demontiert – sie funktioniert nicht mehr, fällt auseinander. Wir Zuschauer hören uns das in den mäandernden Dialogen an, auf einer intellektuellen Ebene, und fühlen es körperlich mit. Die Stärke des Films liegt in der unerhörten Direktheit der Bilder, in der Sinnlichkeit der Realität, die vor uns ausgebreitet wird. Wieder sind es schnörkellos ausgeschnittene Versatzstücke einer dichten Wirklichkeit – und wieder wird diese so authentisch wirkende Wirklichkeit raffiniert inszeniert, in ihrer Zufälligkeit und Undeterminiertheit dem nachgebildet, was die Protagonisten erleben und wissen können. Es gibt in diesem Film niemanden, der den Überblick oder gar den Durchblick hat. Was geschieht, steht allein für sich, fügt sich wohl, dank dem künstlerischen Willen der Autorin, klimatisch, atmosphärisch (assoziativ) in die Filmerzählung ein, verweigert sich aber Interpretationen, die auf hintergründige Bedeutungszusammenhänge aus sind.

Was bei Solanas metaphorische oder allegorische Qualität erlangt, kommt bei seinen Nachfolgern ohne übergeordnete Zielsetzung aus. In Gesprächen und Interviews beharren sie auf der Eindimensionalität ihrer Arbeiten, die, wie sie betonen, nicht über das hinausweisen wollen, was sie zeigen und sagen. Ein verständliches Argumentieren, auch wenn es manchmal kokett wirkt. Weil Lucrecia Martels Film im Jahre eins nach dem Aufplatzen der jüngsten argentinischen Krise entstanden ist, lag es für viele Kritiker auf der Hand, das Zerfallen der Familie in *La Ciénaga* mit dem Zerfall des Landes zusammenzubringen, das eine als Metapher für das andere zu nehmen: eine Absicht, gegen die sich die Regisseurin vehement zur Wehr setzt.

*

Extraño (fremd) heißt der Erstlingsfilm von Santiago Loza, 2001 gedreht, ein stilles, intimes Werk. Um einiges reduzierter, im Vergleich zu den vorher erwähnten Beispielen, ist hier der Wirklichkeitsausschnitt. Axel, ein Chirurg um die vierzig, hat aufgehört, seinen Beruf auszuüben, wir erfahren nicht weshalb, quartiert sich vorübergehend bei seiner Schwester und deren Kindern ein, redet nur das Nötigste, macht den Eindruck, als sei er aus der Welt herausgefallen, die ihrerseits um ihn herum aufdringlich und absurd wirkt. Axel lernt zufällig ein schwangeres Mädchen kennen, hilft ihr, lässt sich von ihr einladen. Ohne Pathos, ohne Sentimentalität wird die Begegnung zweier verlorener Seelen geschildert, die sich zaghaft, vorsichtig dabei helfen, wieder Boden unter die Füße zu bekommen, weiterzuleben, zu überleben in einer Stadt, einer Welt, der sie sich entfremdet haben.

Bei Loza löst sich das Wirkliche in einer Reihe sensibler Bilder auf, die vorbeigleiten ohne Spuren zu hinterlassen, manchmal quälend langsam, die sich nicht festhalten lassen. Dafür stehen vor allem die verschiedenen Eisenbahnfahrten, heraus aus Buenos Aires in die Vororte und umgekehrt. Fahrten in die Außenwelt und ins Innere, dem sinnenden, melancholischen Blick des Arztes zugeordnet, der sich in ihnen kaum noch zurechtfindet. In diesem nachdenklichen und minimalistischen Film wird die Wirklichkeit paradoxerweise durch Negation und Absenz repräsentiert – was sie womöglich besonders einprägsam macht. Das System, aus dem Axel aus unbekannten Gründen herausgefallen ist und das mit der Kamera, die oft wie sein Auge funktioniert, abgetastet wird und sich nicht öffnet, nicht erklärt, drängt sich dem Zuschauer ins Bewusstsein. Auch der fremd gewordenen Realität kann der Protagonist, gespielt vom hervorragenden Schauspieler Julio Chávez, nicht entkommen.

*

Wenn es in Argentinien eine Region gibt, in der das Wirkliche unversehens existenzielle Dimensionen annimmt, dann Patagonien. Hier, auf den unendlichen Straßen, den unendlichen, vom Wind gebeutelten Ebenen, in den verlorenen Dörfern bekommen Leben und Überleben eine Präsenz und eine Nachhaltigkeit, die schon fast gezwungenermaßen sicht- und fühlbar werden müssen, wenn sich einer entschließt, seine Geschichten in Patagonien anzusiedeln. Aus der Minimal Art als Filmkunst verstanden, hat Santiago Loza in *Extraño* Kapital geschlagen. Carlos Sorín macht aus der gleichen Methode ein Programm, das er gleich im Titel seines in Patagonien handelnden Films annonciert: *Historias minimas*, 2002 entstanden und inzwischen weltberühmt geworden.

Drei Geschichten erzählt er uns, die sich inhaltlich an den Rändern streifen und die er formal ineinander verschränkt. Ein sehr alter Mann glaubt, dass sein entlaufener Hund in einem 300 Kilometer weit entfernten Dorf gefunden worden ist, und macht sich auf, ihn zurückzuholen. Ein Handelsreisender, der Pflaster zum Abnehmen verkauft, will den Sohn oder die Tochter einer jungen Witwe mit einer Geburtstagstorte überraschen und macht einen Fehler. Eine junge Frau hat beim Lokalfernsehen einen Preis gewonnen, mit dem sie nichts anfangen kann, und holt ihn ab. Sorín erzählt mit traumwandlerischer Sicherheit. Da stimmt jeder Dialog, jede Geste, jede Fahrt. Kleine Begebenheiten, mal ins Humoristische, mal ins Tragikomische weisend, werden wie an einer Perlenschnur aufgereiht. Je älter der Film wird, umso mehr zeigt sich, dass sie sich aufeinander beziehen, dass sie lose zusammenhängen, dass sie ein in Zeit und Raum klar umrissenes realistisches System ausmessen: Patagonien als Schauplatz und eine Gegenwart, die ihre Rätsel mitunter über einen Rückgriff in die Vergangenheit löst.

In der Filmzeitschrift *Trigon* (Nr. 21) finden sich eine Anekdote und eine Erklärung von Sorín, in denen er über seine Art des Filmens Auskunft gibt. Vor ein paar Jahren erhielt er den Auftrag, in einem abgelegenen Dorf Patagoniens für eine Telefongesellschaft einen Werbespot zu drehen. Er engagierte ein paar Profischauspieler und stellte bei der Ankunft im Hundertfünfzig-Seelen-Dorf fest, dass die Einwohner nicht wegen der Dreharbeiten, sondern wegen der Einführung des Telefons aufgeregt waren. Und jetzt sein Satz: »Da wurde mir klar, dass es sinnlos war, die Fiktion von etwas zu drehen, was sich in der Realität gerade vor meinen Augen abspielte.« Er änderte das Konzept, drehte mit den Dorfbewohnern die Ankunft der neuen Kommunikationstechnik im Dorf. Der Vorgang ist nicht ganz so einfach, wie er sich liest. Statt einen Fantasiespot zu einer neuen Realität zu drehen, hat Sorín die neue Realität als Grundlage genommen und daraus natürlich auch einen gestalteten, einen Fantasiespot gemacht.

Historias minimas ist mit Laienschauspielern gedreht worden. Das Script wurde auf die Personen zugeschnitten, die mitmachten. »Als wir dann mit dem Dreh begannen, waren Person und Charakter weitgehend identisch, und wenn wir Cut riefen, ging es eigentlich so weiter wie während des Drehens.« Es wird dieser Umstand sein, der bewirkt, dass man als – verzauberter – Zuschauer die Kunst, die poetische Bearbeitung der Realität, nicht wirklich wahrnimmt. Als Zeuge seltsamer Begebenheiten ist man von der Selbstverständlichkeit und Natürlichkeit in Bann geschlagen, mit der fremdartige Storys erzählt werden. Wobei dem Film im Übrigen nichts Exotisches eignet. Im Gegenteil. Sorín, ursprünglich ein Mann der Werbung, der sich mit den Medien bestens auskennt, macht sich ein Vergnügen daraus, seine Protagonisten immer wieder beim TV-Konsum zu filmen. Leben sie auch in einer extremen, marginalen Realität, sind sie doch übers Fernsehen global vernetzt wie wir alle.

*

1968 ist das Entstehungsjahr des vierstündigen Filmepos *La hora de los hornos* (Die Stunde der Hochöfen) von Fernando Solanas. Ein Meilenstein im lateinamerikanischen Filmschaffen, für viele jüngere Filmautoren auf dem Subkontinent eine Referenz, auf die sie sich beziehen, wenn sie sozialpolitische Themen angehen. Solanas war damals ein glühender linksperonistischer Aktivist, und aus dieser Optik muss man seine Attacke gegen den Neokolonialismus verstehen. Sie gibt sich didaktisch und pathetisch, wird mit dokumentarischem Material belegt, mündet in eine Hommage an Perón und ist nicht frei von einem ausgeprägten, zum Peronismus gehörenden Nationalismus.

Mit seinem 2004 fertig gestellten wuchtigen Dokumentarfilm *Memoria del saqueo* (Chronik der Plünderung oder wörtlich: Erinnerung an die Plünderung) hat Solanas eine Replik auf den Film seiner Anfänge geschaffen. Er ist sich treu geblieben und hat gleichzeitig in Rechnung gesetzt, was in den fast vierzig Jahren seit *La hora de los hornos* passiert ist. Ein Linksperonist ist er geblieben, aber kein glühender, kein pathetischer mehr.

Mit skeptischem Blick schaut Solanas den Plünderern an der Spitze des Staates zu, Carlos Menem in erster Linie, der ja seine eindeutig neoliberale Politik (was für viele, auch für Solanas, eine moderne Art des Neokolonialismus bedeutet) zuhause immer als waschechten Peronismus verkauft hat und mit seinen bemerkenswerten Verführungskünsten zum Beispiel auch die mächtigen peronistischen Gewerkschaftsführer auf seine Seite zu bringen verstand. Einer der Höhepunkte des Films zeigt Solanas im Gespräch mit dem peronistischen Senator Antonio Cafiero, politisches Urgestein in Argentinien, der dem Filmer ganz gelassen, als sei es das Selbstverständlichste der Welt, erklärt, dass alle Politiker lügen, dass (in Argentinien, aber wahrscheinlich überall auf der Welt) jemand, der die Wahrheit sage, nie gewählt werden könnte, dass einer, der gewohnt sei zu sagen, was er denke, nicht Politiker werden sollte. Man hat das ja schon immer geahnt, was heißt geahnt: *gewusst*. Aber es, Solanas sei Dank, aus dem Mund eines in Argentinien geachteten und als vergleichsweise redlich und unbestechlich geltenden Senators zu hören, macht doch einen Unterschied.

Memoria del saqueo ist ein mit Informationen bis zum Platzen gefüllter Film geworden, entstanden in einer ausgeklügelten Montage, die Archivmaterial mit live auf den Straßen des Landes gedrehten Szenen kombiniert. Solanas erzählt bewusst didaktisch, hält mit Kommentaren aus dem Off nicht zurück. Seine Erinnerungsarbeit setzt er zwischen euphorische, befreiende Sequenzen, die den historischen Moment beschreiben, in dem Präsident Fernando de la Rúa vom rebellierenden Volk mit

Schimpf und Schande aus dem Amt gejagt wird. Der Idealist und Utopist Solanas knüpft an diesen strahlenden Moment Hoffnungen auf eine gerechtere und bessere Welt (»Eine andere Welt ist möglich«, lautet sein Credo, das er sich von der globalisierungskritischen Bewegung geliehen hat), die sich das Volk eigenhändig erschaffen wird. Ein Wunschtraum, der 2006 in Argentinien nirgends auch nur im Entferntesten realisiert werden konnte.

Zwischen den beiden Klammersequenzen wird die jüngste Geschichte, die soziale, politische, wirtschaftliche aufgearbeitet – und es werden die Verheerungen dessen gezeigt, was Solanas die »Mafiacracia« nennt. Die Form ist eine filmisch-literarische, ist eine essayistische. Viele Statements, viel Kommentar, verbale Kapiteleinteilungen, viel Text. Das hat nichts damit zu tun, dass der Autor seinen Bildern nicht trauen würde. Es ist nur so, dass sich der didaktische, erläuternde oder behauptende Anspruch, der dem Film seinen Impetus gibt, manchmal in der Abstraktion, auf dem Feld der Worte, der grafischen Zeichen besser einlösen lässt als in den Bildern.

Solanas nutzt das realistische System, von dem in Zusammenhang mit dem Nuevo cine die Rede war, auf seine Weise. Er kombiniert gelebte, von ihm gefilmte argentinische Wirklichkeit mit Fremdmaterial aus Archiven. Bringt so eine spannende zeitliche Dynamik ins Spiel. Wie Sorín in seinem Spielfilm mit Laiendarstellern muss auch Solanas seinen Plan, sein ursprüngliches Script dem Material anpassen, das er anhäuft. Die Essayform, die die Skizze, die Überraschung, die Improvisation und das Springen von einem Motiv zum andern nicht nur zulässt, sondern befürwortet, erweist sich als bestens geeignet für Solanas' Absicht. In seinem Realitätssystem spielt die These, spielen die Meinung und ihre Begründung eine wichtige Rolle. Das unterscheidet ihn von den Regisseuren des Nuevo cine, die sich eher selten mit explizit politischen Themen beschäftigen.

Vergleichen sollte man den politischen Dokumentarfilm *Memoria del saqueo* mit den Spielfilmen des Nuevo cine natürlich nicht. Aber es ist schon interessant zu sehen, wie Solanas Versatzstücke aus der Realität herausschneidet, Bedingungen aufzeigt, auf Grund deren sie entstanden sind, und anhand solcher Sequenzen eine Geschichte des Landes erzählt, die in den so fantasievollen Geschichten des Nuevo cine ein vielstimmiges Echo findet, ein Echo, das sich dann vor allem auch dem zweiten Teil von Solanas' Arbeit zuordnen lässt: nachdem er in *Memoria del saqueo* die Krise aus der Sicht der Verantwortlichen geschildert hat, zeigt er im inzwischen fertig gestellten zweiten Film mit dem Titel *Cantos de una Argentina latente* mit einem Blick von unten die Opfer der Krise: und eben denen begegnet man in herausgegriffenen Einzelschicksalen der oben erwähnten Filmbeispiele.

Malvinas/Falkland

Steht man, in Ushuaia zum Beispiel, vor einem dieser überdimensionierten Denk- und Mahnmale, die an den Falkland- beziehungsweise Malvinaskrieg erinnern, wird man als grafisches Hauptmotiv die in Stein gravierten Inselumrisse wahrnehmen. Unter ihnen halten Staatspräsidenten, Parteipräsidenten, die Präsidenten der Kriegsveteranenorganisationen ihre patriotischen Reden, die immer in die Bekräftigung münden: die Inseln sind unser, sind argentinisch, werden immer argentinisch sein. Ein jahrhundertealter Wunsch, den die Realität bis heute nicht erfüllt hat. Da hat man das Irreale und Absurde, Dimensionen, die den Argentiniern familiär sind, ganz deutlich vor Augen. Hier die gezackten Inseln, auf denen knapp 2000 Menschen und ein Mehrfaches an Schafen lebt, und deren Umrisse schon die Unwirtlichkeit signalisieren, die ihnen eigen ist. Dort das riesige Festland mit 36 Millionen Einwohnern, die Herz und Kopf an dieses winzige Anhängsel am Ende der Landkarte verloren haben und mit Leidenschaft eine politische Lüge proklamieren, an die sie wirklich zu glauben scheinen.

Vom Nebel verhüllt, vom Feuer erleuchtet

Es gibt noch ein Thema, über das man mit dem vernünftigsten und sachlichsten Argentinier nicht vernünftig und schon gar nicht sachlich diskutieren kann: die Falklandinseln, wie sie von den Engländern, die sie regieren, genannt werden – die Malvinas, wie sie in Argentinien heißen.

Tatsache ist: auf jeder in Argentinien hergestellten Landkarte gehören die Inseln zum nationalen Territorium. Las-Malvinas-que-son-nuestras, eine auf ewig festgefügte Wortverbindung. Tatsache bleibt: die Falklandinseln gehören seit 1833 zu Großbritannien und sind in überwiegender Anzahl von britischen Staatsangehörigen bewohnt, Schafzüchtern, Fischern, Angestellten in der Tourismus-Branche. Sie heißen Kelpers (kelp nannten die patagonischen Ureinwohner eine Algenart – Kelpers heißt eigentlich Algenesser), sind vorwiegend Protestanten oder Anglikaner und verfügen über eine relativ große politische Autonomie. Keine dreitausend Seelen zählen sie (dazu kommen 1800 stationierte Soldaten), aber von diesen dreitausend will vermutlich kein einziger seine Staatszugehörigkeit gegen die argentinische eintauschen. Ihre Währung ist das Falkland-Pfund, ihre Hymne God save the Queen, ihr Oberhaupt Königin Elisabeth II., vertreten auf den Inseln durch einen Gouverneur.

Tatsache ist: Die zwei bewohnten Haupt- und rund zweihundert Nebeninseln im Südatlantik, sechs- bis achthundert Kilometer östlich von Feuerland gelegen, gehören geografisch eindeutig zu Argentinien. Man darf die von Hügelketten und Fjorden durchzogenen Inseln als ausgesprochen unwirtlich bezeichnen: Regen, Kälte, Nebel beherrschen das Klima. Außer Gras wächst fast nichts, und die Population der Schafe übertrifft diejenige der Menschen um ein Vielfaches.

Tatsache bleibt: Als der Seefahrer John Davis die Inseln 1592 entdeckte, waren sie unbewohnt. 1764 bemächtigte sich Frankreich der Inseln – und verkaufte sie zwei Jahre später an Spanien. Seither sind sie zu einem Zankapfel geworden. Zuerst zwischen Spanien und England, das sich in der Region einzunisten versuchte, dann zwischen England und Argentinien. Als Argentinien 1816 von Spanien unabhängig wurde, erhob es Anspruch auf die Malvinas und besetzte sie vorübergehend, verlor dann das Interesse, überließ die Inseln ihrem Schicksal. Das nützte England aus, besetzte 1833 den Archipel trotz argentinischem Protest, errichtete einen Flottenstützpunkt und installierte eine Kolonialverwaltung. Aus strategischen und geopolitischen Motiven hält die englische Krone bis heute an ihren Ansprüchen fest. Die beträchtlichen Ölvorkommen im Meer draußen vor den Inseln ergeben seit den Neunzigerjahren einen weiteren starken Grund, das Pfand nicht aus der Hand zu lassen.

Geografisch gehören die Malvinas zweifellos zu Argentinien. Will man den Anspruch historisch-politisch begründen, wird die Beweisführung schon komplizierter. England beruft sich auf Urkunden, Verträge, Chartas, wenn es darum geht, einst erobertes Territorium zu verteidigen. Und schreckt nicht davor zurück, seine Ansprüche mit Gewalt durchzusetzen. Aber wie gesagt: auf historische oder politische oder juristische Diskussionen lassen sich die Argentinier, wenn es um die Malvinas-que-son-nuestras geht, erst gar nicht ein.

Und darum können und wollen sie den Dorn im Fleisch nicht sehen. Die Kelpers. Die Menschen, die seit über zweihundert Jahren auf den Inseln wohnen, gelernt haben, den harten Bedingungen ein einigermaßen lebenswertes Leben abzutrotzen – was ihnen von Großbritannien mit der Ausrichtung bedeutender Subventionen erleichtert wird. Die Kelpers sprechen englisch, nicht spanisch. Und sie haben im Streit um ihr Territorium die UNO angerufen, die ihren Willen, britisch zu bleiben, schützen soll.

*

Eine – friedliche – Lösung des Falkland-Problems ist auf lange Sicht nur im Rahmen der UNO denkbar, wobei man sich unter bestimmten Voraussetzungen und bei entsprechend unvoreingenommenen Regierungen auf beiden Seiten einen Kompromiss (eher zugunsten Argentiniens), ein weitgehendes Einlenken Englands vorstellen kann. Am schwersten wird es sein, die Kelpers zu überzeugen. Ob ihnen der Nachbar Argentinien das gleiche Maß an Autonomie gewähren würde, wie das 12 000 Kilometer weit entfernte Großbritannien, bleibt ebenso zweifelhaft wie die großzügige materielle Unterstützung der Inselbevölkerung, die sich Argentinien aus finanziellen so gut wie aus innenpolitischen Gründen kaum leisten könnte. Als Erstes aber müssten die Argentinier wohl zur Kenntnis nehmen, dass diese winzige Volksgruppe am äußersten Südrand ihres Territoriums keine Quantité négligeable ist, sondern eine selbstbewusste fremde Einheit mit eigener Sprache, Kultur, Geschichte, die man mindestens kennen müsste, bevor man sie ins eigene Volk zu integrieren versucht.

Aber gab es bisher für die Argentinier eine Möglichkeit, die Kelpers kennenzulernen? Eigentlich nicht. Der Besuch der Inseln war ihnen bis vor kurzem verboten, und die Kelpers machten keinerlei Anstalten, diesen Zustand zu ändern. Der Krieg 1982 hat die Fronten zuerst noch mehr verhärtet – doch mit der Verarbeitung des Schocks ging eine erste, vorsichtige Aufweichung einher. Von einer Annäherung der beiden Völker zu reden, wäre übertrieben und sicher verfrüht; doch gibt es eindeutig mehr Kontakte als vor dem Krieg. Reisen von Argentinien auf die Inseln sind heute unter gewissen Umständen möglich; die jüngste Insel-Parole lautet: Argentinier, ihr seid willkommen, solange ihr unsere Autonomie respektiert, eine interessante, eine politisch – bewusst ? – unscharf belassene Parole, ist doch Autonomie je nach Definition unter verschiedenen Staatszugehörigkeiten denkbar.

*

Der Falklandkrieg ist ein bis heute von Argentinien nicht wirklich verarbeitetes Trauma. Es war ein lächerlicher, ein aus Gegebenheiten alten kolonialen Denkens resultierender Krieg. Er fand zwischen dem 2. April und dem 15. Juni 1982 statt und endete mit der Niederlage Argentiniens. Ausbrechen musste er wohl, weil beide Seiten in einer Mischung aus Verblendung, Fahrlässigkeit, eklatanter Fehleinschätzung der Ausgangslage den Point of no return überschritten hatten.

Am 2. April landeten argentinische Truppen auf den »vom Nebel verhüllten« Inseln, wie es im patriotischen Malvinasmarsch heißt. Mitte Mai besetzten britische Soldaten die Falklandinseln, die anschließend ein paar Wochen lang vom Mündungsfeuer der Geschütze erleuchtet wurden. Aus nicht nachvollziehbaren Gründen war Juntageneral Leopoldo Galtieri zur Ansicht gelangt, Großbritannien habe sich damit abgefunden, die Malvinas an Argentinien abtreten zu müssen und werde auf eine Besetzung nicht reagieren. Und Großbritannien mochte den Andeutungen, Gesten, Drohungen seitens argentinischer Diplomaten, die sich während der Militärdiktatur gehäuft und intensiviert hatten, keine Beachtung schenken. Am 31. März 1982 sah sich die Junta in Buenos Aires zum ersten Mal seit dem Putsch mit einem Massenprotest, der von den Gewerkschaften organisiert worden war, konfrontiert. Es gärte, die Menschen begannen gegen die schlechte wirtschaftliche Lage und die Repression offen zu rebellieren. Die Armee knüppelte die Demonstranten nieder – und fand eine überraschende Gegenparade: am 2. April verkündete Galtieri einer Million begeisterter, Fahnen schwingender Mitbürger die Besetzung der Malvinas und rettete so sein Regime, um es zwei Monate später vollständig zu diskreditieren.

Achtzehn- bis zwanzigjährige Rekruten, die ihren Militärdienst leisteten, wurden über Nacht in den Südatlantik abkommandiert, gruben sich in eisiger Kälte in Schützenlöcher ein, um die Inseln gegen einen Feind zu verteidigen, von dem ihnen die Vorgesetzten bis hinauf in die Generalität unablässig erklärten, er würde nie und nimmer kommen. Die Briten ihrerseits überwanden schnell ihren Schock und inszenierten als Erstes ein geschicktes diplomatisches Spiel: sie brachten den Konflikt vor die UNO, gaben sich in New York kompromissbereit und schafften es, zahlreiche UNO-Mitglieder, die zuerst durchaus geneigt waren, die seit langem manifesten Ansprüche Argentiniens anzuerkennen, zu verunsichern. Das gelang den Briten durch den Verweis auf die Kelpers, deren legitimes Pochen auf Selbstbestimmung völkerrechtlich geschützt werden müsse. Viele UNO-Mitglieder erwogen die Schwierigkeiten, die ihnen erwachsen würden, wenn Territorialfragen auf Grund alter, *vor* der Gründung der UNO bestehender Forderungen entschieden werden könnten, und kamen zum Schluss, dass es unklug wäre, sich offen mit dem Angreifer Argentinien zu solidarisieren. Schließlich verurteilte eine Mehrheit die argentinische Invasion, verlangte die Wiederherstellung des Status quo und eine Konfliktlösung auf dem Verhandlungsweg.

Argentinien dachte nicht daran einzulenken, und die englische Premierministerin Margaret Thatcher ergriff die willkommene Gelegenheit, ihrem Ruf als eiserne Lady Nachachtung zu schaffen. Sie zog den US-Präsidenten Ronald Reagan, der zuerst gezögert und zu vermitteln versucht hatte, auf ihre Seite, benutzte einen zwischen Afrika und Südamerika gelegenen Stützpunkt mit dem passenden Namen Ascension (Himmelfahrtsinsel), der den Briten gehörte und den sie den USA verpachtet hatten, um Flugzeugträger, Fregatten, Unterseeboote, Kampfflugzeuge bereitzustellen, und plante die schnelle Rückeroberung der Falklandinseln.

Es folgte ein kurzer, ungleicher Krieg von zwar nicht optimal aber doch hinreichend ausgerüsteten Profis (auch Atomwaffen sollen sich auf den Schiffen der Engländer befunden haben) gegen schlecht ausgebildete, kampfunerfahrene, gerade der Adoleszenz entwachsene Rekruten, ausgerüstet mit minderwertigem Material, befehligt von patriotischen Schwachköpfen, die einer verhassten, das Land terrorisierenden Kaste angehörten und hauptsächlich den eigenen Leuten Furcht einflößten.

Ende April steht die englische Flotte vor den Falklandinseln, am 2. Mai versenkt ein britisches U-Boot den noch aus dem Zweiten Weltkrieg stammenden, technisch veralteten argentinischen Kreuzer General Belgrano. Die 323 Mann Besatzung kommen ums Leben – eine bis heute unvergessene nationale Tragödie. Am 15. Juni gesteht der argentinische Kommandant am Hauptort der Inseln, Port Stanley oder Puerto argentino, die Niederlage ein.

255 britische und 649 argentinische Opfer forderte der Falklandkrieg. Nichts charakterisiert das aus dem Krieg resultierende Trauma besser als die Tatsache, dass in den 25 Jahren, die seither verstrichen sind, auf argentinischer wie auf englischer Seite eine ganze Anzahl von »Veteranen« (so nennt man die Mittvierziger) durch Selbstmord aus dem Leben geschieden sind. 264 sollen es auf englischer Seite sein, mehr als diejenigen, die im Kampf fielen und mindestens 450 in Argentinien.

*

In Argentinien war einerseits die klägliche militärische Niederlage nach den großsprecherischen Ankündigungen der Junta eine Demütigung sondergleichen, eine tödliche Beleidigung des nationalen Stolzes. Anderseits hat sich die Junta mit der von ihr verschuldeten Niederlage derart diskreditiert, dass sie aufgeben und zulassen musste, dass sie von einem demokratisch gewählten Zivilpräsidenten abgelöst wurde – der Krieg hat das Ende der Diktatur herbeigeführt. Einerseits waren die Argentinier unmittelbar vor dem Krieg drauf und dran, das totalitäre Regime in ernste Schwierigkeiten zu bringen, anderseits ließen sie sich via Nationalstolz dazu verleiten, eine von der Junta vom Zaun gebrochene Aggression massenhaft und begeistert zu unterstützen. Der Malvinaskrieg ist eine Art Falle, aus der die Argentinier bis heute nicht herausfinden. Immer noch weckt er die widersprüchlichsten Gefühle in ihnen, und sie ziehen es vor, im Wechselbad der Emotionen zu verharren, als das Für und Wider des Krieges zu diskutieren.

Man kann nicht behaupten, dass sich Schriftsteller, Historiker, Journalisten des Themas mit Akribie oder Leidenschaft angenommen hätten; jedenfalls haben sie wenig getan, um der nationalen Verdrängung des Themas entgegenzuwirken. Indessen ist es in jüngster Zeit einem Buch und einem Film gelungen, die Nebelwand um das Inseltrauma herum zu durchstoßen, um das Land doch noch dazu zu bringen, sich mit dem Krieg und seinen Folgen zu befassen. Ästhetisch gesehen handelt es sich weder beim Film noch beim Buch, auf dem er beruht, um Meisterwerke, aber das spielt in diesem Zusammenhang keine Rolle. Wahrscheinlich sind es gerade die unbewusste oder bewusst inszenierte Naivität, dazu ein generöser, wenn auch vager Humanismus und eine uneingeschränkte Verurteilung der subalternen Handlanger der Junta, die dem einheimischen Publikum das Gefühl von Authentizität vermitteln.

*

2005 publizierte der Journalist Edgardo Esteban sein Buch mit dem Titel *Malvinas – diario del regreso* (Malvinas, Tagebuch der Rückkehr). Esteban war 1999 einer der wenigen auserwählten Argentinier, denen es im Rahmen einer Journalistenreise erlaubt war, die Malvinas zu betreten. Sein pathetisches Zeugnis der Reise beschreibt die Rückkehr eines Veteranen an einen Ort des Schreckens. Und während er die bis heute nicht geräumten Minenfelder besichtigt, mit den Kelpers Kontakte knüpft, kann er, endlich, ein traumatisches Kapitel seines Lebens abschließen.

Esteban gehörte zu jenen paar tausend neunzehnjährigen Rekruten, die 1982 von ihren Kasernen in Buenos Aires, in Córdoba abgezogen und auf die Inseln disloziert wurden. Er hatte seine Erlebnisse 1993 in einem Buch mit dem Titel *Illuminados por el fuego* (Vom Feuer erleuchtet) publiziert und konnte nun der Neuauflage seines Berichts das Tagebuch der Rückkehr auf die Inseln, eine Besiegelung des Dramas, auch eine Art von Erlösung vom Trauma, voranstellen.

In seinem Bericht erhebt Esteban nie den Anspruch, den Krieg, seine Voraussetzungen, seine Legitimation, seinen Platz in der jüngsten Geschichte des Landes, seine politischen Folgen zu diskutieren. Ihm geht es einzig um die Condition humaine, um die Befindlichkeit der ahnungslosen Rekruten und ihrer sadistischen Vorgesetzten zum einen, um die Reaktion der Gesellschaft auf die Rückkehr der Kriegsteilnehmer zum andern, die Voraussetzung für die Verzweiflung, für die Agonie eines Teils der Veteranen war – und ist. Las-Malvinas-que-son-nuestras ist für Esteban wie für alle seine Mitbürger eine fest gefügte Formel; die englischen Soldaten, die er in den 52 Tagen seines Einsatzes nie zu Gesicht bekam, die er erst kennenlernte, als er ein Kriegsgefangener war, bleiben in seinem Buch Phantome; und dass die Kelpers 1982 ihre angeblichen Befreier nicht freudestrahlend begrüßten, sondern sie zum Teufel wünschten, das wurde dem ahnungslosen Soldaten erst so richtig klar, als er ihre Freudenkundgebungen beim schmählichen Rückzug der Truppen und dem Eingeständnis der Niederlage erlebte.

Neben der Beschreibung einer ebenso pervertierten wie unfähigen Militärkaste aus der Sicht eines ihrer Willkür ausgelieferten Rekruten finden sich die starken Momente am Schluss des Buchs, wenn die Helden heimkehren. Da müssen sie feststellen, dass außer den Müttern, Vätern und Geschwistern niemand auf sie gewartet hat; die militärische Niederlage führte dazu, dass auch diejenigen, die dem Abenteuer geopfert wurden, stigmatisiert waren, dass die patriotischen Gefühle der Daheimgebliebenen Scham und Frust Platz gemacht hatten, dass die gedemütigten Rückkehrer fortan Parias sein würden.

*

Tristán Bauer, Autor und Regisseur des 2005 gedrehten Films *Illuminados por el fuego,* illustriert Estebans Erlebnisse in Bildern, die er auf den Malvinas aufnehmen konnte, und setzt die Akzente auf das Schicksal der Veteranen. Sein vielfach preisgekrönter Film hat in Argentinien kontroverse Reaktionen hervorgerufen. Die unbeirrbaren Blut-und-Boden-Patrioten werfen ihm Defätismus vor. Aber die Veteranen, ihre Angehörigen und die Organisationen, die sie unterstützen, fühlen sich gestärkt und bestätigt. Sie kämpfen seit Jahren dafür, dass die diskreditierten Helden des Kriegs für die schrecklichsten Tage ihres Lebens entschädigt werden, dass man ihnen medizinische und psychologische Betreuung zukommen lässt, Arbeit und Kredite gewährt. In Bauers Film wird ein Veteran, der seinem Leben ein Ende setzen will, als hoffnungsloser Fall ins Spital eingeliefert, ein Leidensgenosse besucht ihn, lässt den Krieg und die Inseln in seiner Erinnerung aufleben. Engländer und Kelpers kommen bei Bauer noch weniger vor als bei Esteban; es gibt keine Anklagen, keine Schuldzuweisungen ans Ausland, es wird die Unmenschlichkeit der Militärhierarchie denunziert und die Ohnmacht der Opfer, der Veteranen gezeigt, die von der Gesellschaft zu Sündenböcken gemacht werden. Was die Veteranen umso mehr erbittern muss, als ihren Quälgeistern und Widersachern, den militärischen Kadern, von Präsident Menem eine Generalamnestie gewährt wurde.

Auf den zunehmenden Druck dieser Veteranen hin hat Präsident Néstor Kirchner eine Kommission ins Leben gerufen, die dafür sorgen soll, dass ihr Los verbessert wird. Konkret ist noch nicht viel geschehen, aber eine qualitative Änderung der Situation ehemaliger Kriegsteilnehmer wird allmählich sichtbar. Waren sie bis vor kurzem Parias, Marginalisierte, die in zerschlissenen Kampfuniformen in der Metro von Buenos Aires, in Bussen bettelten und mit den verlegen niedergeschlagenen Blicken der Passanten konfrontiert waren, so sieht man sie jetzt an Demonstrationen, umgeben von Sympathisanten, für ihre Rechte streiten. Wobei auffällt, dass sie, ganz im Sinn von Esteban oder Bauer, für ihre Würde und gegen das Vergessen, für ihre Rechte, aber nicht (mehr) gegen England kämpfen. Für Esteban, Bauer und für eine Mehrheit der ehemaligen, traumatisierten Kriegsteilnehmer ist heute klar, das nicht Krieg, dass nur Verhandlungen dazu führen können, dass die Formel Las-Malvinas-queson-nuestras dereinst auch in der wirklichen Wirklichkeit eine Entsprechung finden könnte.

Grenzenlos

Die Pampa? Das ist Weite und das ist Freiheit. Wo man hinschaut, keine scharfen Umrisse, keine Grenzen, kein Ende. Aus Weite, Offenheit, Unbegrenztheit resultiert das Freiheitsgefühl, das einen in der Pampa unvermittelt überkommen kann. Die Pampa hat Dörfer entstehen und vergehen sehen. Sie hat seit dem 19. Jahrhundert die Immigrantenströme aus Europa wellenartig verspürt und absorbiert. Es gibt die isolierten Dörfer, ganz in sich versunken, in denen das Leben einem langsam schleppenden Rhythmus zu gehorchen scheint. Es gibt die strebsamen, entwicklungswilligen, durch anständige Straßen mit anderen Gemeinden verbundenen, in denen die jüngeren Bewohner, statt an Auswanderung zu denken, vom Kleingewerbe leben und wissen, dass es ihnen besser geht als ihren in der Hauptstadt gestrandeten Freunden. Und es gibt die einst blühenden Orte, die an einer Bahnlinie lagen, vom Menschen- und Gütertransport profitierten und prosperierten. Das Schienennetz Argentiniens ist zum größten Teil in der Pampa vergrast, Lokomotiven und Eisenbahnwagen rosten in Schuppen und auf Abstellgleisen vor sich hin – und die einst ans Netz angeschlossenen Dörfer träumen vergangenen Zeiten nach.

Oberwallis in der Pampa – ein Potpourri

Meki. Der Cicerone, weiblich, zweiundsiebzigjährig, hieß María del Carmen Jullier, von allen Meki genannt – und Meki war ganz einfach großartig. Was immer wir wissen wollten, was oder wen immer wir zu sehen wünschten, Meki wusste Rat, Meki nahm die Sache in die Hand, tatkräftig, kompetent und subito, griff zum Handy und arrangierte die Citas – die Termine für den Besuch der Presse –, bestieg ihren Kleinwagen, wies uns an, ihre Spur nicht zu verlieren, und preschte los mit einem Hunderter, über Asphalt- und Staubstraßen, Kreuzungen und Einfahrten; nicht so sehr oberwalliserisch als argentinisch mutete ihr flotter Fahrstil an.

Meki ist in San Jerónimo Norte geboren und aufgewachsen, ihr Vater war der Historiker der kleinen Gemeinde und stammt, wie fast alle Einwohner, aus dem Oberwallis. Meki ist Junggesellin geblieben, arbeitete als Lehrerin und amtiert seit ihrer Pensionierung als Sekretärin der Asociación Mutual Helvética, des Schweizerclubs von San Jerónimo Norte. Als Hobbygenealogin forscht sie unermüdlich den in der Gegend ansässigen Oberwalliser Geschlechtern nach, was nicht so furchtbar schwer ist, weil viele von ihnen in San Jerónimo schön übersichtlich versammelt sind. Die Jullier, von denen es über hundert gibt, oder die Oggier, auch eine gute Hundertschaft, oder die Eberhardt, Marty, Albrecht, Kuchen und wie sie alle heißen.

Nach ihrer Heimat befragt, nennt Meki zwei: Argentinien, natürlich, und die Schweiz. »Weil wir den Schweizern San Jerónimo verdanken«, sagt sie, perfekt geschminkt und höchst elegant in eine abenteuerliche farbige Bluse gekleidet. »Weil die Schweizer aus unserem Land hier das gemacht haben, was es heute ist.« Mit der Schweiz meint sie eigentlich das Oberwallis. Sie kennt es, hat es bereist, mehrmals, hat dem Dorf ihrer Vorfahren, Niederernen, einen Besuch abgestattet. Sie spricht ein bisschen Deutsch, Walliserisch, schwärmt von der Schweiz. Nein, leben wollte sie dort nie, aber gelegentlich hinfahren und vor allem: dafür sorgen, dass die Schweizer, genau genommen die Oberwalliser, die nach San Jerónimo kommen, hier gut aufgehoben sind. Meki, die Seele des Schweizerclubs, organisiert hingebungsvoll die relativ häufigen Begegnungen zwischen real existierenden Vispern oder Brigern und deren argentinisierten Nachfahren, berichtet von Aufmärschen, Festen, Trachtenumzügen.

Wir haben uns verplaudert, schauen jetzt in Mekis Wohnzimmer – sie bewohnt das weiträumige Haus ihrer Eltern – die steifen Familienszenen aus der Frühzeit der Fotografie an, die sie sammelt, männliche Walliser Brocken mit gewaltigen Frauen und zehn bis achtzehn Kindern, sonntäglich gewandet, im Studio vor einer Säulenkulisse angestrengt und sehr ernst in die Kamera blinzelnd. Wir wechseln in die Küche, Zentrum des Hauses, Mekis Arbeitsraum und Fernsehzimmer. Auf dem Bildschirm stürzen seit Tagen immer aufs Neue die Türme des World Trade Center ein.

Zeit für einen »Schlucki« meint Meki, serviert uns und sich eine argentinische Portion ihres mittäglichen Hausdrinks, Cinzano gemixt mit Fernet Branca und Soda aus einer dieser bauchigen alten Flaschen, die hier noch überall in Gebrauch sind. Nachher wird man im Quick Max, dem ersten (und zeitweise einzigen) Restaurant am Platz, speisen.

*

Das Dorf. San Jerónimo liegt rund 30 Kilometer westlich von der Provinzhauptstadt Santa Fé mitten in der Pampa humeda (der feuchten Pampa), einer topfebenen Landwirtschaftszone, über der sich, riesig, der Himmel wölbt. Kennt man ein Dorf in der argentinischen Pampa, kennt man sie alle: schachbrettartiger Grundriss, ein Platz in der Mitte, an dem Gemeindehaus und Kirche stehen, die immer gleichen Straßennamen, auf denen die (militärischen) Helden der jungen Geschichte des Landes verewigt sind, niedere, oft bloß einstöckige Steinhäuser, die aber sehr lang und schmal sein können und deshalb »Chorizo« (Wurst) genannt werden: Der unauffällige Zipfel mit dem Eingang an der Straße lässt die Länge des Baukörpers nicht ahnen. Italienisch anmutende architektonische Akzente und Verzierungen zeigen Wohlstand an. Unverputzter Ziegelbau zeugt von Modernismus.

Ist San Jerónimo gepflegter als andere, vergleichbare Dörfer, oder kommt uns das nur so vor? Der Platz jedenfalls mit Rasen, Blumen, Bäumen sieht aus, als habe man ihn mit dem Staubsauger behandelt. Die weiße Figur in der Mitte lässt an eine Helvetia denken – aber es handelt sich eindeutig um die ein bisschen havarierte argentinische Freiheitsstatue; vor dem Gemeindehaus flattert die argentinische Fahne. Rivadavia, Sarmiento, Güemes, San Martín heißen die Straßen, wie in Buenos Aires oder Ushuaia oder Córdoba. Aber in San Jerónimo gibt es auch ein Straßenschild, auf dem Guillermo Tell steht. Blitzsauber gefegter Asphalt, Fußgängerstreifen – und die Jugend auf Kleinmotorrädern oder Rollern. Die Walker, Andereggen, Imwinkelried unterhalten sich laut und lustig, in einem schnellen Spanisch, über die Straße, während sie ihre Automotoren laufen lassen, wie überall im Land. Hinter den Fenstern ahnt, sieht man Schatten, die die Fremden beobachten. Als sich die Fotografin eines Abends allein durch die Straßen bewegt, Fassaden, Vorgärten, heimkehrende Kinder aufnimmt, wird sie argwöhnisch ausgehorcht – und nach ein paar Minuten heftet sich ein verlegener Dorfpolizist an ihre Fersen.

»Wir sind immer für uns geblieben«, hatte unsere Ciceronin erklärt, »haben früher nie aus dem Dorf geheiratet. Hier sind alle irgendwie verwandt.« »Warum diese Abschottung?« »Das kommt von unseren Vorfahren, die wollten unter sich bleiben. Vor allem, weil sie katholisch waren. Um unser Dorf herum gab es protestantische Kolonien. Mit denen wollte man nichts zu tun haben. Mit den gebürtigen Argentiniern, den Indios, den Criollos, den Mischlingen, auch nicht. Das waren die ›Schwarzen‹. Von denen hielt man sich fern. Als der Gouverneur von Santa Fé Ende des 19. Jahrhunderts die Zivilehe einführen wollte, ist San Jerónimo in die Provinzhauptstadt marschiert, um zu protestieren.«

Am Rand des Dorfs, dort, wo es abrupt in die grüne Pampa übergeht, besichtigen wir gigantische Sportanlagen und -gebäude. Ein Freibad mit olympischen Massen. Ein gedecktes Thermalbad, in dem Physiotherapeutinnen mit Handicapierten schwimmen und turnen. Volleyball, Basketballfelder, eine Turnhalle mit Dimensionen, wie ich sie während meiner ganzen Schulzeit nie gesehen habe. Und dann das Schmuckstück, das Fußballfeld, mit einem Rasen von geradezu irrealer Saftigkeit und Perfektion. »Da kannst du lange herumfahren, bis du so einen findest«, meint der Präsident des Sportclubs. Man ist in der Liga aufgestiegen, und damit ist in Argentinien automatisch die Verpflichtung verbunden, den Drahtzaun ums Stadion zu erhöhen, ihn oben mit Stacheldraht zu versehen. Die »Hinchas«, die Fans, so die Überlegung, reagieren mit zunehmender Bedeutung des Clubs heftiger. Das scheint in San Jerónimo nicht anders zu laufen als in der »Bombonera«, dem Boca-Stadion in Buenos Aires.

Es gibt in Argentinien nichts Wichtigeres als Sport. Das Sechstausend-Seelen-Dorf San Jerónimo ist sich dessen sehr bewusst. Der Sportclub wird von einer dorfeigenen Sparkasse alimentiert, einer Art Kooperative, der viele Einwohner ihr Erspartes anvertrauen.

*

Cuatro Montes. Im Gemeindehaus hängt ein großes, naiv-pathetisches Bild. Architekt Hugo Raúl Lazzarini hat es Anfang der Neunzigerjahre gemalt. Es zeigt die Ankunft der ersten Siedler. Fünf Familien waren es, 35 Personen, Bauern, aus Glis, Brig, Außerbinn stammend. Der heimischen Not entfliehend, hatten sie sich einem mit der großen Welt und der Emigration vertrauten Bodenmann-Brüderpaar angeschlossen, waren via Antwerpen übers Meer nach Buenos Aires und in die Provinz Santa Fé gereist, um in einem jungen Riesenland, das sich zu formen, zu ordnen begann und europäische Siedler anwarb, ihr Glück zu versuchen. Im August 1858 trafen sie in der Nähe des heutigen Dorfes ein. Der Partner der Bodenmanns in Santa Fé, der eigentliche Gründer und Kolonisator der Region, Ricardo Forster, reicher Großgrundbesitzer und mit dem Gouverneur der Provinz liiert, teilte jeder Familie 33 Hektaren guten Landes zu – eine sogenannte »Konzession« –, dazu ein paar Stück Vieh,

Pferde, das Notwendige an Lebensmitteln für den Anfang, ein bisschen Geld.

Auf dem Bild sitzen in dicke, dunkle Kleider eingepackte Frauen bei Sonnenuntergang auf ihren Gepäckstücken, fachen Feuer an, die Männer im Hintergrund stehen bei den Planwagen, Säcke, Truhen, Geräte für den Ackerbau werden abgeladen. Ein Camp wie im Wilden Westen. Ein Anfang in Dürftigkeit. Im kleinen Ortsmuseum von San Jerónimo lässt sich die Mühsal des Beginns anschauen: die mitgebrachten Werkzeuge, die ersten einfachen Maschinen, die unangemessen warmen Kleider, der ganze rührende, schäbige Krimskrams, über dem man in der zweiten Heimat die erste nicht vergessen wollte.

Roque Oggier, Inhaber eines kleinen Elektrogeschäfts im Dorf und Präsident des Schweizerclubs, liest das Bild in die Landschaft ein, zeigt uns am Ort, der sich heute Cuatro Montes nennt und hauptsächlich aus Wiesen besteht, wie groß ein Stück Land von 33 Hektaren ist. »Damals hatte so eine Konzession einen Wert. Damit konnte man die Selbsterhaltungskosten auch einer großen Familie bestreiten. Heute ist das unmöglich geworden.« Wer von den Ursiedlern es schaffte, fünf Jahre durchzuhalten, bekam das Land mit allen Titeln überschrieben. Die tüchtigen Oberwalliser beließen es nicht dabei. Sie spezialisierten sich auf Viehzucht, erhielten laufend Zuzug aus der Heimat und erwarben von Forster Tausende von Hektaren Weideland zusätzlich.

»Hier lebten christianisierte Indianer in einem jesuitischen Reservat«, erzählt Roque, »die halfen den Oberwallisern Ranchos einfache Hütten und Gehöfte aus Adobe, aus Lehm, mit Dächern aus Stroh zu bauen. So fing das an in Cuatro Montes.« Natürlich waren die Anwerber und einheimischen Politiker keine Altruisten, selbstverständlich hatten sie ihre kleinen Nebenabsichten. Durch die Besiedlung sollte erstens das Land fruchtbar und wertvoll gemacht werden, und zweitens erhoffte man sich von den Besitzern, dass sie sich aktiv an der Zurückdrängung der nicht christianisierten, der »wilden« Urbevölkerung beteiligen würden. Im Übrigen gab es zu Ende des 19. Jahrhunderts in Argentinien eine politische Tendenz, die darauf aus war, das dünn besiedelte Land mit immer mehr europäischen Zuwanderern zu bevölkern, um die einheimischen Indios zu »zivilisieren«, wie es, euphemistisch, hieß. Tatsächlich wurden die Indios Argentiniens militärisch bekämpft und gewaltig dezimiert. Argentinien ist aus diesen und anderen Gründen das mit Abstand europäischste Land Lateinamerikas geworden.

*

Über Land. Fahrten kreuz und quer durchs Land um San Jerónimo Norte. Fahren über hart gestampfte Naturstraßen, immer die topfebene, die unendliche Pampa vor Augen und darüber der riesige Himmel. Baumalleen gelegentlich, Sojafelder, die Gruppen der schwarzweiß gefleckten Milchkühe. Pinien, Orangen- und Zitronenbäume und daneben die argentinische Urvegetation: riesige Ombu-Bäume, Weiden, die hartholzigen Algarrobos (Johannisbrotbäume). »Wenn du wissen willst, ob das Land gut ist, schau nach den Paraiso-Bäumen. Dort, wo die wachsen, wirst du das beste Land finden.« Argentinische Bauernweisheit aus dem Mund des aus dem Oberwallis stammenden Elektrikers.

Aus den Ranchos sind später Steinhäuser geworden, langgezogene, für die Familien mit den zehn bis achtzehn Kindern, aus den einfachen und zweckdienlichen Gehöften noch später schmucke Landsitze, verputzt, bemalt, verziert, von Gärten umgeben. Die meisten dieser Landsitze und Höfe stehen heute leer, verfallen. Was sie einmal waren, wird signalhaft durch ein Windrad angezeigt, das sich noch dreht. Früher hat es Grundwasser aus dem Boden gepumpt. Die Landwirtschaft lohnt sich kaum mehr. Zu viel Arbeit für zu wenig Einkommen. Die sich's leisten konnten, haben verkauft oder verpachtet und leben im Dorf.

Solche Pächter sind die Andereggen. Sie leben in einem Tambo, einem durchrationalisierten Milchbetrieb. Rund tausend Liter Milch pro Tag muss der Ertrag der über sechzig Kühe sein, damit sich die Sache einigermaßen rentiert. Maschinelles Melken, die Milch wird im großen Kessel sofort gekühlt, jeden Morgen abgeholt und in die 20 Kilometer entfernte Milchproduktefabrik transportiert. Den Kühen täglich ein Stück Weide zuweisen, die Zäune entsprechend verlegen, die Kühe in den Unterstand treiben, melken, wegführen, den Unterstand sauber halten, die Milch fachgerecht sammeln, kühlen und aufbewahren – darin besteht das tägliche Einerlei der Familie. Eine Arbeit, so gut und so schlecht wie jede andere. Man kann leben, man kommt durch.

*

Raúl M. Jullier, Presidente communal. Listig, überaus listig und agil wirkt der im Übrigen herzliche Bürgermeister Jullier hinter seinem Tisch im Gemeindehaus. Ein argentinischer Bürgermeister eines kleinen Dorfes in diesen schweren Zeiten der Krise, einer nun schon seit Jahren dauernden Rezession, muss clever sein, wenn er seinen Leuten etwas nützen will. Und Jullier, das bestätigen uns die verschiedensten Gesprächspartner, reißt sich ein Bein aus, um seiner Aufgabe gerecht zu werden. Nostalgie, Brauchtum, Historie rücken im Gemeindehaus zugunsten klarer pragmatischer Zielsetzungen in den Hintergrund. Von den so alten, so tiefen Beziehungen zur Schweiz, genauer zum Oberwallis, würde die Allgemeinheit gerne auch wirtschaftlich etwas profitieren. Von einem Geschäft mit tiefgekühlten Kaninchen ist die Rede und vom Export spezieller Möbel.

Ansonsten vermittelt uns der Bürgermeister in kurzer Zeit ein sozioökonomisches Bild seiner Gemeinde, mit Zahlen, Dokumenten, Kommentaren, das wenig Wünsche offen lässt. 105 Traktoren gibt es auf dem Gemeindegrund und 235 Orangenbäume, zum Beispiel. In der früher rentablen einzigen Aktivität des Dorfes, Landwirtschaft und Viehzucht, sind keine zehn Prozent der Bevölkerung mehr integriert. Der Rest arbeitet teils im Verkauf, im Transportbereich, in Dienstleistungsbetrieben – oder in kleinen Möbelfabriken. Letztere sind in der ganzen Region seit Jahren zu den Haupterwerbsquellen aufgerückt. »Unsere Leute in diesem Sektor sind gut ausgebildet«, meint Jullier, »aber wir kämpfen mit großen Absatzproblemen. Seit die Brasilianer abgewertet haben, verkaufen sie ähnliche Möbel bis zu 30 Prozent billiger. Wir können da nicht mithalten.« Trotzdem: Man hat sich bisher noch einigermaßen anständig über die Runden gebracht. Die Arbeitslosenquote liegt bei zehn Prozent, was für argentinische Verhältnisse wenig ist; es gibt freilich immer mehr Bedürftige, die auf Sozialhilfe angewiesen sind.

»Was uns zugute kommt«, so Jullier, »und das mag durchaus ein Stück Schweizer Erbgut sein, ist die Umsicht unserer Väter und Vorväter. Die haben, als es ihnen gut ging, laufend in ihre Häuser und Kleinbetriebe investiert, haben ihr Geld geschickt angelegt, Land gekauft und für ihre vielen Kinder gut gesorgt. Ich kannte einen Bauern, der fuhr, als er zu Geld gekommen war, eines Morgens nach Santa Fé und kaufte jedem seiner sechs Söhne einen Traktor. Solche Vorsorge, das zahlt sich vorderhand noch aus. Aber lange wird das auch nicht mehr reichen.« – »Und wie ist das heute mit der Schweiz?« Der Bürgermeister wirft einen seiner listigen Blicke, lacht. »Costumbres sí, trabajo, nada a ver.« (Was die Bräuche betrifft, ja, aber was das Arbeiten angeht, da haben wir nichts miteinander zu tun.)

Wonach wir, beim Schlürfen des obligaten Cortado (Espresso mit einem Tropfen Milch), zur Politik übergehen, einem Lieblingsthema der meisten Argentinier, dem sie in einer seltsamen Mischung aus Engagement und Verachtung stundenlang frönen können. San Jerónimo wird seit gut fünfzig Jahren von den Radikalen regiert – und das ist eine vergleichsweise moderne, aufgeklärte politische Tendenz, die mit dem Konservativismus der Oberwalliser Kolonisten nichts mehr zu tun hat. Ein beliebter Arzt aus Mendoza, der sich vor einem halben Jahrhundert im Dorf niedergelassen hat, soll der Begründer des autochthonen Radikalismus gewesen sein. Das entsprechende Gedankengut, unscharf letztlich, ohne klare Dogmen jedenfalls, setzt sich heute aus sozialistischen, sozialdemokratischen und liberalen Elementen zusammen.

»Wir haben einen Konflikt im Dorf, seit Jahren«, meint Jullier. »Aber der verläuft quer durch den Radikalismus, spaltet sogar Familien und hat nichts mit Ideologie zu tun. Nur mit Personen. Wie in allen Dörfern.« Der Bürgermeister setzt eine Sonnenbrille auf und verabschiedet sich. An der Eröffnung einer großen Möbelmesse in der näheren Region wird er für die einheimischen Betriebe werben.

*

Öffnungen und pseudoantike Truhen. Der alte Dionisio Eberhardt, 82, geht seinem Hobby nach, dem Reisen; er befindet sich auf großer Kreuzfahrt, zur Zeit wahrscheinlich in Alaska. Das kann er sich leisten, weil seine Tochter, Edel del Lourdes

Eberhardt de Menotti, temperamentvolle rotlockige Geschäftsfrau, das Eberhardtsche Familienunternehmen, eine Schreinerei, alleine zu führen versteht. Man ist auf »Aberturas« spezialisiert, auf Öffnungen, auf Türen und Fenster. Mit einem Dutzend verschiedener Modelle beliefert man hauptsächlich einen Großkunden in Córdoba. Das Holz stammt aus der Provinz Formosa und aus Chile, wird frisch eingekauft und teils draußen, teils drinnen jahrelang fachgerecht getrocknet. Gracias a Dios gebe es genügend Lagerkapazität, sodass man nicht von der Hand in den Mund leben müsse. Und gracias a Dios habe man genügend Aufträge, brauche niemanden von der 25 Köpfe zählenden Belegschaft zu entlassen. Edel del Lourdes, die eigentlich hätte Edelweiß heißen sollen, zeigt uns voller Stolz die aus schönem, schwerem argentinischem Hartholz gefertigten »Aberturas« im alten und im neuen Stil, neokolonial oder sachlich.

In exotische Gefilde geraten wir am Rand des Dorfs, in einer anderen Möbelschreinerei, in der 22 Angestellte ausschließlich für den US-Markt arbeiten. Der argentinische Besitzer hat sich mit einer peruanischen Firma zusammengetan und fabriziert aus dem rötlichen Holz des Johannisbrotbaums Schränke, Sessel, Tische, Truhen für seine Kunden in Los Angeles. Schwere Möbel mit gedrechselten Beinen, eingelegten helleren Hölzern, die gefirnisst, poliert – und dann mit verschiedenen Instrumenten ein bisschen brutalisiert werden, damit sie antik aussehen. Die Truhen sind mit oxidierten Eisenbeschlägen versehen und sehen aus, als stammten sie aus der Hinterlassenschaft von Piraten. Zwei Peruanerinnen bemalen einen Schrank. Sie gehören zur Belegschaft, sind die einzigen, die dieses Kunsthandwerk beherrschen – und sagen kein Wort. Die Sessel für die Amerikaner sind mit Kuhleder bespannt, aber das

Leder, so hat uns der Bürgermeister verraten, der offenbar alles weiß, was in seinem Dorf vorgeht, muss so lange behandelt werden, bis es nicht mehr nach Leder riecht, sonst würden es die Kunden nicht kaufen. Versonnen blättert der peruanische Mitbesitzer des Fabrikleins in einem Hochglanzkatalog, zeigt uns hochbeinige Barhocker, Tischuhren, mit peruanischen Pflanzenmotiven verzierte Bauernschränke. So werden Wohnlandschaften in Kalifornien mit tropisierendem Kitsch, der in einem argentinischen Dorf von Urenkeln von Oberwallisern hergestellt wird, ausgerüstet.

*

Auf dem Friedhof. Alte Heimat und neue, eroberte, kommen auf dem Friedhof zusammen. Der von San Jerónimo Norte, in unmittelbarer Nähe des Dorfes liegend, versteckt sich nicht. Im Gegenteil: Mächtig, weiträumig, von weither sichtbar, nimmt er sich fast wie ein zweites Dorf aus. Die Toten scheinen sich in den 150 Jahren, die seit der Gründung von San Jerónimo vergangen sind, im gleichen Maß vermehrt zu haben wie die Lebenden. Man pflegt sie, man schaut zu ihnen, den unübersehbaren Zeugen der Vergangenheit. Prachtentfaltung, Pomp und düsteres Pathos wirken italienisch oder spanisch. Anschauungsunterricht haben die ursprünglichen Planer der Gräberfelder wohl in der Provinzhauptstadt und in Buenos Aires genommen. Der Chacaritas-Friedhof in Buenos Aires, eine wahre Totenstadt, ist als Modell gegenwärtig.

Man lässt sich en famille bestatten. Urgroßväter, Großmütter, Eltern, Kinder vereinigen sich auf einem Ensemble von geschliffenen Marmorplatten mit den Fotos der Dahingegangenen drauf, den Jahreszahlen, einem frommen Spruch. Frische Blumen überall. Den wohlhabenderen oder stolzeren Geschlechtern wurden mehrstöckige Mausoleen gebaut. Liest man die Namen, die immer gleichen zwanzig, dreißig Namen, sieht man das enge Verwandtschaftsgeflecht förmlich vor sich: Es war ja, wie Meki meinte, nicht üblich, aus der Gemeinschaft hinaus zu heiraten. An den Rändern, in den Ecken des Friedhofs blättern die Steine ab, zerfallen die Quader, und die Inschriften sind nur noch mühsam entzifferbar. Hier ruhen die ersten Blatter oder Hug oder Perrig, die originalen Argentinienfahrer – und ihnen hat man die frommen Sprüche, die sie in die Ewigkeit begleiten sollten, auf Deutsch in den Stein gemeißelt.

*

Im Walliser Keller. In diesem Walliser Keller, einem gruftigen Raum unten im Haus, das den Schweizerclub beherbergt, wird nicht gezecht, kein Fendant getrunken, nicht gejasst, kein Fondue gekocht. An einem langen Tisch sitzt eine Gesellschaft freundlicher Senioren, Männer und Frauen von sechzig an aufwärts, mehrheitlich, und brütet über fotokopierten Zetteln, die ihnen der Hobbylehrer, ein pensionierter Gemeindeangestellter, verteilt hat. »Meitschi, biobi, gemmer ina« oder so ähnlich hat er seine Schar angewiesen, als sie draußen auf der Straße stand und uns nicht mit dem obligaten einen argentinischen, sondern mit zwei und drei europäischen Küssen begrüßte. Es ist Dienstagabend, Zeit für die Lektion in »Wallisertitsch«.

»Der grosfater hät kei lusch alle tága bado; är zeid das isch moda fa di iungui lit.« (Der Großvater hat keine Lust, alle Tage zu baden; er sagt, dass sei eine Mode der jungen Leute)

Der Lehrer hat eine Serie Sprüche in phonetisierender Sprache aufgeschrieben und vervielfältigt. Es handelt sich um ein altmodisches Walliserisch, das im Dorf seit der Gründerzeit überliefert wurde und in seiner aktuellen Form wahrscheinlich selbst in der Schweiz kaum mehr allgemein verstanden würde. Die zum Teil phonetische Schreibweise ist nötig, weil die Schülerinnen und Schüler die schweizerischen Krach- und Zischlaute sonst kaum auszusprechen wüssten.

»Minu fetter hät guiot herh fam schiss frouve; iéts hät niva auto koiff, niuss hiyi, und schaff nimma.« (Mein Cousin hat von seiner Frau viel geerbt; jetzt hat er ein neues Auto gekauft, ein neues Haus und arbeitet nicht mehr)

Jetzt sitzen sie über ihre Zettel gebeugt, entziffern die Wörter und Sätze. Ich bin mir nicht sicher, ob sie die Bedeutung immer verstehen – aber die Melodie, der Duktus, das tönt ganz eindeutig walliserisch, das haben sie intus, das muss ihnen jemand vorgesungen haben.

»Di grosmioter isch scho lang schtorbot, haber der grosfater imer farlang schi mióss zurúko far di hóss biedso.« (Die Großmutter ist schon lange gestorben, aber der Großvater verlangt immer, sie müsse zurückkommen, um die Hosen zu stopfen)

*

Die verlassene Heimat, das hat uns Meki erzählt, war jahrzehntelang auch eine verlorene und eine verschwiegene Heimat. Ab der zweiten und dritten Generation begannen sich die Nachkommen der Siedler ihrer Herkunft zu schämen. Requisiten aus der Zeit des Anfangs versteckten sie, die Kinder wiesen sie an, in der Schule nur Spanisch zu sprechen, und zu Hause unterhielten sich mit der Zeit bloß noch ein paar Alte im heimatlichen Dialekt. Nach der Jahrhundertwende wurden die Kontakte zur Schweiz zunehmend spärlicher und brachen fast ganz ab. War bei den Pionieren der Schmerz über unwiederbringbar Verlorenes der Auslöser, so dürfte bei den Jüngeren, gerade umgekehrt, der Wunsch, echte Argentinier ohne fremden Ursprung zu sein, der Grund für diese Abwendung gewesen sein.

Eine neue Richtung nahm das, was man, mit einem großen Wort, auch einen Identitätsprozess nennen könnte, Ende der Sechzigerjahre. Meki bezeichnet den Besuch eines Walliser Paars im Dorf, das sich begeistert zeigte über die angetroffenen Überreste Oberwalliser Kultur und, zurück in der Schweiz, dafür sorgte, dass man sich dort für San Jerónimo zu interessieren begann, als Initialzündung für das Umdenken, das im Dorf allmählich einsetzte. Heute ist sich zumindest der ältere Teil der Bevölkerung seiner Herkunft wieder bewusst geworden und nimmt mit offensichtlichem Vergnügen an den folkloristischen Umzügen, Erstaugustfeiern, Jassturnieren oder Jodeldarbietungen teil. Zu diesem Bild der Schweiz, eigentlich des Oberwallis, zu diesen Versatzstücken einer doch ziemlich erstarrten volkstümlichen Kultur, passen die kuriosen Wiederbelebungsversuche an einer obsolet gewordenen Fassung des »Wallisertitsch« aufs Genaueste. Da die Inhalte der am langen Tisch im Walliser Keller mühsam entzifferten Hieroglyphen auch eher ins Vorgestern gehören, was die eifrigen Schülerinnen und Schüler nicht zu stören scheint, wird eine epidemische Ausbreitung dieses Idioms in San Jerónimo Norte in näherer Zukunft kaum zu befürchten sein. Die allermeisten Jullier, Oggier, Andereggen verstehen sowieso nur Bahnhof, wenn ihnen ein Begeisterter etwas von »Meitschi« oder »Biobi« erzählen will.

*

Die Zillertaler Bergvagabunden. Es ist immer noch Dienstagabend – da üben auch andere. Musiker. Im garageartigen Hinterzimmer eines Einfamilienhauses mit Autopneus in den Ecken und einem langen Tisch in der Mitte. Zwei Klarinetten, ein Saxophon, eine Handorgel, später kommt eine Posaune dazu, die Trompete konnte heute nicht. Der Mann an der Handorgel hat die alten Weisen, die man gleich in den Raum schmettern wird, für diese spezielle Besetzung aus- und umgeschrieben. Die Herren verfügen über viel Routine, da geht gleich die Post ab. Sechs derartige Volksmusikgruppen kennt das kleine San Jerónimo. Diese hier nennt sich »Zillertal«, eine kleine Verwechslung, wie das Saxophon verlegen meint: Man habe vor vielen vielen Jahren am Fluss Paraná einmal so ein Orchester spielen gehört. Die Musik sei großartig gewesen, die Uniformen und die federgeschmückten Hüte der Musikanten »impresionante«. Und deshalb wollte man in San Jerónimo auch so eine Zillertalgruppe. Gespielt und gejodelt werde an allerlei Anlässen im Dorf, in der Provinz, an den Festen der Schweizer, Deutschen, Österreicher in anderen argentinischen Regionen.

Ein schweizerisch/bayrisch/tirolerisches Potpourri dudelt durch den Raum. Die Türe geht auf, herein spazieren an den Händen ihres stolzen Vaters zwei Teenager-Mädchen, grüßen schüchtern und beginnen, kaum aus den Jacken geschält, zu singen. »Heidi, Heidi« zu unseren Ehren und dann ihr auf einer CD verewigter Hit, eine Melodie, die sich über »sonnige Höhen« in Windungen und Wiederholungen zur Feststellung: »Berg-vaga-bunden-sind-wir« hinaufschaukelt, um schließlich in einem heftigen Gejodel festzusitzen.

*

Der Asado. Der Abend ist inzwischen in die Nacht übergegangen. Zeit für einen argentinischen Asado, gegrilltes Rindfleisch. Seit zwanzig Jahren lädt Roque jeden Dienstag Freunde in sein Haus ein und setzt ihnen seinen Asado vor. Er mit seinen zwanzig Jahren Grillerfahrung kennt keine Nervosität. Während sich in seinem Patio die Glut ganz von selber macht, in der Küche Grünzeug präpariert wird, erste Gäste vor dem Fernseher sitzen, fährt er mit uns um ein paar Ecken zum Zillertaler Potpourri. Als wir gegen zehn Uhr zurückkommen, ist die Glut grad weiß geworden, die Gäste trinken Bier, Wein und Coca-Cola, und Roque verschwindet für längere Zeit mit einer Tüte voller Würste und ein paar gewaltigen Stücken Rinderbrust im Patio. So gegen elf geht's dann richtig los, eine Platte nach der anderen kommt auf den Tisch und wird weggeputzt, Applaus für den Asadero, der wie immer für perfektes Timing gesorgt hat: Vom Fleisch, außen knusprig, innen jugoso (saftig) für die einen, a punto (richtig durch) für die andern, bleibt nichts übrig.

An Roques langem Tisch lässt sich argentinische Gastfreundschaft erleben: eine Atmosphäre voll Witz; raue, burschikose Herzlichkeit; man isst viel und trinkt mäßig; Fremde werden ohne weitere Umstände eingemeindet – wenn sie mitreden wollen und können; wenn nicht, wird sich niemand große Sorgen um sie machen. Ein ehemaliger Lastwagenchauffeur erzählt von seinen Fahrten, der Fußball kommt natürlich aufs Tapet, aber nur kurz, der einzige am Tisch, der »Wallisertitsch« spricht, tut dies, um die andern zu necken, und serviert uns ein paar Anekdoten, die im Lärm untergehen – und die wir auch nicht wirklich verstehen.

Die Argentinier, so hat mir einmal ein autodidaktischer Volkskundler und schlitzohriger Anwalt in Buenos Aires erklärt, haben vom Italiener das Lebhafte, Elegante, Schnelle und vom Nordspanier das Schwerblütige, Melancholische, Stämmige. Aber sie gestikulieren nicht wie die italienischen »Pajasse« (sagte der Volkskundler), und sie haben nicht das Sture und Stiernackige des Nordspaniers (schob der Volkskundler nach). Oder: Das eine mildere das andere. Die Volkscharakterisierungen der Volkskundler haben immer etwas Dubioses. Mir fallen regelmäßig nur die Ausnahmen von der angeblichen Regel auf. Hier, an Roques heiterem Abendtisch, ätzte Oberwalliser Spott das Lebhafte des Italieners und das Schwerblütige des Nordspaniers – was eine wahrhaft kuriose Mischung ergab. Haben die Argentinos kräftig gegessen, ein paar Gläser getrunken und ihre Geschichten erzählt, stehen sie auf und gehen ohne lange Abschiedszeremonien nach Hause. Ein löblicher Brauch, eine nachahmenswerte Sitte – auch das eine Funktion intuitiven Timings.

*

Die Pulpería in Santa María. In Santa María, einem Weiler, ein paar Kilometer außerhalb San Jerónimos liegend, der an diesem Nachmittag regungslos vor sich hin döst, lässt sich das Stillstehen der Zeit erleben. Stößt man die Türe zur Pulpería auf, dem alten Laden mit Alkoholausschank, gelangt man in einen Raum der Vergangenheit. In stimmungsvollem Halbdunkel liegt er da: schwarz-weiß-beige Kacheln am Boden, ein paar einfache Holztische mit Stühlen, eine wuchtige Theke aus dunklem Holz mit einer Marmorplatte drauf, dahinter die Flaschen; in einer Ecke war früher der Postschalter untergebracht, eine andere, zu einer Art Empore umgebaut, beherbergt an Festtagen Musikgruppen, die zum Tanz aufspielen. Die Pulpería funktioniert gleichzeitig als Almacén, als Dorfkramladen für alles. Auf den Gestellen stauben Textilien neben Kurzwaren oder Paketen mit Keksen vor sich hin – aber es gibt auch Milch, Käse, Wurstwaren zu kaufen.

Schwer tappen und hallen die Schritte der Besitzer – Lucindo Albrecht und Frau – durch die Räume. Das obligate Foto aus Gründerzeiten wird gesucht und gebracht: Dieses hier stellt einen pfiffigen Bauern dar, den alten Albrecht, Vater des aktuellen Wirts; wie ein Denkmal steht er hinter der Theke, eine Pfeife im Mundwinkel, neben sich eine gewaltige Batterie von Bierflaschen. »Es gab hier an den Wochenenden Konkurrenzen. Es ging darum zu sehen, wer am meisten Flaschen bewältigen würde. Mein Vater war nicht zu schlagen«, meint der heutige Albrecht nicht ohne Stolz. Und jetzt muss unbedingt ein Grappa de lujo aus der Region versucht werden, den er in sehr großzügig bemessenen Gläsern ausschenkt. Ebenso gut wie undefinierbar. Dann wird gleich noch ein Anis turco aus Santa Fé angeschleppt, den wir, um zurechnungsfähig zu bleiben, verweigern und deshalb nie wissen werden, ob dieser Anis turco aus Santa Fé wirklich, wie Albrecht behauptet, genau gleich schmecke wie der Absinth im Wallis, die Gletschermilch. Was ihm, der die Heimat der Vorfahren nie besucht hat, von Reisenden erzählt worden sei. Unter »Turco«, das muss man wissen, subsumiert der Argentinier alles, was ihm arabisch, muselmanisch, mittelöstlich oder kleinasiatisch vorkommt.

In der Pulpería, im Almacén von Santa María, vereinigen sich schließlich im Kopf, im Herz die Heimaten und Kulturen aufs Harmonischste, woran der Grappa sein nicht geringes Verdienst haben dürfte. Die trinkfeste, in rauer Herzlichkeit sich manifestierende Albrechtsche Familiengeschichte, eingefangen an einem Nachmittag, der stillzustehen scheint, nährt sich so gut mit oberwalliserischen Reminiszenzen wie mit Elementen der argentinischen Gauchokultur, einer derben, farbigen, melancholischen Kultur der Armut, gelebt und bezeugt von den berittenen Viehhirten der unendlichen Pampa, in Nostalgie und Folklore bis in unsere Tage weiterwirkend.

Niemand hat diese versinkende Kultur besser und lakonischer zu beschreiben und zu interpretieren gewusst als Jorge Luis Borges in einigen seiner Erzählungen. Die Pulpería von Santa María hätte Borges als Schauplatz einer seiner dramatischen Geschichten erfinden können, wenn es sie nicht schon gäbe.

Jesuitische Mission

Glauben und Frömmigkeit hatten im Argentinien zu Ende des 16. Jahrhunderts einen Namen: Jesuit. Im Gefolge der spanischen Eroberer kamen die Jesuiten ins Land, missionierten, kolonisierten, lehrten, forschten – und stellten sich quer zu den gierigen Brutalosoldaten, denen nichts anderes als Bereicherung und Ausbeutung im Sinn stand. In Misiones, der Provinz, die den Auftrag der Jesuiten als Namen erhalten und behalten hat, findet man Überreste der sogenannten Reducciones, Siedlungen, in denen Indios, unter der Obhut der Missionare, geschützt waren, ein menschenwürdiges Leben führen konnten, als zwangsbekehrte Christen, versteht sich. Ein Abend in Misiones, in den Ruinen von Santa Ana, die der andrängende Wald zu einem guten Teil verschlungen hat, ein Gang über zerborstene Gräber, vorbei an sakralen und weltlichen Gebäuderesten hilft einem, Vorstellungen, Bilder zu imaginieren, mit der Prägung einer katholischen Form der Zivilisation. Mag sein, dass die Jesuiten in ihrem Bekehrungseifer die »Wilden« missbrauchten, mit der Absicht, sie auf die einzige Façon selig werden zu lassen, die ihnen zulässig erschien. Freilich: den verelendeten letzten Guaraníindianern, denen man in Misiones heute begegnen kann, würde man ein Los, wie sie es unter den Jesuiten in Santa Ana hatten, nur wünschen …

Die Heilige vom gerissenen Keilriemen

Ist Gott tot oder lebt er? Wurde er ermordet? Solche Fragen werden im katholischen Argentinien gestellt und angeregt erörtert in Essays und in sehr minoritären intellektuellen Zirkeln, die solche Essays mögen. Der argentinische Philosoph Rubén Ríos hat einen ziemlich akademischen *Ensayo sobre la muerte de Dios* verfasst und sein um einiges populärerer Kollege José Pablo Feinmann, Philosoph, Romancier, Journalist und Heidegger-Spezialist, der seine unterhaltsamen Vorlesungen vor vollen Rängen in einem abgetakelten Theater des Microcentro von Buenos Aires zu halten pflegt (in einer beeindruckenden Eloquenz, die noch den absurdesten Zwischenrufern gewachsen ist), nimmt Ríos' Thesen auf und erweitert, verallgemeinert sie in seinem Buch über Gewalt, Mord, Tod in Argentinien, das den Titel *La sangre derramada* (Das vergossene Blut) trägt.

Gott ist tot, der Mensch hat ihn umgebracht: keine neue Erkenntnis, aber eine, die in einem von regelmäßig wiederkehrenden politischen Katastrophen heimgesuchten Land wie Argentinien seine Freunde finden müsste. Auch wenn, paradoxerweise, gerade die Folterer und Mörder des Proceso, verantwortlich für sieben Jahre, in denen sich Gott, sollte es ihn denn geben, ganz von Argentinien abgewandt haben musste, ihre Untaten im Namen des Herrn begingen, den sie in Zusammenhang von Ordnung und Patriotismus zur Rechtfertigung gerne anriefen.

Ríos und Feinmann leiten ihre Erkenntnisse von einer Reihe – europäischer – Denker ab; von Nietzsche bis Marx, von de Sade bis Camus und Baudrillard reichen die verschiedenen Theorien. Gottesleugnung, Gottesmord, Gottessimulation werden diskutiert. Feinmann, der ein politischer, am Hier und Jetzt orientierter Philosoph ist, rückt den Gottesmord ins Licht seines Argumentierens über die Gewalt. Man übt Gewalt aus, man tötet immer im Namen einer absolut gesetzten Macht, heiße die nun Vernunft, Staat, Vaterland, Religion, Rasse, neuer Mensch oder Marktwirtschaft, meint er. Und deshalb, so seine Folgerung, muss man die Idee eines Absoluten töten, will man Gewalt verhindern. Also Gott töten insofern er das Absolute repräsentiert. Oder die Idee des Absoluten verändern, indem man postuliert, dass im Absoluten These und Gegenthese gleichermaßen enthalten sind, also neben der Gewalt eine Liebe, die Gewalt ausschließt. In waghalsigen Gedankensprüngen befördert Feinmann Gott aus dem Zentrum des Denkens heraus, spricht ihm die absolute Herrschaft ab – und verwandelt anschließend das Prinzip christlicher Absolutheit in eine dualistische Absolutheit, die verhindern soll, dass im Namen Gottes, im Namen einer Religion oder eines anderen Prinzips Gewalt ausgeübt werden darf.

*

Gewalt ist und bleibt ein sehr argentinisches Thema – und Gott? Die Religion? Der pragmatische Argentinier, ganz diesseitig eingestellt, der Familie und dem Fußballclub seiner Wahl vertrauend, ansonsten misstrauisch sich in der Gesellschaft bewegend, als sei er in Feindesland geraten, so fern wie nur immer möglich von Gott lebend, dieser gleiche Argentinier wird sich vor jeder Kirche, an der er vorbeigeht oder -fährt, bekreuzigen. Wir sind zwar ein katholisches Land, hat mir einmal ein Bischof erklärt, aber nur sieben Prozent der Argentinier praktizieren ihren Glauben. Und die andern? Haben sie ihn, haben sie ihn nicht?

Der Bischof, Jorge Casaretto, residiert in San Isidro, einem der relativ wohlhabenden Vororte von Buenos Aires, und er verkörpert jene wache, intelligente katholische Kirche, wie sie in vielen Ländern Lateinamerikas existiert und in der Werteskala der Bevölkerung jeweils weit oben steht. Mit gutem Grund. Leute wie Casaretto setzen sich laut und deutlich für die Rechte und Grundbedürfnisse jenes immer gleich groß bleibenden Teils der Bevölkerung ein, der im ökonomischen Elend zu versinken droht. Sie stellen die sozialen Fragen, fordern für die Unterprivilegierten das Recht auf ausreichende Ernährung, auf Bildung, Gesundheit und Arbeit ein. Sie äußern sich unumwunden, in klaren Sätzen, die ohne klischierte christliche Verzierungen auskommen, scheuen sich nicht, politisch Partei zu ergreifen – und sie helfen, pragmatisch, soweit es ihre bescheidenen Mittel zulassen. Bei fast allen staatlichen oder privaten Sozialprojekten in Argentinien ist die Kirche dabei, mal federführend, mal im Hintergrund operierend. Nur eben: sie verfügt über minime regelmäßig fließende Einnahmen. »Das meiste von dem, was wir brauchen, muss über Kollekten und Spenden von Firmen aufgebracht werden. Davon müssen wir die Instandstellung der Kirchen bezahlen oder die Lebenskosten der Priester. Für all die sozialen Projekte, an denen wir beteiligt sind, gehen wir regelmäßig auf Betteltour«, sagt Casaretto.

In Zeiten einer sich zuspitzenden Krise, wie sie um die Jahrtausendwende herrschte, als ich den Bischof besuchte, erodieren die Spenden aus verständlichen Gründen beträchtlich. Es nimmt auch die Bereitschaft der Gläubigen ab, sich freiwillig und kostenlos zu engagieren. Und – was den Bischof mit Sorge erfüllt, über was er ungern spricht – es verändert sich in solchen Zeiten das Verhalten der Gläubigen gegenüber ihrer Kirche. Der sachliche, der politische und pragmatische Diskurs katholischer Priester kommt gegen die sich ausbreitende Verzweiflung immer weniger an. Umgekehrt verstärkt sich eine Sehnsucht nach Mystizismus, nach sektierererischer Erleuchtungs- und Erlösungsverheißung. Äußere Zeichen, die Performance des Predigers, spielen eine gewichtige Rolle. Der Glaube mutiert zum Wunderglauben, dem sich viele mit Inbrunst hingeben; die Heiler und die »Carismáticos«, wie man sie in Argentinien nennt, die Charismatischen unter den Priestern verzeichnen einen enormen Zuwachs, und zwar auf Kosten der traditionellen Kirche.

Kommt die Rede auf sie, windet sich der Bischof. Dass es sich nicht um die sieben Prozent redlicher Kirchenbesucher handelt bei den Hunderttausenden, die von den Heilern Hand an sich legen lassen oder verzückt den mit Engelszungen predigenden Charismatikern lauschen, das ist ihm schon klar. Vorsichtig spricht er von einem massenpsychologischen Phänomen und schaut darauf, dass der Ausbreitung des Phänomen in seiner Diözese Grenzen gesetzt werden, soweit das möglich ist. Solange der Heil- oder Erlösungszirkus unter dem Siegel des allein selig machenden Glaubens und seiner Garantin, der katholischen Kirche, stattfindet, unternimmt der Bischof, unternehmen seine Pfarrer nichts. Dort, wo die Heiler und Charismatiker wirken, wo eine zur Heiligen Erklärte in den Ruf gekommen ist, Wunder zu wirken, wird über den Handel mit Statuen, Rosenkränzen, Heiligenbildchen, Amuletten, der ganzen Ikonographie und dazugehöriger Requisitenindustrie viel Geld umgesetzt, ungleich mehr als vor den Portalen der Traditionskirche. Und diese Traditionskirche profitiert finanziell in einem nicht unbeträchtlichen Umfang von der Begeisterung und entsprechenden Spenden- oder Konsumfreudigkeit der Mystifizierten.

*

In San José del Talar, einem der ärmeren Vororte von Buenos Aires, beten die Gläubigen in einer Kirchennische die Kopie eines Marienbildes an, das um 1700 in Augsburg gemalt wurde. Diese Madonna – sie wird »María desata nudos« (die Knotenlöserin) genannt – ist aus Gründen, die niemand zu nennen weiß, zur Mode-Madonna avanciert. Heilende Kräfte werden ihr zugeschrieben, und sie soll auch schon dieses und jenes Wunder bewirkt haben. Viele sind es, ältere Frauen in erster Linie, die sich an diesem Spätnachmittag an das Bild wenden, in den Kirchenbänken knien oder sitzen und mit geschlossenen Augen, hochkonzentriert, oder die Augen starr auf die Madonna fixiert, ihre Bitten und Gebete sprechen. Hier in San José del Talar sind Dilemma und Ambivalenz der Kirche mit Händen zu greifen. Mit überall aufgeklebten Texten beschwört sie die Gläubigen, ganz einfach zu beten und zu glauben und warnt vor den ambulanten Händlern draußen vor der Tür, die an verschiedenen Ständen einen schwunghaften Handel mit der Knotenlöserin in jeder erdenklichen Form, in jedem Material betreiben. Aber die beiden größten Stände, an denen die mit Abstand teuersten Devotionalien vermarktet werden, dazu Schriften der berühmtesten Priesterheiler und Charismatiker, die alle paar Wochen in José del Talar Gastrecht bekommen, werden von der Pfarrei selber betreut. Und bereitwillig segnet ein Priester Wässerchen, Bilder und anderen Krimskrams, der an den Ständen der Ambulanten erworben wurde. Die Gläubigen tun das eine und das andere, werfen sich vor der Desata nudos nieder und flehen sie an, ihnen zu helfen, lesen die warnenden Texte ihrer Pfarrer, kaufen trotzdem ein – und lassen sich die Andenken offiziell segnen.

*

Am Stadtrand der Ein-Millionen-Stadt Rosario geht es an einem andern Nachmittag gemütlich zu. Hier lebt der untere Mittelstand: Frauen führen ihre Kinder spazieren, ein paar Kids jagen einem Ball nach, Hunde überall. Aus einem zur Imbissbude umfunktionierten Campingwagen serviert ein Mädchen Cola und Choripan (Wurst in Brothülle). Am Straßenrand haben Händler gefüllte Wasserkanister in rauen Mengen gestapelt.

Gegen siebzehn Uhr rückt eine weibliche Putzmannschaft an und säubert die schmucke neue, im Kolonialstil erbaute Kirche Navidad del Señor. Der Vorplatz füllt sich. Dora, eine circa 45-jährige Frau mit schwermütigem Blick, ungefähr so hoch wie breit, mit einem lebhaften Töchterchen an der Hand, erzählt: »Ich hab es auf dem Herzen. Die Ärzte können mir nicht helfen. Und mein Töchterchen hier hat ein zu kurzes Bein. Padre Ignacio, der hilft. Der kann heilen. Schaut mich konzentriert an, fasst mich an. Es ist wirklich ein Wunder. Ich kenne viele, denen er geholfen hat.« Und was will er dafür? »Nichts. Wirklich nichts. Das ist die Wahrheit. Ich bin arm. Arbeitslos. Wir haben nichts. Wer kann, spendet der Kirche.« Hat er dir geholfen? »Ja, sicher. Durch den Glauben. Man muss den Glauben haben. Nur weil er den Glauben hat, sagt er, kann er helfen. Aber nur, wenn ich ihn auch habe.« Und wie kommt man zu einer Audienz bei Padre Ignacio? »Man muss eine Nummer abholen hier in der Kirche. Er heilt jeden Nachmittag um halb sechs. Nur wer eine Nummer hat, kann zu ihm. Ich habe es geschafft, jedes Jahr einmal dranzukommen.« Und ist die Krankheit, ist das Bein besser geworden? Dora ergeht sich in ausschweifenden Erläuterungen, aus denen nicht ersichtlich wird, ob sich ihr Zustand verbessert hat oder das Bein ihres Töchterchens länger geworden ist.

Inzwischen hat sich die Kirche gefüllt. Es erscheint wie eine Lichtgestalt ein ganz in ein fließendes, schneeweißes Gewand gekleideter Tamile. Padre Ignacio, 48, sieht gut aus, sportlich, wirkt sanft und freundlich. Sprechen will er nicht mit dem angereisten Schweizer, aber zuschauen, durch einen Paravant, darf ich. Im Kirchensaal herrscht Geschäftigkeit wie an einem Jahrmarkt. Die vielen Wasserkanister haben ihre Käuferinnen und, stark in der Minderheit, Käufer gefunden und werden in einer Ecke gesegnet. Aus einem verglasten Schrank werden die üblichen Devotionalien genommen und verkauft. Fotos von Padre Ignacio, in üppigem rotem Ornat das Abendmahl servierend, finden reißenden Absatz. Und sogar für die kostbar ausgestattete Biografie gibt es ein paar Interessentinnen. Darin kann man lesen, dass der Padre eigentlich Mateo Kurukulasuriya heißt und in Sri Lanka aufgewachsen ist. Erzählt wird im Buch in einem pseudonaiven Stil; Kindheit und Jugend des Mateo werden geschildert, als ob es sich um die Biografie Jesu Christi handeln würde.

Eine einschläfernde weibliche Stimme säuselt jetzt über Lautsprecher erbauliche Sentenzen in den Kirchenraum, die Segnungsaktivitäten brechen ab, es wird still, und Padre Ignacio taucht vor dem Altar auf. Ein Hilfesuchender nach dem andern wird ihm von Begleitpersonen zugeführt, eine erbarmungswürdige Karawane von Hinkenden, Gebeugten, Beschädigten.

Der Padre packt die eine am Kopf, den anderen um die Hüfte, reißt und knickt, biegt und dreht. Man wird an die Methoden der Chiropraktiker erinnert. Der Zeitaufwand pro Patient beträgt kaum eine Minute. Dann verlässt die Karawane den Altar, veränderte Körperhaltungen lassen sich von bloßem Auge keine ausmachen, aber, wie Dora meinte, den Glauben muss man haben.

Der Ruhm des Pater Ignacio hat sich über Rosario hinaus weit ins Land verbreitet. Hunderttausende sind in den zwölf Jahren, seit er hier die Messe liest und seine handfesten Übungen durchführt, zu ihm gepilgert. Er hat in seiner Gemeinde Sportclubs gegründet, soziale Werke initiiert. Politiker, Stars des Showbusiness, Fußballer lassen sich mit ihm ablichten. Wenn Padre Ignacio predigt oder redet, wägt er seine – vollständig hohlen – Floskeln sorgfältig ab. Er ist, wie die carismaticos, rhetorisch sehr begabt, hütet sich indessen zu behaupten, er könne heilen oder Wunder vollbringen. Was er sagt, ist irrelevant und geht auch ganz unter in der blendenden Erscheinung, der arabesken Rhetorik. Immer nur den Glauben, den man haben müsse, blindlings, spricht er an. Die Kirche lässt ihn gewähren, die Medizin auch. Ist er ein Scharlatan? Ein Hochstapler? Ein Heuchler? Er tut nichts Böses, nichts Ungesetzliches, er verstößt nicht gegen die Regeln und Gebote der Kirche, und ob seine Zugriffe auf den menschlichen Körper nützen oder schaden, wird schwer zu beurteilen sein.

Und er hat, nicht zu unterschätzender Faktor, Hunderttausende hinter sich, eine ständig wachsende Gemeinde. Eine Gemeinde von Hoffenden, mehrheitlich aber nicht ausschließlich der Unterschicht angehörend, eine Gemeinde, die Heil und Heilung, Mut und Trost nur noch bei ihm, bei Padre Ignacio und bei den andern Charismatikern und Heilern zu finden glaubt.

*

Im Westen des Landes, am Fuß der Anden, nahe der Stadt San Juan befindet sich der berühmteste und bizarrste Wallfahrtsort des Landes. Hier wird die »Difunta Correa« angebetet, die verstorbene Frau mit dem Namen Correa. Correa heißt auch Keilriemen, und reißt dieser Keilriemen, sprechen die Lastwagenfahrer von einem Correa difunta (gerissener Keilriemen). Die Legende, so darf man spekulieren, die dem Wallfahrtsort den Namen verliehen hat, kollidiert mit einem Missgeschick, das sich bei den älteren Auto- und Lastwagenmodellen relativ häufig ereignete und das durchaus dramatische Folgen haben konnte, angesichts des geringen Verkehrsaufkommens in jener heißen, einsamen Wüstenei. Wer mit gerissenem Keilriemen am Straßenrand landete, keinen Ersatz dabei hatte, kein Wasser, dem standen quälend sich dahinziehende Stunden bevor.

Die Legende will, dass im Jahr 1841, als in Argentinien Bürgerkriege zwischen den Föderalisten und antigouvernamentalen Rebellen herrschten, eine junge schöne Frau mit Namen Deolinda Correa mit ihrem Baby im Arm die Wüstenlandschaft um San Juan durchqueren wollte, um ihren Mann, den die Rebellen verschleppt hatten, zu suchen. Sie verirrte sich und verdurstete. Als sie von Gauchos drei Tage nach ihrem Tod gefunden wurde, war das Kind am Leben – es hatte sich an den Brüsten der Difunta alimentiert. In der Nähe des Dorfes Vallecito wurde die Unglückliche begraben und bald hieß es, sie könne Wunder wirken. Als Jahre später andere Gauchos in der Nacht ihr Vieh in der Wüste verloren, die Difunta Correa anriefen und das Vieh am Morgen wiederbekamen, war ihr Ruf besiegelt. Heute hat sich am Ort ihres angeblichen Grabes ein von Gläubigen wimmelnder, ständig von Tausenden belagerter Marktplatz entwickelt, mit Andenkenständen, Kapellen, Restaurants, einem Hotel. Die Difunta gilt in erster Linie als Schutzheilige der Lastwagenfahrer, und die Camioneros haben ihren Ruhm in alle Wind- und Straßenrichtungen, von Misiones bis Patagonien, getragen. Sieht man irgendwo am argentinischen Straßenrand ein Altärchen hinter einem Autoreifen, ist man ihr begegnet.

Am Wallfahrtsort selber kann man mit eigenen Augen sehen, wie Inbrunst und Verzückung in die Menschen, wiederum hauptsächlich Frauen, einfahren, überfallartig. Da kommen Familien im Auto an, steigen aus, fröhlich, und begeben sich an einen der zahlreichen Andachtsorte, an denen die Fetische ausgestellt sind, die Opfergaben für die Difunta; Brautkleider, Hausatrappen, Automodelle in jeder Größe, richtige Autos, richtige Lastwagen, Fotos, Uhren, Radios, Bilder, Schmuck und natürlich die nachgebildeten Körperteile, die geheilt werden sollen. Ausdruck grenzenloser Hoffnung, um mittels möglichst kostbarer Opfergaben die Gunst der Heiligen zu erwirken. Ein heidnischer Kult? Es sollen sich besonders Hingerissene ruiniert haben, um sich der Heiligen zu empfehlen. Eine wohltätige Stiftung verwaltet heute das Difunta-Unternehmen; sie setzt Millionen Pesos um, die sozialen Projekten zugute kommen.

Nach dem Gang durch die Andachtsräume, einer Art von Museumsrundgang, kommt man ins Innerste des Heiligtums, dorthin, wo eine lebensnahe Difunta-Figur am Boden liegt, mit dem an der Brust saugenden Baby im Arm. Und da wird man erleben, wie sich die eben aus dem Auto gestiegenen fröhlichen Familien, junge Frauen, Kinder, über die Gipsfigur werfen, ihr Kleid, ihren Mund küssen, Bitten und Gebete murmeln, mit verzerrt-verzücktem Ausdruck aufstehen, Tränen in den Augen.

Die Kirche steckt einmal mehr im Dilemma. Ein schäbiges kleines Gebäude haben ihre Oberen an den Rand des Areals gestellt, das kaum besucht wird. An den Andachtsstätten hängen Zettel, die verkünden, wann offizielle Messen zelebriert werden und wer wann wo Segen spenden würde. Es braucht einiges an jesuitischer Schlaumeierei, um bei einem Rummel mitzumachen, der einer vom Volk heilig Gesprochenen gilt, die von der Kirche nie anerkannt worden ist …

Irgendwelche gesicherten Spuren von der Existenz der Deolinda Correa gibt es nicht, aber eine ganze Anzahl von Intellektuellen der Provinz San Juan erweisen ihr Tribut, helfen, ihren Ruf zu festigen und zu legitimieren. Ein Historiker ist überzeugt davon, dass eine derart erfolgreiche Legende einen wahren Kern haben müsse, eine Ethnologin erklärt, dass eine Legende, die für so viele Menschen real sei und bleibe, auch für sie real sei und keiner weiteren Hinterfragungen bedürfe, und ein Schriftsteller will am Ort, an dem Deolinda angeblich gestorben ist, Knochen eines Kleinkindes ausgegraben haben, die bestimmt diejenigen des leider doch nicht geretteten Babys aus der Legende seien. Eine populäre Ballade in einfachen Vierzeilern ist der Heiligen gewidmet – und es sind solche einprägsamen Dokumente, die Legenden am Leben erhalten: »No hay corázon en San Juan / que, por curtido que sea, / no haya sentido la muerte / de la difunta Correa.« (Es gibt kein Herz in San Juan, / so abgebrüht es sein mag, / das nicht berührt gewesen wäre, / von der verschiedenen Correa) und so weiter dreißig Strophen lang.

*

Bei Fahrten über die schnurgeraden Landstraßen der Provinz San Juan fielen mir neben den der Difunta geweihten Autoreifen andere, mit roten Flaggen geschmückte Andachtsstätten auf, die ebenfalls mit Reifen oder anderen Autobestandteilen gekennzeichnet waren und von den vorbeifahrenden Lastwagen mit einem Hupsignal begrüßt wurden. »Das ist eine andere Geschichte«, meinten die um Auskunft gebetenen Bewohner der Region. Da gehe es um den Gauchito Gil, der stamme aus der Provinz Corrientes; mehr wussten sie nicht. Erst in Buenos Aires wurde ich fündig. Ein befreundeter Taxifahrer, ein wandelndes Lexikon, wenn es um argentinische Rätsel geht, kompetent vor allem in Fragen rund ums Auto, kannte die Legende.

Sie geht so: Im 19. Jahrhundert lebte in der Provinz Corrientes ein edler und mutiger Gaucho, der das Recht im ziemlich rechtlosen Argentinien jener Epoche selber in die Hand nahm, Unrecht ahndete und den Armen und Wehrlosen half. In der Art des Robin Hood, mehr mit List als mit Gewehrkugeln, aber nicht unbedingt im Rahmen der Gesetze operierend. Gauchito Gil wurde er genannt. Die Großgrundbesitzer hassten und verleumdeten ihn, hängten ihm fälschlicherweise einen Mord an. Gauchito Gil stellte sich im Vertrauen auf seine Unschuld der Polizei, die selbstverständlich korrupt war und von den Großgrundbesitzern den Auftrag erhalten hatte, den Gauchito ohne Federlesens hinzurichten. Am Tag vor seiner Erschießung sagte er einem Polizisten, er solle sofort nach Hause reiten; dort liege sein Sohn im Sterben, aber er könne ihn noch retten. Der Polizist glaubte dem Gauchito, ritt nach Hause, rettete seinen im Sterben liegenden Sohn, ritt zurück und gab auf Rat seines Wohltäters das schmutzige Polizistenhandwerk auf, um sich fortan als Bauer durchs Leben zu schlagen. Der Gauchito aber wurde erschossen. Das Volk bekam Kunde von der Weissagung und dem Tod des Helden und errichtete ihm rot beflaggte Denkmäler, die von der Obrigkeit als Zeichen politischen Protestes interpretiert und zerstört wurden. Aber jedes zerstörte Mahnmal wurde über Nacht durch ein paar neue ersetzt. So weit die auf meiner einzigen Quelle beruhende, etwas krause und inkohärente Legende.

Im Laufe der Geschichte haben die Denkmäler für Gauchito Gil ihren Charakter geändert, haben sich über die Grenzen seiner Heimatprovinz hinaus im ganzen Land ausgebreitet – und gelten heute als Glücksbringer für Lastwagenchauffeure und alle übrigen Autofahrer. Wer den Gauchito mit einem Hupengruß ehrt, kann auf unfallfreie Fahrt hoffen. Durch wer weiß welche kühne Transposition ist der ganz unheilige, ganz diesseitige Held der Armen und Rechtlosen zu einem Kollegen der Difunta geworden und wacht, gemeinsam mit ihr, über Argentiniens wilden Autofahrern, die solche Schutzheiligen wahrhaftig brauchen können, bei all ihren waghalsigen Manövern. Pablo, der mir befreundete Taxifahrer, sieht das übrigens genau so, und da er seine Brötchen auf dem Asphalt von Buenos Aires verdient, weiß er nur zu gut, um was es geht.

Patagonien

Stundenlang ist man durch die patagonische Steppe gefahren und dann: El Calafate. Eine urbanisierte Oase an einem großen, perlmuttfarbenen See. Pappeln, üppige Rosen an den Wänden der farbig gestrichenen Holzhäuser, englischer Rasen. Abends wirkt der Himmel wie angemalt. Orange und rosa. Die Luft schmeckt nach fruchtigem Wein. Patagonien schärft die Sinne, was sich über der Steppe erhebt, was sich aus ihr herausschält, wird in extremer Form wahrgenommen. Farben farbiger, Geräusche lauter, Gerüche intensiver. Hat man sich lange in der eintönigen Steppe aufgehalten, wirkt El Calafate wie eine zivilisatorische Verheißung – und ist doch, wie man nach ein paar ruhigen Tagen feststellt, nichts anderes als ein freundlicher Ausgangspunkt, um ins eisige Blauweiß der Gletscherwelt am patagonischen Andenrand zu gelangen.

Momente in der Unendlichkeit

Einmal wird jeder, der in Patagonien reist, einen Moment der Wahrheit, der starken Empfindung, der grenzenlosen Verlassenheit und großartigen Nichtigkeit erleben. Man steht in steppigem Gelände unter einem grauen, riesig sich wölbenden Himmel, irgendwo auf der 1600 Kilometer betragenden Strecke zwischen dem Río Negro und Feuerland, schaut auf dürres, gelbbraungraues Gras, auf Erde und dorniges Gestrüpp. Kein Haus, kein Baum weit und breit, wenig, an dem sich die Augen festhalten könnten. Eine Straße vielleicht, ein dunkles Asphaltband, das sich am Horizont verliert und über das gelegentlich ein Bus, ein Lastwagen braust. Kleine Plastikfetzen hängen in den Dornen, die einzigen Spuren von Zivilisation. Und sie werden unaufhörlich gezerrt und weiter zerfetzt vom absoluten Herrscher Patagoniens, der auch für die Musik, fürs Orgeln, Pfeifen, Brüllen und Säuseln zuständig ist – vom Wind.

Keiner der bekannten Patagonienfahrer, von Magellans Chronisten Pigafetta über Darwin bis zu Chatwin und Theroux, der dem Wind nicht seine Reverenz erwiesen und ihn mit ein paar eigens erfundenen oder dem Volksmund entlehnten Charakteristika bedacht hätte. Dass er einem »die Zähne aus dem Mund bläst« wird man erfahren, wenn es überhaupt noch etwas zu erfahren gibt, denn bei Chatwin kommt es so weit, dass er einem »den Kopf abreißt«. Nun – man wird sein Heulen und Wüten überleben, wird den Kopf behalten dürfen (und sei es auch nur, um Chatwins halluzinatorische Erkundungen weiter lesen zu können), wird selber ins Sinnieren und Fantasieren kommen, während man den Wind als Landschaftsmaler, als Architekt erlebt und zuschaut, wie er Fährten ins Gras zeichnet, um sie gleich wieder zu verwischen, Staub aufwirbelt und die seltsamsten Fata Morganas am Horizont aufbaut.

»Die patagonische Wüste besteht nicht aus Sand oder Stein, sondern ist mit niedrigem Dornengestrüpp bewachsen, dessen graue Blätter einen bitteren Geruch ausströmen, wenn man sie zerreibt. Im Gegensatz zu den arabischen Wüsten hat sie nie jemanden zu geistigen Höhenflügen inspiriert, aber trotzdem ihren Platz in den Annalen menschlichen Wissens gefunden. Charles Darwin fand ihre negativen Eigenschaften unwiderstehlich.«

(Bruce Chatwin, In Patagonien)

Chatwin ist derjenige, der am ehesten das Rezept gefunden hat, der patagonischen Unendlichkeit gerecht zu werden. Er macht sie stückchenweise sicht- und fühlbar – lässt sie partiell endlich werden – und belässt das Land, das er rastlos bereist, in seiner Wildheit, versagt sich jegliches Zähmen, Glätten, Glorifizieren. Was er Darwin nachsagt, muss er selber empfunden haben: eine Faszination, einen unwiderstehlichen Charme, denen er erlegen ist, ohne sich von der Unwirtlichkeit der patagonischen Wüste je beeinflussen zu lassen. Chatwin reist mit öffentlichen Verkehrsmitteln, zu Fuß, per Anhalter, lässt sich auf jede Begegnung ein. Zwischen Wegen und Umwegen unterscheidet er nicht. Er macht sich Patagonien zu eigen, von einer Beobachtung zur andern, von einer Anekdote zur andern. Bleibt dabei trocken, lakonisch; ein leiser Humor und Understatement, viel Understatement prägen seine Sätze, mit denen er Spuren, Bahnen durchs Wüstengestrüpp legt und zieht.

Dabei hat er wohl so ziemlich alles über Patagonien gelesen, was es an Büchern zu lesen gibt. Seine gelegentlichen Exkurse in Geschichte und Mythos zeigen, dass wir uns auf archaischem Grund bewegen, wenn wir ihm folgen. »Geistige Höhenflüge?« Paradoxerweise mehr als das, denkt man bei der Lektüre. Chatwin bleibt ganz Terre-à-terre wenn er beschreibt. Und auch wenn er reflektiert, zitiert, spekuliert, hebt er nicht ab in das, was man gemeinhin »geistige Höhenflüge« nennt. Es ist, als ob gerade dieses hartnäckige am Boden Bleiben einem die Geistigkeit, die Unendlichkeit und die Magie Patagoniens nahebringen würde.

*

Eine von Chatwin und vielen anderen Patagonienfahrern kolportierte Legende besagt, dass der portugiesische Seefahrer Magellan, als er 1520 in San Julián landete, einen nackten Riesen am Ufer herumtanzen gesehen habe. »Patagón!«, soll Magellan ausgerufen und damit den großen Fuß des nackten Eingeborenen gemeint haben. Eine Legende eben, überliefert von Magellans Chronisten Antonio Pigafetta, einem mitfahrenden italienischen Edelmann, was sie auch nicht wahrscheinlicher macht. »pata« heißt spanisch Pfote und Fußstapfe, aber die Ableitung »patagón« ist nicht gesichert. Gesichert indessen bleibt, dass die Ureinwohner Patagoniens, die Tehuelches, sehr groß gewachsene Indios waren und sind. Um einen Tehuelche wird es sich beim tanzenden Nackten in San Julián gehandelt haben.

»Eines Tages jedoch erblickten wir zu unserem Erstaunen an der Küste einen Mann von Riesengröße, der unbekleidet tanzte und sang und sich dabei Sand über den Kopf warf [...]. Dieser Mann war so groß, dass ihm der Kopf des Größten von uns nur bis zum Gürtel reichte. Er war schön gewachsen und besaß ein rot bemaltes Gesicht. Die Augen waren von einem gelben Kreis eingerahmt, und zwei herzförmige Flecken zierten die Wangen. Die wenigen Haare waren weiß gefärbt. Sein Mantel, aus Pelzwerk zusammengesetzt, stammte von einem Tier [...]. Dieses Tier hat den Kopf und die Ohren eines Maultiers, den Leib eines Kamels, die Beine eines Hirsches und einen Pferdeschweif.«

(ANTONIO PIGAFETTA DIE ERSTE REISE UM DIE ERDE)

Ein Seefahrermythos. Das anfängliche Staunen des Weltumseglers Magellan und seiner Kumpane, die im Dienste der spanischen Krone Kurs auf reiche Gewürzinseln genommen hatten und eine Passage vom Atlantik in den Pazifischen Ozean suchten und fanden, ist rasch den üblichen Impulsen zum Opfer gefallen, von denen die »Entdecker« erfüllt waren: überlisten, berauben, totschlagen, nicht ohne vorher getauft zu haben. Zwei der arglosen Riesen wurden auf eines der Schiffe gelockt und entführt, um in Madrid bei Hofe vorgeführt zu werden. Sie sind, wie die meisten von Magellans Leuten, wie Magellan selber, nie dort angekommen. Der eine Patagón auf dem Schiff erkrankte. Als er fühlte, dass er sterben werde, imaginiert der getreue Chronist Pigafetta »verlangte er nach dem Kreuze und küsste es. Dann bat er uns, wir möchten ihn taufen. Dies geschah. Wir gaben ihm den Namen Paul.«

Dass der Engländer Chatwin, beflügelt von solchem Seemannsgarn, auch dem Gerücht Glauben schenkt, dass sein

Landsmann Shakespeare die Pigafetta-Magellan-Story gekannt hat und in den »Sturm« einfließen ließ, was gewisse Anspielungen Calibans beweisen sollen, das bleibt, auch wenn man sie nicht teilt, eine schöne Spekulation.

Zwischen 1833 und 1834 hält sich Charles Darwin mehrmals in Patagonien auf. Er segelt als blutjunger, wissbegieriger Universalstudent mit Kapitän Robert Fitzroy um die Welt. Sein Reisetagebuch befasst sich mit geografischen, geologischen, biologischen, zoologischen, aber auch ethnologischen, historischen, politischen Phänomenen – Alexander von Humboldt ist ganz offensichtlich das Vorbild. Und die bis heute hartnäckig diskutierte Evolutionstheorie, Darwins Eintrittsbillett ins Kabinett der Unsterblichen, ist in Ansätzen im Tagebuch vorhanden. In Kap Gregory trifft Darwin patagonische Indianer. Was er über sie schreibt, liest sich wie eine Replik auf Pigafetta, eine Versachlichung im Lichte der Aufklärung, keineswegs frei vom eurozentrischen Dünkel, dem Darwin so gut verfallen war wie der Großteil der Intelligenzija des 19. Jahrhunderts.

»Ihre Größe erscheint wegen ihrer großen Guanako-Mäntel, ihres langen wallenden Haars und ihrer ganzen Erscheinung bedeutender, als sie wirklich ist: im Mittel beträgt ihre Größe ungefähr sechs Fuß, einige Männer sind kleiner und nur wenige größer; auch die Frauen sind groß; alles zusammengenommen sind sie sicher die größte Rasse, welche wir irgendwo gesehen haben. In ihrem Gesicht sind sie den weiter nördlich lebenden Indianern, welche ich bei Rosas sah, auffallend ähnlich; ihre Erscheinung ist aber wilder und furchtbarer; ihr Gesicht war stark mit Rot und Schwarz bemalt, und ein Mann, wie ein Feuerländer, mit Weiß geringelt und gefleckt. Kapitän Fitzroy bot ihnen an, drei von ihnen an

Bord zu nehmen, und alle schienen entschlossen zu sein, zu diesen dreien zu gehören. Es dauerte lange, ehe wir unser Boot klarmachen konnten; endlich kamen wir mit unseren drei Riesen an Bord, welche mit dem Kapitän zu Mittag aßen und sich ganz wie gebildete Leute benahmen, Messer, Gabel und Löffel ganz ordentlich gebrauchend; an nichts ergötzten sie sich so sehr wie an Zucker. Dieser Stamm ist so vielfach mit Robben- und Walfischfängern in Berührung gewesen, dass die meisten der Leute ein wenig Englisch und Spanisch sprechen können; sie sind halb zivilisiert und auch entsprechend demoralisiert.«

(CHARLES DARWIN, REISE UM DIE WELT 1831–1836)

*

Um zu zeitgenössischen und traurigen Tatsachen zurückzukehren: es gibt noch ein paar überlebende Tehuelches in Patagonien. Sie gehören neben den viel zahlreicheren Mapuches zur diskriminierten Urbevölkerung Argentiniens.

Teile Patagoniens eignen sich besonders für die Schafzucht. Das hat sich der italienische Textilkonzern Benetton zunutze gemacht. Zu günstigen Bedingungen erwarb er vor über zehn Jahren von der argentinischen Regierung an die 900 000 Hektaren Land (was fast einem Viertel der Schweiz entspricht) in der Nähe des Städtchens Esquel. Die Benettons haben ihre Ländereien eingezäunt, produzieren feinste Wolle und beschäftigen zu Minimallöhnen einen kleinen Teil der patagonischen Urbevölkerung, Mapuches und die wenigen Tehuelches.

Niederschmetternd, was aus den einstigen stolzen und weit herum respektierten Ureinwohnern geworden ist. Der 80-jährige Cipriano Prane, einer der letzten Überlebenden jener groß gewachsenen Tehuelches, die 1520 Magellan erschreckten, führt mich durch Wiesen und Weidengründe, Senken und Hügel in der Nähe von Esquel, zeigt mir das Land, das einst ihm und seinem Stamm gehört hatte. Bis zum »Delojamento«, der Ausquartierung, ein beschönigender Begriff, der für die gewaltsame Vertreibung steht. Private und staatliche Organe, Großgrundbesitzer, Polizei und Armee haben die Indianer seit Jahrhunderten aus ihren angestammten Gebieten vertrieben. Heute leben die Indios versprengt in kleinen Reservaten, die ihnen die Provinzregierung zuweist, in den Armutsgürteln der Städte, isoliert und weiterhin diskriminiert in den Weiten der unfruchtbaren Steppe.

Prane zeigt mir die Stelle, wo sein Elternhaus gestanden hat: dort liegt jetzt der Kadaver einer schwarzweißen Kuh, eingeschrumpft. »Von den Soldaten abgeschossen«, meint der Alte. Er muss das bisschen Land, das ihm geblieben ist, mit der Armee teilen, die hier ohne Vorankündigung Manöver abhält und eifrig in der Gegend herumballert, was Prane und seine Familie jedes Mal ein paar Stück Vieh kostet. Nicht einmal die Toten werden respektiert: auf dem Hügel, wo die Tehuelches ihre Angehörigen bestatten, liegen zerschossene Holzkreuze am Boden. Wir trinken Mate, dem Alten kommen die Tränen, während er seiner Tochter von den Kreuzen erzählt; draußen vor der Hütte brät Ziegenfleisch über der Glut an einem aufgerichteten Eisenkreuz. Es gibt kaum etwas Heiligeres als die Gastfreundschaft in Patagonien, im alten Süden, jenem Süden, in dem Borges glorreiche und unbarmherzige Vergangenheit suchte, eine »gefestigtere Welt« sehen wollte, geprägt von Fatalismus und Gleichgültigkeit gegenüber dem Tod.

Auf den paar Spickeln schlechtem Land, die der Urbevölkerung in der Benetton-Provinz geblieben sind, begegne ich an einem Morgen zwei Dutzend Mapuches. Von ihnen soll es in

Patagonien noch 30 000 geben, und sie leben, im Gegensatz zu ihren chilenischen Stammesgenossen, die zu einer widerständigen Volksgruppe geworden sind und sich mit zunehmendem Erfolg für ihre Rechte wehren, in miserablen Verhältnissen.

An einem Sanitätsposten mitten in der Steppe kommen sie zusammen, schüchterne Männer, Frauen, Kinder, sichtlich von Entbehrungen gezeichnet. Die zwei gelangweilten Insassen des Postens trinken ihren Mate, basteln an einer Funkverbindung und kümmern sich nicht um die Ankömmlinge. Seit drei Stunden sind die Mapuches unterwegs. Früh sind sie auf ihren »Ranchitos«, den kleinen Adobehütten mit ein bisschen Land drumherum, aufgebrochen, und holen sich hier von der Regierung versprochene Essrationen ab. »Die letzte kam vor drei Monaten«, erzählt ein mageres Männchen, »wir haben nichts, nichts.« Ein Lastwagen fährt vor, der Fahrer stemmt wortlos schwarze Plastiksäcke von der Ladebrücke, prescht gleich wieder los und verliert sich in der Weite. Ein paar Beutel Reis, Milchpackungen, Salz, Öl werden verteilt. Almosen. Die Mapuches schultern die Säcke, verabschieden sich zeremoniös, werden klein und kleiner im gelbbraungrauen Gras.

Abends in Esquel nehme ich an einem Mapuche-Treffen in einer Art Schuppen teil. Eine Versammlung eindrücklicher Charakterköpfe. Erinnerungen werden vorgetragen und immer wieder stockende Berichte über »Delojamentos«. Eine Reliquie, ein vergilbtes, mürbe gewordenes, hundertmal auf- und zugefaltetes Dokument macht die Runde: Eine sehr alte Urkunde, die Landbesitz dokumentiert – und von den lokalen Behörden nicht anerkannt wird. Jetzt füllen Mapuche-Gesänge, Mapuche-Begrüßungsrituale den Raum. Nur die Alten scheinen die Formeln und Litaneien zu verstehen. Eine Ehrfurcht gebietende Hexe, zahnlos und nahezu taub, wird aus der Menge wie auf einem

Rollband herausgeschoben. Sie verabschiedet mich mit einer langen Segnungslitanei – und muss etwas falsch verstanden haben. Dankt sie doch dem »Peronista«, dem Peronisten, für seinen Besuch, wo es doch nur ein »Periodista« war, ein Journalist …

In Buenos Aires gibt es eine staatliche Behörde, zu deren Aufgaben es gehört, sich mit den »Asuntos«, den Angelegenheiten der »Indígenas«, der Eingeborenen, zu befassen. Es lohnt sich nicht, den schäbigen Büros und ihren Insassen einen Besuch abzustatten. Man bekommt auf konkrete Fragen nur ausweichende, wenn nicht abwiegelnde Antworten und käme nie auf die Idee, dass ausgerechnet diese Behörde in der Lage wäre, das Los der Indios zu verbessern.

Im nutzlosen Amt gibt es eine Art Abstellkämmerchen und in diesem Abstellkämmerchen haust ein gerade so geduldeter Gast – eine Offenbarung. Eulogio Frites, so heißt der Mann, ist Anwalt indianischer Abkunft, ein listiger und lustiger Mann, mit allen Wassern Patagoniens gewaschen. »Ich bin Peronist«, sagt er und unterstreicht die Unglaubwürdigkeit dieses Bekenntnisses mit glucksendem Lachen, »bin Mitglied der Partei des Präsidenten, aber ich habe auch schon den politischen Gegnern des Präsidenten Reden geschrieben, wenn sie unserer Sache nützen.« Während Frites erfolglos aber hartnäckig versucht, die nicht schließende Türe zu seinem Kämmerchen mit einer Kugel aus zerknautschtem Aktenpapier zu arretieren, erzählt er: der argentinische Nationalkongress habe 1994 ein progressives Gesetz verabschiedet, das die ethnische und kulturelle sogenannte »Präexistenz« der indigenen Völker auf dem Territorium der Nation anerkennt. Dieses Gesetz postuliert ausdrücklich auch den Anspruch dieser Völker auf die kommunale Nutzung der Ländereien, auf denen sie lebten und noch leben.

Nur: die Exekutive, die Regierung und auch die regionalen Exekutiven wollen das Gesetz nicht anerkennen, und beim Obersten Gericht ist es nicht durchgekommen. Frites ist Spezialist auf diesem Gebiet. Unverdrossen berät er seine »Hermanitos«, seine Brüderchen, schaltet sich in juristische Konflikte zwischen staatlichen und privaten Grundbesitzern und Indiogemeinschaften ein, kennt Tausende von vergilbten, mürbe gewordenen Urkunden, wie ich eine gesehen hatte. Den Kampf, den er führt, ist, wie er aus zahlreichen Kontakten weiß, ein lateinamerikanischer Kampf. In Mexiko und Ecuador, in Bolivien und Brasilien reklamieren die indigenen Völker Land, das sie vor der Kolonisation besaßen und das ihnen auf Grund alter Vereinbarungen und Titel gehört.

*

Eines Tages ließ ich mich von Puerto Madryn an der Atlantikküste bis an eines der Enden der Welt – von denen es in Patagonien so viele gibt – chauffieren, auf die Halbinsel Valdés, wo man am Strand die See-Elefanten herumlungern sieht, im Oktober die Wale beim Vorbeischwimmen beobachten kann und an Pinguinkolonien vorbeispaziert. An einer Spitze der Insel steht ein Leuchtturm mit einfachem Hotelbetrieb. Mietet man sich dort außerhalb der Saison für ein, zwei Nächte ein, wird man zeitweise außer den Grillen und dem Klatschen der Meereswellen an die Felsen nichts hören.

Der Fahrer, der mich in seinem alten Ami-Schlitten stundenlang über die Halbinsel fuhr, unterhielt mich aufs Angenehmste mit Tiergeschichten. Zuerst kamen Stein-, Eis- und andere Zeiten dran, von denen die Knochenfunde zeugen. Der stolze Patagonier ist überzeugt, dass sie in Häufung und Verschiedenheit einzigartig sind auf der Welt. Darwin hätte ihm wohl zugestimmt. Es folgte ein ausführlicher Vortrag über Aussehen, Beschaffenheit, Zucht, Wert, Geschmack der Schafe: ich blieb, ein paar Tage lang, ein absoluter Experte. Dann kamen Pinguine, See-Elefanten, Seelöwen, Killer- und andere Wale dran, dazwischen erblickten wir den hinteren Teil eines Gürteltiers, das eilends davonrannte und trotz Schnellbremsung nicht mehr dingfest gemacht werden konnte, und schließlich folgten ein paar erstaunliche Anekdoten über die Zähmung dreibeiniger oder sonstwie invalider wilder Tiere (ich weiß nicht mehr waren's Tiger oder patagonische Pumas) am heimischen Herd.

*

In Buenos Aires besuchte ich den argentinischen Journalisten und Autor Enrique Oliva, der unter dem Pseudonym François Lepot das wohl umfassendste Werk über eine der verrückteren Geschichten aus Patagonien publiziert hat: *El rey de Araucanía y Patagonia*. Oliva, ein reizender älterer Herr, mitteilsam und voller Humor, hat Verbürgtes, Dokumentiertes, Legendäres und Spekulatives über jenes chimärenhafte Königreich zusammengetragen, von dem man in der Realität keine einzige Spur sieht.

1859 reiste der aus dem französischen Périgord stammende (Winkel-)Advokat Orélie-Antoine de Tounens im Alter von 33 Jahren übers Meer nach Chile. Er hatte vom Kampf der Eingeborenenvölker Patagoniens, der Araukanier, gegen die Republik Chile und gegen argentinische Großgrundbesitzer gehört, ließ sich zu den Kaziken führen und versprach denen, ihre Sache zu der seinen zu machen, Waffen zu besorgen, wenn sie sich bereit erklären würden, ihn als Haupt einer konstitutionellen Monarchie zu akzeptieren. Bewandert im Ausarbeiten von Dekreten und Verfassungen, etablierte de Tounens seine Monarchie, schlug auch noch Teile des argentinischen Patagoniens dazu, wurde, als er es nach Meinung der chilenischen Behörden zu bunt trieb, abgeschoben. Im französischen Exil nahmen seine monarchischen Träume immer abstrusere Formen an. Mehrmals versuchte er via Buenos Aires sein Reich aufzusuchen, um endlich regieren zu können, und wurde jedesmal abgefangen und nach Frankreich zurückspediert.

Nach de Tounens Tod und da er keine direkten Erben hatte, warf sich ein Franzose, der behauptete, aus einer Nebenlinie des Hauses de Tounens (wie das de zu Tounens kam, ist nie geklärt worden) zu stammen, zum König von Araukanien und Patagonien auf, formulierte neue Verfassungen und Dekrete, hielt sich einen imaginären Hofstaat in Paris, ernannte Konsuln und Botschafter. Ums Jahr 2000 gab es in Paris einen indirekten Nachkommen dieses zweiten Monarchen, seine königliche Hoheit Prinz Philippe von Araukanien und Patagonien, vulgo Philippe Boiry, der weiterhin Dekrete verfasste, Notablen ernannte, Anerkennungsurkunden aus aller Welt sammelte – und sie seinen Besuchern stolz präsentierte. Was Chile und Argentinien längst in der Schublade Kuriosa versenkt hatten, benutzten im Exil operierende Mapuche-Organisationen gelegentlich als Provokation, um den Behörden Chiles eins auszuwischen. Bruce Chatwin hat Monsieur Boiry in Paris besucht, und Enrique Oliva machte sich die Mühe, Worte und Taten des Königs ohne Land skrupulös zu dokumentieren und zu interpretieren.

*

Noch eine Endstation. Ushuaia auf Feuerland – die südlichste Stadt der Welt. Und eine der bizarrsten. Pionieratmosphäre. Blockhäuser neben farbigen Einfamilienhäuschen, Wohnkasernen, moderne Geschäftshäuser, Repräsentationsbauten in allen möglichen und unmöglichen Stilen. Ein immenses Warenangebot im Zentrum – Ushuaia gehört in eine Freihandelszone, entsprechend international nehmen sich die Geschäftsauslagen aus. Was man in ganz Patagonien antrifft, aber wegen der dünnen Besiedelung nicht besonders beachtet – die Tatsache, dass der Süden Argentiniens stark von Immigranten geprägt war und ist –, fällt einem jetzt auf. Ushuaia ist denkbar kosmopolitisch. Zu den argentinisierten Engländern, Schotten, Polen, Deutschen, »Turcos« wie die meisten Orientalen bezeichnet werden, gesellen sich die Abenteurer, die Seefahrer, Rucksacktouristen, die Antarktisreisenden, die hier auf einen der russischen Eisbrecher warten, der sie für teures Geld mitnehmen wird.

In Ushuaia, im südlichsten Süden, lernt man, was Frieren heißt. Der patagonische Wind weht eisig vom Meer her. Und die Lektüre des Romans *In Feuerland* des Argentiniers Eduardo B. Rawson versetzt einen aufs Spannendste hundert und mehr Jahre zurück in ein brutales Feuerland, in dem sich Robbenfänger, Schafzüchter, englische Missionare und vom Aussterben bedrohte Indianervölker bekämpften. Rawson gehört zu jener in der argentinischen Literatur auffällig stark vertretenen Kategorie von Autoren, die literarisches Kapital vor allem aus der Durchdringung von Fantasie und behaftbarer Wirklichkeit schlagen. Sein Roman beruht auf ausgedehnten historischen und ethnologischen Forschungen und hat die Wucht eines »wahren« Berichts, einer dokumentierten Chronik. Aber wie Arlt oder Borges oder Saer oder Piglia glaubt Rawson nicht an so etwas wie Realität in der Literatur. Sein kraftvoller Stil bezieht Authentizität gerade aus dem geschickten Mischen von Gefundenem und Erfundenem. Es gibt keine bessere Lektüre als diesen Roman »In Feuerland«, wenn man sich in Feuerland befindet. Die Wörter und Bilder Rawsons schärfen und erweitern einem den Blick auf das, was man sieht. Ushuaia, eine Gründung englischer Missionare, wird zum Tor für eine Schattenwelt, die hinter der sichtbaren aus dem Meere auftaucht.

Rawson, der moderne Argentinier, bringt einem Feuerland, bringt einem die feuerländische Urbevölkerung nahe, erfindet sie neu zum Zwecke größerer Authentizität. Darwin, der auf Fitzroys »Beagle« 1832 vor Feuerland kreuzte, hatte gar nichts für die Feuerländer übrig. Seine abwertenden Beschreibungen und Interpretationen stehen ganz im Einklang mit notorischen kolonialen Vorurteilen indianischen Völkern gegenüber und sind in Argentinien bis heute zu hören und zu lesen.

»Diese armen, elenden Geschöpfe waren in ihrem Wachstum verkümmert, ihre hässlichen Gesichter waren mit weißer Farbe beschmiert, ihre Haut schmutzig und fettig, ihre Haare verwirrt, ihre Stimmen misstönend und ihre Gebärden heftig. Erblickt man solche Menschen, so kann man kaum glauben, dass sie unsere Mitgeschöpfe und Bewohner einer und derselben Welt sind.«

(Charles Darwin, Reise um die Welt 1831–1836)

Dreihundert Jahre vor Darwin fanden die spanischen Kolonisatoren Lateinamerikas die Rechtfertigung für ihre Mordkampagnen unter anderem darin, dass die Indianer keine Seele hätten, keine richtigen Menschen seien und deshalb wie Tiere abgeschlachtet werden könnten. Sehr weit wegbewegt von solchem Terminator-Denken hat sich der aufgeklärte englische Naturforscher des neunzehnten Jahrhunderts eigentlich nicht, wenn er daran zweifeln möchte, dass wir und die Feuerländer der gleichen Welt angehören.

Außerhalb der Stadt Ushuaia, in einem Nationalpark, liegen seit Jahrzehnten unzählige tote Baumstämme in der Landschaft, die sich wegen der tiefen Temperaturen konserviert haben. Gefällt wurden sie von den Insassen des Gefängnisses von Ushuaia, das in seiner liebevoll, makaber und mit viel schlechtem Geschmack restaurierten Form zu einer touristischen Hauptattraktion geworden ist. Die argentinische Justiz pflegte Schwerverbrecher, Massenmörder so gut wie politische Häftlinge nach Ushuaia zu verbannen, wo sie eine Eisenbahn bauen durften und sich in ihrer braungelben Kluft zu Tode froren. Aus dem finsteren Kerker ist ein Rummelplatz geworden, aus den wilden, einst schwer zugänglichen Wäldern ein gepflegter Nationalpark. Aber der Wind, der patagonische Wind, dringt einem auch in der gezähmten südlichsten Stadt der Welt durch Mark und Bein, wann und wie es ihm beliebt.

Der Süden im Norden

Auf dem letzten Stück der Hauptstraße, die vom Norden der Provinz Misiones in die Stadt Posadas führt, verdichtet sich der Verkehr. Es ist, als ob sich wie in einem Flusssystem viele kleine Nebenrinnsale zu einer einzigen Hauptader vereinigt hätten, die mit dem gesammelten Gut an Menschen, Vieh, Fahrzeugen, Ladungen ins Zentrum der Stadt strömt. Auf kurzer Strecke ein Abbild der Provinz. Sauber glänzende 4x4-Schlitten der Oberklasse hupen sich durchs Gelände, ramponierte Uraltpersonenwagen denken nicht daran auszuweichen, schwer beladene Landwirtschaftsfahrzeuge, Lastwagen mit Erntearbeitern, Viehtransporteure und von Pferden gezogene Karren halten unbeirrt Kurs. An den ausfransenden Straßenrändern liegen Überreste von Gummireifen, Städter warten auf den Bus, Arbeiter auf den Transporteur, Guaraníindianer mit Bündeln auf dem Kopf oder am Rücken trippeln eilig Richtung Stadt. Posadas im Dreiländereck ist ein Umschlagplatz für alles und jedes. Weiter vorne, dort wo die Stadt richtig anfängt und der langsam fließende Verkehr an einer Ampel ins Stocken gerät, stürzen sich bei Rot Jugendliche vor die Autos, putzen die Frontscheiben und versuchen zu verkaufen, was immer sich die Konsumgüter verarbeitende Industrie an Absurditäten ausgedacht hat.

Dämmerstunde im Paradies

In rasch wechselnden Stimmungen fällt die Dämmerung über das lang gestreckte, in porösen, schwärzlichen Tuffstein gehauene Schwimmbecken. Mit zunehmendem Eindunkeln verschwinden die Laubblätter auf dem Grunde des mit teefarbenem Wasser gefüllten Beckens. Ein leichtes Kräuseln noch, vom Bach verursacht, der als Unterströmung das stehende Gewässer kitzelt. Ein paar tanzende Mücken dicht über der Oberfläche. Jetzt erhebt sich eine leichte Brise, und die armdicken, gelben Stämme des Bambushains beginnen sich zu wiegen, dann zu ächzen. In stumpfes Grau verfärbt sich der Himmel, und der Hain hebt sich wie ein drohend gebuckeltes Tier aus archaischen Zeiten von ihm ab. Leuchtkäfer, mehr und mehr, hüpfen über den Boden, zucken durch die Luft, scheinen auf und verglühen, irrlichtern, erhellen den Wald und verwandeln ihn in einen Märchenpalast, säumen ihn mit einem auf- und abschwingenden Band. Schwalben fliegen knapp über die Wasseroberfläche und schnappen sich die Mücken. Tauben, Reiher setzen ihnen mit schweren Flügelschlägen nach, Fledermäuse, kaum sichtbar, zeichnen Zickzackkurven in den Himmel. Jetzt spannt sich die Atmosphäre zum Zerreißen und löst sich in einem schrillen, vieltönigen Schrei, an dem Vögel, Frösche, Zikaden beteiligt sind. Es ist, als ob ein unsichtbarer Dirigent die Herrschaft über Bambus und Becken ergriffen hätte. Wild und nuanciert zugleich, in zwei, drei Akkorden tönt es in den Himmel hinein. Der Tag wird verabschiedet. Der Lärm ebbt ab. Im Bambus ab und zu ein Rascheln. Die Vögel, lautlos schon, schnell wie Pfeile. Eine Kühle, ein Geruch nach Wasser, Blättern steigt vom Boden auf. Während die Leuchtkäfer einer nach dem andern verschwinden, beginnen ein paar Sterne zu blinken. Jetzt schwärzt die Nacht Becken und Bambus. Die letzte Stimmung, bevor sich die Schwärze endgültig etabliert und alles einhüllt, ist aus Melancholie, Fatalismus und Vergessen gemischt.

*

In Horacio Quirogas Erzählung »A la deriva« (Abtreibend) tritt ein Mann auf etwas Weiches am Boden, die Giftschlange beißt ihn ins Bein, er schlägt sie mit seiner Machete in zwei Stücke, humpelt nach Hause, lässt sich von seiner Frau Zuckerrohrschnaps bringen, der ihm wie Wasser schmeckt, sieht sein Bein anschwellen und sich ins Violette verfärben, besteigt sein Kanu, lässt sich den Paraná zwischen Argentinien, Brasilien und Paraguay hinunter treiben, um die nächste Kleinstadt zu erreichen – fünf Stunden muss er rechnen –, wo er einen Arzt zu finden hofft. Die Schmerzen lassen nach, er fühlt sich besser, aber eine Kälte dringt gegen das Herz vor, die Glieder befällt eine Schwäche, beiläufig nimmt er das grandiose, das feindliche, das gleichgültige Schauspiel der Natur wahr, Erinnerungen durchzucken ihn, obsessiv, während er abdriftet. Wann hat er seinen Ex-Patron zum letzten Mal gesehen, vor drei oder vor zwei Jahren, war es an einem Freitag oder Donnerstag? Der Mann fühlt sich fast gut, versucht seine Finger zu dehnen. Donnerstag war es … da hört er auf zu atmen.

»Der Paraná fließt hier am Grund eines riesigen Beckens, dessen Wände, hundert Meter hoch, den Fluss bedrohlich einengen. Am Ufer steigt der Wald in die Höhe, schwarz, von schwarzen Basaltblöcken gesäumt. Vorne, hinten, immer die ewige, finstere Mauer: am Grund fließt und wirbelt der Fluss in unaufhörlichen Blasen schlammigen Wassers. Die Landschaft ist aggressiv, in ihr herrscht tödliche Stille. Aber in der Abenddämmerung zeugt ihre schattige und ruhige Schönheit von einzigartiger Majestät.«

Keine vier Seiten braucht Quiroga, um diese Flussfahrt zu erzählen, dieses trügerisch leichte Driften, Gleiten, diesen schwerelosen Übergang vom Leben zum Tod angesichts einer spektakulären Wasser-, Fels- und Waldkulisse, begleitet von ein paar jener Millionen unerheblichen Erinnerungen, die das Diesseits ausmachen und im Jenseits keine Spuren hinterlassen werden.

Die Geschichte spielt in Argentiniens Nordostprovinz Misiones, die wie ein gereckter Arm nach Brasilien und Paraguay weist. Der Nordosten Argentiniens ist der wahre Süden mit roter Erde, Resten von Urwald, subtropischem Klima, weltberühmten Wasserfällen, Orchideen und großen blauen Schmetterlingen, Verkörperungen der Schönheit an sich, gleichförmigen, fantasielosen, aber zweckdienlichen Siedlungen, denen man die Hand der Pioniere ansieht, armseligen Indianerhütten im Busch. Hier haben jesuitische Missionare, im Gefolge der spanischen Kolonisation, Guaraníindianer zu christianisieren und manchmal auch zu schützen versucht und sind nach Anfangserfolgen gescheitert; hier haben in immer neuen Wellen hoffnungsvolle Pioniere, Weißrussen, Ukrainer, Deutsche, Polen und Schweizer, Italiener und Spanier, Portugiesen und Iren den Wald gerodet, haben sich als Schiffs- und Kaufleute, als

Förster, Holzhändler, Köhler, Schreiner, Viehzüchter, Landwirte, Mate-Anbauer versucht – und sind gescheitert. Ihre Nachkommen überleben, schlecht, von den Brosamen, die ihnen die Weltwirtschaft überlässt.

Niemand hat diesen Süden besser beschrieben als Quiroga. 1903 reiste der Fünfundzwanzigjährige, aus Uruguay stammende, in Argentinien verwurzelte Literat als Dandy verkleidet mit Freunden nach Misiones. Er hatte eine enttäuschende Paris-Reise hinter sich und brauchte Inspiration. Der gebildete Barbar, der Adept Baudelaires, Rimbauds und Verlaines fand in den überfeinerten Salons und Zirkeln des Paris der Jahrhundertwende nicht die Stoffe, nicht die wegweisenden Methoden, nicht die Emotionen, auf die er gehofft hatte. Den Dandy baute er auf der Misiones-Expedition Kleidungsstück für Kleidungsstück ab, nachhaltig blieben die Eindrücke, sein Leben schlug eine neue Richtung ein. Nachdem er sich, ohne Erfolg, als Baumwollpflanzer im Chaco versucht hatte, ließ er sich ab 1909 für sechs Jahre in Misiones nieder, baute sich ein primitives Haus im Wald, verschrieb sich der Gegend, in Gegenwart und Geschichte. 1932 bis 1936 zog er ein zweites Mal in die Wälder von Misiones, dazwischen hielt er sich meistens in Buenos Aires auf, wo er 1937, nachdem er erfahren hatte, dass er an Krebs erkrankt und nicht zu heilen war, eine ausreichende Dosis Gift nahm.

170 Erzählungen und doppelt so viele Zeitungsartikel hat Quiroga geschrieben. Alle handeln sie direkt oder indirekt vom Süden im Nordosten, vom Wald, den Tieren, dem Überlebenskampf, den Höhen und den Härten der Existenz, den täglichen, den tödlichen Gefahren. Geschichten wie mit Machetehieben geschrieben, sagten seine Bewunderer in der Hauptstadt. Prosastücke von großer stilistischer Perfektion – und das fast von An-

fang an. Quiroga liebte es zu provozieren, und so versicherte er seinen Freunden immer aufs Neue, dass ihn ökonomische Zwänge, nichts anderes, an den Schreibtisch fesseln würden. Schreiben sei nur sein Beruf, das, was er am besten könne. Seine Berufung liege anderswo. Er sah sich als Pflanzer, als Mate-Anbauer. Aber von dieser Berufung rieten ihm die Freunde ab, und die Feinde stellten seine Eignung in Frage.

So hat er die Berufung im Beruf gespiegelt und, Text für Text, neu erfunden. Prosabahnen schlug er in den Wortedschungel, nicht anders als der Pionier sich mit der Machete einen Weg durchs Gestrüpp bahnt. Da wird gekonnt und energisch aus der Natur herausgesäbelt, was die Sicht aufs Eigentliche verdeckt. Menschen und Tiere, oft gleichberechtigt, hinterlassen Spuren in der Wildnis, vorgegebene oder selbstverantwortete. Zug für Zug werden sie ihrer Bestimmung zugeführt, einem Kern, einem Ort, der nackt erscheint, bar jeder Halluzination und Illusion.

Natürlich stimmt das Lokalkolorit in Quirogas Erzählungen. Er ist in den Jahren seiner Aufenthalte und Reisen in Misiones zu einem Buschexperten geworden, was allein schon das reiche Vokabular, dem Anschauung so gut wie verschiedene Wissenschaften Pate gestanden sind, belegt. Und Quiroga verschmäht nicht den Oberflächenreiz, den die Exotik von Misiones so verschwenderisch zu bieten vermag: alte, wie in Holz geschnittene Sitten und Gebräuche, indianische Rituale, aufblühende und verwesende Vegetation, Abenteuer, Begegnungen mit dem Grotesken, Monströsen. Ist der Reiz genossen und verflogen, wird man sich beim Lesen gewahr, dass es in jeder der Erzählungen eine tiefere Schicht gibt, die von den Machetehieben mal freigelegt, mal eben noch im Verborgenen belassen wird. Auf feine Schnittstellen hin sind die Geschichten konstruiert, und dabei braucht es den Wald, das Kolorit als Staffage. Von den Übergängen leben die Geschichten, lebt dieser nordöstliche Süden: es geht von Norden nach Süden, vom Leben in den Tod, von der Natur in die Zivilisation, vom Traum ins Wache, vom Tag in die Nacht, von der Liebe in den Hass und von der Vergangenheit in die Gegenwart. Eines hat Quiroga mit Borges, dem er sonst in allen Belangen fremd bleibt, gemeinsam. Die Vorliebe für etwas, was gewesen ist, was ständig als Orientierung und Referenz präsent scheint, was nach Bedarf herangezogen, imaginiert und ins Gegenwärtige eingeschrieben wird. Für den einen war es die Gaucho-Epoche, Zeit der großen Gefühle, der Ehrenhändel und Messerstechereien, für den andern die Epoche der Pioniere, der unermesslichen Hoffnungen, kühnen Unternehmungen, der Fehlschläge und Bankrotte. Das Südliche. Eine Sehnsucht, eine Zeit eherner, mächtiger Gesetze, vorbestimmter, geheimnisvoller Handlungen und Biografien, ein Raum trotz solcher Restriktionen, der Autonomie, Freiheit und die dazugehörigen erhabenen Emotionen zuließ.

*

Vom Schwimmbecken reitet oder geht man durch Wälder und sumpfiges Gelände. Kaimane verstecken sich hier. Nachts tauchen sie auf und starren einen an, wenn man ihnen mit der Taschenlampe in die Augen leuchtet. Tagsüber kriechen armlange Leguane über die Wege, verschwinden mit einem komischen Ruck im Busch. Urzeiten evozieren die Tiere, aber die in die Wildnis gepflanzten Elektromasten stellen gleich wieder die Verbindung zum Heute her. Ein paar magere weißliche Kühe fressen eine Lichtung noch leerer, und dann fallen, so weit das Auge reicht, Mate-Felder ins Blickfeld. Gezähmte, kultivierte Wildnis bis zum Horizont, bis zum Monte und zum Fluss, die man ahnt im Hintergrund, dort wo Farben und Formen zu verschwimmen beginnen.

Hinter einem Eisentor haben die Besitzer der Estancia ein Stück Urwald stehen lassen, Blätter groß wie Türen entfalten sich zwischen den Stämmen, die hohen Wipfel bilden ein Dach und sorgen für Dauerdämmerung. Eine zerfallende Siedlung, ein paar Hütten und Häuser kommen in Sicht – sind sie bewohnt oder nicht? Verlassenheit signalisieren sie, die Kirche in ihrer Mitte ist geschlossen, wahrscheinlich schon lange. Auf der Estancia wird Yerba Mate produziert, und das war früher ein rentables Geschäft. Der mächtige, vierstöckige Fabrikbau aus roten Ziegeln, der die Hütten und Häuser überragt, sollte das Herz der Unternehmung werden. Es steht seit langem still, und was noch angepflanzt, geerntet und verkauft wird, deckt knapp die Kosten des Aufwands.

Der Gründer der Estancia war einer jener spanischen Pioniere, abenteuerlustig, hartnäckig, clever und weitblickend, der als Einundzwanzigjähriger 1888 aus Burgos aufbrach, um im jungfräulichen Argentinien sein Glück zu versuchen. Was er an die Hand nahm, es gelang. Lange Zeit. Er half die Schifffahrt auf dem Paraná in Schwung zu bringen, erkundete die Iguazú-Wasserfälle, baute Häfen und Hotels, versuchte sich im Holzhandel, erwarb ausgedehnte Ländereien, baute sich ein Gutshaus, legte einen exotischen Park an, brachte seine Arbeiter, von denen er in Blütezeiten Hunderte beschäftigte, in Behausungen auf seinem Land unter, sorgte für Schule, Kirche und medizinische Versorgung und versah jahrelang das Amt des Bürgermeisters in der nahe gelegenen Provinzhauptstadt Posadas.

In den Zwanzigerjahren verlegte er sich auf den Mate-Anbau, den er perfektionierte. Den Skeptikern bewies er, dass die Bäumchen aus den Hügeln und Wäldern, wo das wild wachsende Kraut seit jeher von den Eingeborenen konsumiert wurde, methodisch kultiviert auch in niederen Regionen gedeihen könnten.

Die Yerba Mate findet man in den Wäldern von Misiones, Südbrasilien und Paraguay. Unbeschnitten können die Yerba-Bäume bis zu zwanzig Meter hoch werden. Das Produkt, das man aus den belaubten Astspitzen gewinnt (nach der Ernte wird es getrocknet, früher am Holzkohlenfeuer, heute in speziell entwickelten Trocknungsanlagen), enthält Koffein und wurde seit Urzeiten von den Eingeborenen konsumiert: man sagt ihm Energie spendende, den Hunger und die Müdigkeit besiegende Kräfte nach. Im 18. Jahrhundert begannen die Jesuiten damit, die Yerba in Plantagen anzupflanzen und zu kultivieren. Nach ihrer Vertreibung geriet die Mate-Produktion vorübergehend ins Stocken, aber die Völker im Dreiländereck hielten die Tradition aufrecht. Im 19. Jahrhundert ließ sich der Naturforscher Aimé Bonpland, der Begleiter Alexander von Humboldts auf dessen berühmter Amerikaexpedition, in Misiones nieder und nahm einen neuen Anlauf, um die Yerba Mate zu kultivieren. Aber erst zu Beginn des 20. Jahrhunderts kam der Durchbruch: jetzt wurde in Misiones Mate flächendeckend angepflanzt, raffiniert und kommerzialisiert.

Das bittere, teeähnliche Getränk, das die einen mit etwas Honig süßen, die Paraguayer im Sommer mit kaltem Wasser anrühren (den so transformierten Mate nennen sie Tereré), wird bis heute von den Einwohnern des Dreiländerecks, aber auch in der Pampa oder in Patagonien oder in den Anden als ganz unverzichtbares Genussmittel betrachtet und ausgiebig konsumiert. Das Kraut, die Thermosflasche mit dem heißen Wasser, das Trinkgefäß aus Kürbisschale, Aluminium, Gusseisen, Holz, Kuhhorn mit oder ohne Lederbezug, mit oder ohne Verzierung, dazu die Bombilla (das Saugrohr) – das alles gehört zum Hausgerät so gut wie zur Picknick- und Reiseausrüstung. Aufgegossen und eingesogen wird während des ganzen Tages. Matetrinken ist ein gastfreundliches Ritual. Trinkgefäß und Bombilla machen die Runde, alle, auch zufällig Anwesende, werden einbezogen.

*

Das Geschäft des Pioniers florierte. Es wurde nach Buenos Aires geliefert und nach Paraguay, nach Brasilien exportiert. Weil es zum Trocknen der Yerba mehr Holz brauchte, als in der Nähe der Felder zu finden war, ließ der Pionier eigens für seine Estancia eine Eisenbahn bauen, mit der Holz aus den Hügeln angefahren wurde. Das Trocknen des Krauts, ein für die Qualität des Mate entscheidender, heikler und langwieriger Vorgang, erfolgte über sorgfältig genährter und überwachter Holzglut. Kein Fehler durfte in dieser Phase der Verarbeitung passieren, und nur die erfahrensten Eingeborenen wurden mit dieser Aufgabe betraut.

Für einmal täuschte sich der Pionier, ging ein Wagnis ein, das sich nicht auszahlte; er wollte zu früh und mit noch unvollkommener Technik, was heute selbstverständlich geworden ist. So ist der vierstöckige Ziegelbau zum Denkmal eines Fehlschlags geworden. Zur Zeit seiner Entstehung in den Zwanzigerjahren des 20. Jahrhunderts Zeuge eines bewunderten Experiments, wirkt er heute wie ein Geisterhaus, wie eine Traumruine. Überdimensioniert, verwahrlost, melancholisch starrt er in die Landschaft und verkörpert zerbrochene Hoffnungen.

Neno, der angeheiratete, sanfte Nachfahre des Pioniers, führt durchs Haus. Es gehört den Schwalben, den aufflatternden Tauben, den Spinnen, Käfern, Eidechsen. Die Schritte hallen in den leeren Lagerräumen, die Eisenträger tragen nichts mehr, Holzsparren hängen an den Fensterrahmen, die Scheiben sind zerbrochen oder verschwunden, und von den Gebläsen, Kaminen gibt es bloß noch Trümmer. Im schopfartigen größten Raum im Erdgeschoss stehen zwei alte Autos, halb zugedeckt. Im getäferten, spartanisch eingerichteten kleinen Büro gleich daneben liegen Papiere herum, achtlos durcheinandergeworfen, wie es aussieht. Papiere, das gibt und braucht es ja immer, meint Neno lächelnd. Zuviel Bedeutung scheint er ihnen nicht zuzubilligen. Er ist einer der Verwalter der Estancia und beschäftigt sich im Auftrag der Familie mit dem, was von der Mateproduktion übrig geblieben ist.

Der Pionier hatte eine Maschinerie ersonnen, mit deren Hilfe das Kraut mechanisch getrocknet werden sollte. Die Apparatur funktionierte schlecht, trotz vieler Versuche und Verbesserungen, das Kraut verbrannte, Ernten gingen verloren. Ein Rückschlag damals, aber kein definitiver. Die dramatischen Einbrüche in den Mate-Markt kamen Jahrzehnte später, als sich die Nachbarstaaten als immer stärkere Konkurrenten erwiesen, die Preise zusammenbrachen, die Konsumgewohnheiten änderten.

Nichts ist übrig geblieben von den Dokumenten der Trocknungsanlage, sagt Neno und zuckt mit den Schultern. Wir wissen nicht, was damals genau passiert ist. Es gibt nur mündliche Berichte und Gerüchte. Der Wald hat alles verschlungen, er lächelt. Das Herz hat seit langem aufgehört zu schlagen, die Herzkammern sind blutleer, Bewegung, Aktion, Produktion gibt es nur noch an den Rändern des Organismus. Der Ziegelbau hat keinen Wert mehr. Es gäbe zwar Leute, meint Neno, die möchten ihn unter Denkmalschutz stellen, ein Mate-Museum drin einrichten. Hirngespinste, er lächelt. Es gibt hier kein Geld, und so verrückt ist niemand, dass er in so etwas investieren würde. Was tun? Warten. Einmal wird das Haus so baufällig sein, dass er sein Büro räumen muss. Dann wird es wohl einstürzen. Schulterzucken. Als Schauplatz für einen Film? Doch, das wäre vorstellbar. Der nackte Raum, die Schatten, das Flattern, die nachhallenden Geräusche. Fantastereien.

Neno setzt sich an den Schreibtisch. Zwei Freunde haben sich, lautlos, eingefunden, sie nicken, sagen nichts und saugen den Mate aus dem Becher mit der dünnen Kürbisschalenwand. Ist man den leicht bitteren Aufguss gewohnt, wird er unentbehrlich, strukturiert Tag und Tagwerk, markiert die Übergänge.

Estancia heißt Aufenthalt und Farm. Ein Aufenthalt im geretteten Paradies. Um das Gut zu erhalten, das seit dem Tod des Pioniers kleiner und kleiner geworden war, um die Mate-Produktion weiterführen zu können, vermieten die heutigen Besitzer Gästezimmer. Das hereinkommende Bargeld reicht gerade, um Haus und Hof instand, Wald und Vieh zusammenzuhalten. Das Paradies zählt noch keine hundert Jahre, aber es trägt alle Zeichen des Alters, der Müdigkeit in sich, erscheint dadurch schöner, feiner, zerbrechlicher als es in seinen Ursprüngen gewesen sein mag. Noch kennt es kein Verfalldatum. Aber es gibt Tage, an denen seine Besitzer und Bewohner Zweifel beschleichen, eine Wehmut, eine Angst – und dann sirren die Zikaden und es gibt ein weiteres Mal ein Erwachen aus dem Albtraum.

Üppig, verschwenderisch ist die Natur geblieben: die Bäume im Urwald werden dicker und dicker und wachsen in den Himmel, im Park blüht es zu jeder Jahreszeit. Das einstöckige Wohnhaus mit dem Kragendach ist riesig dimensioniert. Der Pionier mit seiner Familie, seiner Rastlosigkeit, seinen Unternehmungen – das brauchte viel Raum, den die gelegentlichen Gäste heute kaum auszufüllen vermögen. Ein paar Freitreppenstufen führen auf die Veranda, die das ganze Haus umrundet. Ein schwarzer Affe balgt sich mit einem jungen Hund, Blumen in allen Farben wachsen an der Brüstung, Bienen summen, und in der Dämmerung stechen die Mücken, leuchten Käfer in den Bäumen. Um Speisesaal und Wohnzimmer sind ein paar hohe Räume gruppiert, mit Eisenbetten, geschnitzten Schränken, Tischen, Sesseln versehen. Holzlamellen in den schmalen Türen und Fensterläden filtern das Licht, alte Fotos lenken die Blicke zurück ins Gestern. Halbdunkle Siesta-Zimmer, geheimnisvolle Traumräume, in denen man vergisst, was eben war, um mittags, abends in einem Schwebezustand dahinzudämmern. Am Abendtisch erzählt Carmen, die Schwiegertochter des Pioniers, wie sie gereist sind, damals, zu Pferd und zu Schiff, wie sie Europa wiederentdeckten, als sei es ein fremder Planet, wie sie das Land bebaut, den Unwettern getrotzt, die Indianer geschult und in die Kirche geschickt haben, und über ein CD-Gerät liefern paraguayische Harfen die passende Hintergrundsmusik: silberne Klänge, Vogelrufen nachempfunden, der Wildnis abgelauscht, von den jesuitischen Musiklehrern gezähmt, reguliert, übergeführt in das, was europäischen Ohren Wohlklang bedeutete.

Der schönen Nanny, Carmens Tochter, Nenos Frau, Maîtresse de plaisir auf der Estancia, gelten die letzten Bilder. Da steht sie im Bambushain mit der Thermosflasche und dem Mate-Becher, das herbe Getränk scheint unaufhörlich durch den Tag zu rinnen. Da schwingt sie sich auf ihren Schimmel und reitet voraus in die Mate-Felder, in den Süden, in die Vergangenheit, aus der ein Rest, eine Paradiesecke gerettet werden konnte. Bilder voll des süßesten Kitsches, an denen man umso obstinater festhalten möchte, als sie sich als flüchtig erweisen; machtlos ausgeliefert der zerstörerischen Gewalt eines Fortschrittes – der in vielen Bereichen in Misiones immer nur Rückschritt bedeutete.

Ausgewählte Literatur

Die Grundlagen für dieses Buch wurden in Argentinien erarbeitet. So versteht es sich von selber, dass ein Großteil der verwendeten Lektüren nur in spanischer Sprache existiert. Was die herbeigezogene und zitierte Belletristik angeht, so werden im Folgenden die deutschen Übertragungen der entsprechenden Werke angegeben, wenn vorhanden. Übersetzung von Textstellen aus nicht übersetzten Büchern: Christoph Kuhn.

Auf die Aufzählung der zahllosen zu Rate gezogenen Aufsätze aus Zeitungen, Zeitschriften und speziellen Publikationen wurde verzichtet.

Álvaro Abós, *El libro de Buenos Aires,* Mondadori, Buenos Aires 2000.

Marcos Aguini, *El atroz encanto de ser argentinos,* Planeta, Buenos Aires 2001.

César Aira, *Las noches de Flores,* Mondadori, Buenos Aires 2004.

César Aira, *Die Mestizin,* dt. von Michaela Messner und Matthias Strobel, Nagel&Kimche im Piper Verlag, München/Wien 2004.

César Aira, *Die nächtliche Erleuchtung des Staatsdieners Varamo,* dt. von Matthias Strobel, Nagel&Kimche im Piper Verlag, München/Wien, 2006.

Vicente Battista (Herausgeber), *Lo mejor de los mejores: diez cuentos argentinos,* Emecé, Buenos Aires 2000.

Alfredo Bauer, *Hexenprozess in Tucumán und andere Chroniken aus der Neuen Welt,* Verlag für Gesellschaftskritik, Wien 1966.

Jorge Luis Borges, *Gesammelte Werke,* verschiedene Übersetzer, Carl Hanser, München/Wien 1982.

Bruce Chatwin, *In Patagonien,* dt. von Anna Kamp, Rowohlt Taschenbuch, Reinbek 1984.

Julio Cortázar, *Rayuela, Himmel und Hölle,* dt. von Fritz Rudolf Fries, Suhrkamp, Frankfurt a. M. 1981.

Antonio Dal Masetto, *Hay unos tipos abajo,* Sudamericana, Buenos Aires 2005 (erscheint im Herbst 2007 in deutscher Übersetzung im Rotpunktverlag, Zürich).

Antonio Dal Masetto, *Noch eine Nacht,* dt. von Susanna Mende, Rotpunktverlag, Zürich 2006.

Antonio Dal Masetto, *Blut und Spiele,* dt. von Susanna Mende, Rotpunktverlag, Zürich 2006.

Antonio Dal Masetto, *Oscuramente fuerte es la vida,* Editorial Sudamericana, Buenos Aires 1990 (erscheint 2008 in deutscher Übersetzung im Rotpunktverlag, Zürich).

Charles Darwin, *Die Fahrt der Beagle,* dt. von Eike Schönfeld, marebuchverlag, Hamburg 2006.

Barthélemy de Massiac, *Plan francés de conquista de Buenos Aires,* Emecé, Buenos Aires 1999.

Pablo De Santis, *Voltaires Kalligraph,* dt. von Claudia Wuttke, Unionsverlag, Zürich 2004.

Edgardo Esteban, *Malvinas diario del regreso,* Sudamericana, Buenos Aires 1993.

José Pablo Feinmann, *La sangre derramada: ensayo sobre la violencia política,* Planeta, Buenos Aires 1998.

José Pablo Feinmann, *La sombra de Heidegger,* Seix Barral, Buenos Aires 2005.

Marcelo Figueras, *El muchacho peronista,* Planeta, Buenos Aires 1992.

Frank Garbely, *Evitas Geheimnis. Die Nazis, die Schweiz und Peróns Argentinien,* Rotpunktverlag, Zürich 2003.

Diana García Símon (Herausgeberin), *Einen Tango, bitte!,* verschiedene Übersetzer, Fischer Taschenbuch, Frankfurt a. M. 2002.

Juan Gelman, *Nueva prosa de prensa,* Javier Vergara, Buenos Aires 1999.

Santiago Kovadloff, *La nueva ignorancia: ensyos reunidos,* Emecé, Buenos Aires 2001.

François Lepot, *El rey de Aracanía y Patagonia,* Corregidor, Buenos Aires 1995.

Félix Luna, *Breve historia de los argentinos,* Planeta, Buenos Aires 1993.

Tomás Eloy Martínez, *Las memorias del general,* Planeta, Buenos Aires 1996.

Tomás Eloy Martínez, *El sueño argentino,* Planeta, Buenos Aires 1999.

Tomás Eloy Martínez, *Santa Evita,* dt. von Peter Schwaar, Suhrkamp Taschenbuch, Frankfurt a. M. 1998.

Tomás Eloy Martínez, *Der General findet keine Ruhe,* dt. von Peter Schwaar, Suhrkamp, Frankfurt a. M. 1999.

Tomás Eloy Martínez, *Der Tango-Sänger,* dt. von Peter Schwaar, Suhrkamp, Frankfurt a. M. 2005.

Adrián Melo und Marcelo Raffin, *Obsesiones y fantasmas de la Argentina,* Del Puerto, Buenos Aires 2005.

V.S. Naipaul, *The return of Eva Perón,* Penguin, London 1981.

V.S. Naipaul, *Dunkle Gegenden: sechs große Reportagen,* dt. von Karin Graf, Eichborn, Frankfurt a. M. 1995.

Enrique N'Haux, *Maquiavelo no conoció a los argentinos,* De los quatro vientos, Buenos Aires 2005.

Detlef Nolte und Nikolaus Werz (Herausgeber), *Argentinien: Politik, Wirtschaft, Kultur und Außenbeziehungen,* Vervuert, Frankfurt a. M. 1996

Elsa Osorio, *Mein Name ist Luz,* dt. von Christiane Barckhausen-Canale, Insel, Frankfurt a. M. 2000.

Diego Paszkowski, *El otro Gómez,* Sudamericana, Buenos Aires 2001.

Eva Perón, *La razón de mi vida,* Peuser, Buenos Aires 1951.

Antonio Pigafetta, *Die erste Reise um die Erde: Ein Augenzeugebericht von der Weltumsegelung Magellans,* dt. von Robert Grün, Horst Erdmann, Tübingen und Basel, 1968.

Ricardo Piglia, *Die abwesende Stadt,* dt. von Leopold Federmair, María Alejandra Rogel Alberdi, Bruckner&Thünker, Köln 1994.

Ricardo Piglia, *Künstliche Atmung,* dt. von Leopold Federmair, Klaus Wagenbach, Berlin 2002.

Manuel Puig, *Der Kuß der Spinnefrau,* dt. von Anneliese Botond, Suhrkamp, Frankfurt a. M. 1979.

Manuel Puig, *Die Engel von Hollywood,* dt. von Anneliese Botond, Suhrkamp, Frankfurt a. M. 1981.

Horacio Quiroga, *Nuevos cuentos de la selva,* Solaris, Buenos Aires 1997.

Eduardo Belgrano Rawson, *Schiffbruch der Sterne,* dt. von Lisa Grüneisen, C.H. Beck, München 2001.

Eduardo Belgrano Rawson, *In Feuerland,* dt. von Lisa Grüneisen, C.H. Beck, München 2003.

Dieter Reichardt (Herausgeber), *Tango,* Suhrkamp Taschenbuch, Frankfurt a. M. 1984.

Andrés Rivera, *La revolución es un sueño eterno,* Alfaguara, Buenos Aires 2000.

Andrés Rivera, *Der Farmer*, dt. von Peter Tremp, Lateinamerikaverlag, Solothurn 2006.

José Luis Romero, *Breve historia de la Argentina,* Fondo de cultura económica argentina, Buenos Aires 1996.

Silvina Ruiz Moreno de Bunge, *Tigre,* Camalote, Buenos Aires 2004.

Ernesto Sábato, *Über Helden und Gräber,* dt. von Otto Wolf, dtv, München 1977.

Ernesto Sábato, *Abaddón,* dt. von Wolfgang A. Luchting, Ullstein Taschenbuch, Berlin 1988.

Dalmiro Sáenz, *Yo te odio, político,* Planeta, Buenos Aires 2001.

Juan José Saer, *El río sin orillas,* Alianza, Buenos Aires 1991.

Juan José Saer, *Cuentos completos,* Seix Barral, Buenos Aires 2001.

Juan José Saer, *Ermittlungen,* dt. von Hanna Grzimek, Dumont, Köln 2005.

Domingo Faustino Sarmiento, *Facundo,* Losada, Buenos Aires 1963.

Horacio Vázquez-Rial, *El enigma argentino,* ediciones B, Barcelona 2002.

Miguel Vitagliano, *Das Orchester der Amputierten,* dt. von Peter Tremp, Lateinamerikaverlag, Solothurn 2004.

Rodolfo Walsh, *Operación masacre. Tatsachenbericht nach den Aussagen Erschossener, dt.* von Vilma Hinn, Rotpunktverlag, Zürich 1983.

Rodolfo Walsh, *Diese Frau und zwei weitere Erzählungen,* dt. von Leopold Federmair, Tartin Editionen, Salzburg 2004.

Carlos Alberto Zito, *El Buenos Aires de Borges,* Aguilar, Buenos Aires 1999.

Geschichtlicher Überblick

Vor der Ankunft der Spanier war das Gebiet des heutigen Argentinien dünn besiedelt. In der Mitte und im Süden Argentiniens lebten nomadisierende Indianerstämme. Große Teile des Nordwestens gehörten zum Inkareich. Unbehelligt von den Inka lebten die Guraní und andere Indianerstämme im Nordosten und im Norden.

1516 Der spanische Seefahrer Juan Díaz de Solis landet in der Paraná-Mündung und wird von Indianern getötet.

1535 Erste Gründung von Buenos Aires durch den Spanier Pedro de Mendoza. Angriffe der Indianer zwingen ihn schon bald, die Siedlung aufzugeben. Die Kolonisierung Argentiniens durch die Spanier erfolgt in den folgenden Jahrzehnten einerseits über Peru (Vorstöße in den Nordwesten), anderseits über den Atlantik. Dem Paraná entlang werden Siedlungen gebaut.

1580 Buenos Aires wird zum zweiten Mal gegründet, diesmal definitiv.

1600 Zur Jahrhundertwende haben sich ungefähr 5000 Spanier in Argentinien niedergelassen. Ihre Hauptaufgabe besteht in der Sicherung der weit auseinanderliegenden Siedlungen und militärischen Forts.

1617 Auf Betreiben des kreolischen, in Asunción geborenen Gouverneurs Hernando Arias de Saavedra entsteht die Provinz Río de la Plata mit der Hauptstadt Buenos Aires. Eine verwaltungstechnische Maßnahme. Oberste Instanz bleibt der Vizekönig in Peru.

1620 Jesuiten richten am Oberlauf des Paraná sogenannte Reduktionen ein, um die Guaraníindianer vor den Übergriffen der Kolonisatoren zu schützen.

1767 Die Jesuiten werden verschwörerischer Umtriebe bezichtigt und von der spanischen Krone aus ganz Südamerika vertrieben. Die

Reduktionen am Paraná und auf dem Gebiet der heutigen Provinz Misiones werden aufgelöst.

1776 Die Provinz Río de La Plata wird ein eigenes Vizekönigreich. Sie umfasst große Teile des heutigen Argentinien, Paraguays, Boliviens.

1806 Die Engländer überfallen Buenos Aires und werden von einer lokalen, kreolischen Streitmacht vertrieben.

1810 Am 25. Mai (Nationalfeiertag) berufen in Buenos Aires kreolische Bürger einen Kongress ein, der den spanischen Vizekönig absetzt. Der Stadtrat wird von einer Provisorischen Regierungsjunta abgelöst. Dies geschieht unter dem Eindruck der napoleonischen Kriege in Europa (Frankreich hatte Spanien unter seine Herrschaft gebracht). Es folgen Jahre der Unabhängigkeitskämpfe in ganz Südamerika.

1816 An einem Kongress in Tucumán erklärt die Provinz Río de la Plata am 9. Juli formell ihre Unabhängigkeit. General José de San Martín, als Libertador in die Geschichte eingegangen, zieht mit einem Expeditionsheer über die Anden, befreit Chile und Peru von der spanischen Herrschaft und sichert die Unabhängigkeit seines Landes, das sich Provincias Unidas del Río de la Plata nennt. Es folgen Jahrzehnte heftiger innenpolitischer Auseinandersetzungen, die meist in Bürgerkriege ausarten. Uruguay und Bolivien spalten sich ab. Die Unitarier streben einen straff organisierten Zentralstaat an, die Föderalisten wollen einen lockeren Verbund der Provinzen.

1833 Großbritannien besetzt die Malvinas-(Falkland-)Inseln.

1852 General Juan Manuel de Rosas, diktatorischer Gouverneur der Provinz Buenos Aires, der unter anderem Tausende von widerspenstigen Indianern niedermetzeln ließ, wird gestürzt.

1862 Unitarier und Föderalisten schließen einen Kompromiss. Erster Präsident der vereinigten Provinzen wird Bartolomé Mitre. Ihm folgt der Schriftsteller und Journalist Faustino Sarmiento, unter dessen Regime die Wirtschaft floriert und große Anstrengungen im Bildungswesen gemacht werden.

1876 Präsident Nicolás Avellaneda erlässt ein Kolonisationsgesetz, nach dem die Immigration massiv gefördert wird. Es fließt parallel zu dieser Bewegung viel ausländisches Kapital nach Argentinien. Bis zum Ausbruch des Ersten Weltkriegs wandern rund sechs Millionen Ausländer in Argentinien ein, mehr als die Hälfte davon sind Italiener.

1900 Buenos Aires zählt 867 000 Einwohner und ist die größte Stadt Lateinamerikas. Wirtschaftlicher Aufschwung hauptsächlich dank dem Export von Agrarprodukten. Das Prokopf-Einkommen ist höher als in den meisten europäischen Ländern. Wichtigste Handelspartner und Investoren sind britische Unternehmer. Sie bauen das argentinische Eisenbahnnetz. Konservative Präsidenten, der Oligarchie verpflichtet, von den Großgrundbesitzern abhängig, regieren das Land. Wahlmanipulationen sind gang und gäbe. Als Gegenkräfte formieren sich die radikale Partei, die von eingewanderten Deutschen gegründete sozialistische Partei und eine anarchistisch ausgerichtete Gewerkschaftsbewegung.

1914 Im Ersten Weltkrieg verhält sich Argentinien neutral. Der populäre Radikale Hipólito Irigoyen kommt 1916 an die Macht und gewinnt 1928 die Wahlen ein zweites Mal. Argentinien gerät in den Sog der Weltwirtschaftskrise und in innenpolitische Turbulenzen.

1930 Erster moderner Militärputsch. Der konservativ ausgerichtete General José Félix Uriburu löst das Parlament auf, verhängt das Kriegsrecht und versucht die alte Ordnung wieder zu installieren. Bis in die Vierzigerjahre hinein lösen Militärregimes und von ihnen eingesetzte Marionettenpräsidenten einander ab.

1939 Auch bei Ausbruch des Zweiten Weltkriegs verhält sich Argentinien neutral. Ein beträchtlicher Teil der stark italienisch, spanisch und deutsch geprägten Bevölkerung und die Armee sympathisieren mit den Achsenmächten. Als die konservative Regierung 1943 anglophile Tendenzen manifestiert, putscht das Militär und übernimmt die Regierung. Zu den Putschisten gehört auch Oberst Juan Domingo Perón.

1945 Als sich die Kriegsentscheidung abzeichnet, gibt Argentinien dem Druck Nordamerikas nach und erklärt – als letztes Land der Welt – am 15. März Deutschland und Japan den Krieg. Argentinien war immer ein beliebter Zufluchtsort für politisch Verfolgte, und so haben während des Kriegs zahlreiche deutsche Juden hier Asyl gefunden. Wegen der erklärten Sympathie Peróns und des Militärs allgemein für die italienischen Faschisten und die deutschen Nazis fanden nach dem Krieg auch eine ganze Reihe bekannter und unbekannter Kriegsverbrecher Aufnahme in Argentinien.

1946 Perón gewinnt die Präsidentschaftswahlen. Außenpolitisch schlägt er, als erklärter Gegner der USA wie der kommunistisch regierten Länder, einen Weg zwischen den Blöcken ein. Innenpolitisch industrialisiert er das Land, verstaatlicht wichtige Sektoren, entwickelt und fördert eine neue, seiner Bewegung verpflichtete Gewerkschaft und setzt, zusammen mit seiner Frau Evita, umfangreiche Sozialreformen durch. Der Peronismus als eine autoritäre aber sozial progressive, stark nationalistisch geprägte Bewegung wird etabliert.

1955 Perón wird zum Rücktritt gezwungen. Nach dem Tod von Evita (1952) hatte er an Popularität eingebüßt. Der verschlechterten Wirtschaftslage begegnete er mit Kürzungen in den Sozialprogrammen und einer allgemein unternehmerfreundlichen Politik. Ein Bündnis von Armee und konservativen Kräften wurde ihm zum Verhängnis. Perón geht ins Exil. In den folgenden Jahren putscht das Militär regelmäßig gegen unliebsame, progressive, reformfreudige Präsidenten. Die peronistische Partei wird verboten, aber der exilierte Perón bleibt der beliebteste Politiker. Verschiedene im Untergrund agierende Guerillabewegungen liefern sich mit dem Militär blutige Kämpfe.

1973 Ein verwandelter Perón kehrt mit seiner dritten Frau María Estela aus dem spanischen Exil zurück und regiert bis zu seinem Tod, 1974, das Land. Politisch hat er eine Kehrtwendung nach rechts vorgenommen, was, unter anderem, dazu führt, dass er die mächtige Guerilla der Montoneros, die sich als Peronisten verstehen, nicht anerkennt. Nach seinem Tod wird seine Frau Präsidentin. Sie ist der Aufgabe nicht gewachsen. Das Land versinkt in Chaos. Die Montoneros verüben Terroranschläge, der Armee angehörige Todesschwadronen, die Alianza Anticomunista Argentina (AAA) ermorden linke Studenten, Gewerkschafter und Politiker.

1976 Eine dreiköpfige Militärjunta unter General Jorge Rafael Videla putscht und ergreift die Macht. Sie verschreibt dem Land einen Proceso de Reorganización Nacional. Dieser Proceso, wie er genannt wird, führt zu einer der düstersten Perioden in der jüngeren argentinischen Geschichte. Zehntausende von wirklichen oder angeblichen Gegnern des Regimes werden entführt und ermordet. Als sogenannte Verschwundene stehen sie bis heute für ein unbewältigtes Trauma des Landes. Ein ultraliberales Wirtschaftsprogramm führte zu einem Ausverkauf eines Teils der Industrie und zum Beginn jener Verschuldungsspirale, die sich in der Folge als katastrophal erweisen sollte. 1978 organisiert Argentinien die Fußballweltmeisterschaft und gewinnt sie. Das Regime triumphiert, ernstzunehmende Proteste seitens der angereisten Sportsfreunde gibt es nicht.

1982 Videlas Nachfolger, General Leopoldo Galtieri, unternimmt angesichts zunehmender Gärung im Volk einen vermeintlichen Befreiungsschlag. Er besetzt, unter allgemeinem, nationalistisch bedingtem Beifall die Malvinasinseln. Englands Premierministerin Margret Thatcher lässt die Inseln umgehend zurückerobern. Der schlecht vorbereitete Feldzug endet nach drei Monaten in einem Debakel.

1983 Die militärische Schlappe zwingt die Militärs zum Rückzug aus der Politik. Aus der korrekt abgehaltenen Wahl geht der Radikale Raúl Alfonsín als Sieger hervor. Alfonsín tritt ein schweres Erbe an. Er muss das demoralisierte, heruntergewirtschaftete, verschuldete Argentinien wieder auf die Beine bringen. Er initiiert eine strenge Sparpolitik (Lohn- und Preisstopp), kreiert eine neue Währung, den Austral, und kann trotzdem den Zerfall der Währung und das Ausbrechen einer Hyperinflation nicht verhindern. Nachdem die Comisión Nacional sobre la Desaparición de Personas in ihrem Bericht *Nunca Más* (Nie wieder) für Erschütterung gesorgt hat, kommt es zu Prozessen gegen die Junta; die Hauptverantwortlichen werden zu hohen Freiheitsstrafen verurteilt. Aber 1986 und 1987 muss der Präsident auf Druck des Militärs zwei Gesetze erlassen, die einerseits einen Schlusspunkt hinter die Prozesse setzen und anderseits mittlere und untere Offiziersränge von jeder Strafverfolgung ausschließen. Sechs Monate vor Ablauf seines Mandats tritt Alfonsín zurück.

1989 Der Peronist Carlos Menem übernimmt die Regierung – und bleibt zwei Amtszeiten lang, bis 1999, Präsident Argentiniens.

Schnell wirft er peronistische Grundsätze über Bord, regiert mit einem neoliberalen Wirtschaftsprogramm und bindet sich politisch wie wirtschaftlich eng an die USA. Die Juntagenerale werden begnadigt. Wirtschaftsminister Domingo Cavallo bindet die nationale Währung fest an den US-Dollar. Der Peso ersetzt den Austral, ein Peso ist gleich viel wert wie ein Dollar, und beide Währungen kursieren im Land als Zahlungsmittel und Bankguthaben. Die Wirtschaft wird zu Schleuderpreisen privatisiert und dereguliert. Die Inflation wird gestoppt, die Außenverschuldung nimmt sprunghaft zu, was dazu führt, dass der Schuldendienst einen guten Teil des Budgets frisst. Arbeitslosigkeit und Armut nehmen zu. Die zweite Amtszeit Menems steht im Zeichen zahlreicher Korruptions- und Justizskandale.

1999 Der Radikale Fernando de la Rúa gewinnt die Präsidentschaftswahl und regiert mit einer Mitte-links-Koalition, die im Parlament über eine komfortable Mehrheit verfügt. De la Rúa bekommt die Situation nicht in den Griff. Das Land schlittert dem Bankrott entgegen. Das Regieren erschöpft sich bald einmal im ständigen Aushandeln neuer Stundungs- und Hilfsprogramme mit dem Internationalen Währungsfonds (IWF). Die strengen Spar- und Reformprogramme, die der IWF im Gegenzug verlangt und unter denen die Armen, aber auch der Mittelstand leiden, lassen das Ansehen des Präsidenten schwinden.

2001 De la Rúas zunehmend nervöse und kopflose Politik gipfelt in der (vom wieder berufenen Wirtschaftsminister Cavallo verfügten) Einfrierung sämtlicher Bankguthaben. Nach der überfälligen Abwertung des Peso müssen die Argentinier einen Teil ihrer Dollar-Ersparnisse in der nationalen Währung beziehen, ein gewaltiges Verlustgeschäft, das zu einem Sturm der Empörung führt. Im ganzen Land protestiert das Volk. Die Piqueteros, organisierte Arbeitslose, errichten Barrikaden und Straßensperren, der Mittelstand macht seiner Wut mit sogenannten Cazerolazos (eine Musik, die durch das Schlagen mit Löffeln auf Kochtöpfe entsteht) Luft. Im Dezember wird de la Rúa von der Straße zum Rücktritt gezwungen.

2003 Nach chaotischen Entwicklungen und einer provisorischen Präsidentschaft des altgedienten Peronisten Eduardo Duhalde wählen die Argentinier den Linksperonisten Néstor Kirchner zum neuen Staatsoberhaupt. Kirchner regiert das Land mit starker

Hand und kann Erfolge vorweisen. Die Wirtschaft ist wieder produktiv, es wurden in den vergangenen Jahren Wachstumsraten von 8 bis 9 Prozent erreicht. Außenpolitisch setzt Kirchner deutlich neue Zeichen: Die Gleichschaltung mit den USA existiert nicht mehr; in Absprache mit den andern gemäßigten Linksregierungen des Subkontinents, Brasilien, Chile, Uruguay, setzt Argentinien auf möglichst viel regionale Selbstbestimmung. Die von den USA gewünschte gesamtamerikanische Freihandelzone FTAA ist für Kirchner kein aktuelles Thema. Innenpolitisch weicht Kirchner wenig von den bekannten peronistischen Mustern ab: die Unterprivilegierten und Armen werden mittels kurzfristiger Sozialhilfsprogramme beruhigt; Privilegien und Pfründen gehen an getreue Gefolgsleute. Nachhaltige Reformen und Strukturänderungen sind bisher keine angegangen worden. In zwei Punkten indessen unterscheidet sich Kirchner von seinen Vorgängern. Die Strafverfolgungen gegen die Verbrecher des Proceso sind wieder aufgenommen worden und die Justiz, die unter Menem vor allem in den obersten Rängen korrupt und von der Politik abhängig war, hat, nachdem eine Anzahl allgemein respektierter neuer Richter eingesetzt worden ist, wieder das Gewicht einer unabhängigen Instanz bekommen. Wirtschaftlich herrscht das Prinzip Flexibilität vor. Da klaffen Worte und Taten oft auseinander. Geredet wird auf oberster Staatsebene von sozialer Absicherung, von der Stärkung des Mittelstands, von Steuerreformen, von verstärkter staatlicher Lenkung. Tatsächlich sind die allermeisten Privatisierungen Menems nicht rückgängig gemacht worden; die notwendigen Steuer- und Beamtenreformen kommen nicht vom Fleck; die durch die Abwertung entstandenen Niedriglöhne sind nicht verändert worden; in die Bildung wird immer gleich wenig investiert; der Schuldendienst wird trotz notorischer Drohungen, ihn ganz zu stoppen, weiter bedient, die Verhandlungen mit dem ungeliebten IWF sind nie ernsthaft unterbrochen worden. Kirchner hat das neoliberale Modell, von Menem zum Schaden des Landes in den Exzess getrieben, abgeschwächt, gemildert, wo er konnte. Politisch stellt er es in Frage, wirtschaftlich behält er es bei. Wahrscheinlich, weil er nicht anders kann.

Antonio Dal Masetto

Noch eine Nacht

Roman

Aus dem Spanischen
von Susanna Mende

280 Seiten, gebunden,
2. Auflage 2007
ISBN 978-3-85869-309-9
Fr. 36.–/Euro 22,–

Vier Männer kommen in die argentinische Kleinstadt Bosque, um die dortige Bank auszurauben. Der Bankraub gelingt – doch dann schnappt die Falle zu: Alle Ausgänge aus dem Ort sind verbarrikadiert ...

»Der gedrängte Ton, die trockenen Dialoge, die emotionalen Eruptionen, die sich ohne Vorwarnung von einem Satz zum andern ereignen können, sorgen für Tempo und jagen einen förmlich durch die Erzählung.« TAGES-ANZEIGER

Rotpunktverlag.